教育部人文社会科学重点研究基地重大项目成果

FINANCIAL CONSTRAINT
AND INSTITUTIONAL INNOVATION

金融约束
与微观金融制度创新

◎ 罗德明 著

ZHEJIANG UNIVERSITY PRESS
浙江大学出版社

自　序

　　开始接触微观金融理论,是我作为博士生进入伦敦大学亚非学院的金融与管理策略研究中心以后的事情。我在伦敦经济学院学习"金融中介理论"这门课,授课老师是从图卢兹大学毕业不久的 Antoine Faure-Grimaud 博士和 IDEI 的 Jean Rochet 教授。当时,Rochet 和 Freixas 合写了一本后来声名远扬的《银行的微观经济学》(*Microeconomics of Banking*)。学习这门课程前,我已经学习过 Oliver Hart 教授的"合同理论"课程。当 Faure-Grimaud 博士告诉我们,普通债务合同是最优机制,而且可以从不对称信息、道德败坏和不完全合同这三个角度理解作为最优机制的普通债务合同时,我惊叹这个理论之美极。

　　2003 年夏,我回到母校浙江大学,在经济学院任教,并加入教育部人文社科重点研究基地——浙江大学民营经济研究中心团队。一个偶然的机会,我有幸加入由国家统战部发起的民营经济考察团,与林毅夫教授和考察团的其他同志一道,在浙江省考察民营经济与民间金融。这是我第一次在企业层面,实实在在地接触我国的民营企业和民间金融。我体验了当时正蓬勃发展的浙江民营经济和相应的高速发展的民间金融,更深刻感受了民营中小企业的融资困境和潜在的民间金融市场的局部危机。后来,跟随金祥荣教授的团队,在浙江省多个地区,多次调查走访很多民营企业。通过一个个活生生的实例,我们对国内市场摩擦和金融约束,有了深刻的理解。关于国内市场摩擦的研究,由朱希伟、金祥荣、罗德明合作,发表于《经济研究》2005 年第 12 期。关于金融约束,我们观察到,许多民营企业,拥有好的项目却没有资金,不得不花大量时间和精力,去政府、银行、民间,找资金。许多民营企业,面临短期流动性冲击而没法接客户的订单合同,或者接到大的订单,没有足够的资产和产能,只能分解给附近的同行企业。许多民营企业,没法接触我国的银行体系,只能从民间金融市场获得在相同条件下,贷款利息高出银行利息数倍的短期资金。

这些体验与著名的 Allen 等(2005)的宏观数据经验特征相印证,他们发现,我国的正规银行主要向低效率的国有企业提供贷款。部分民营企业,因为民间贷款利滚利而破产。一些地方,一系列的民间贷款出现违约,从而此地的民间金融市场陷入了局部金融危机。这些案例和体验,促使我将金融约束与中小企业融资问题纳入我的研究范围,成为我一直感兴趣的一个重要研究方向。

微观金融制度创新。接触这个研究方向的第一个问题是互助会。经典的互助会理论告诉我们,在社会制约机制下,互助会具有可持续性:参与互助会的会首和会脚,因为社会制约机制的有效作用,都不会策略性地违约,从而不可能出现倒会。通过国家社科基金和教育部人文社会科学重点研究基地重大项目的资助,潘士远和我在温州市平阳县水头镇调研互助会。我们发现,在这个民营经济比较发达,互助会非常普遍的地方,过几年就会出现一次倒会浪潮:这个地方的几乎所有互助会在非常短的时间内(例如,半年)相继倒闭。在这一波倒会过程中,参会者之间会形成一个个违约和债务链,形成错综复杂的违约和待清债务网络,并由追讨债务引发各种暴力事件和社会群体事件。地方政府介入,清理数万个已经倒闭的互助会,处理相应的暴力事件和社会群体事件,成为令他们头痛的协助恢复经济和维持社会稳定的工作。

基于这一倒会背景,我们试图理解,频繁发生倒会,与当前的互助会理论冲突,那么,我们怎样将倒会引入互助会理论? 第四章,由罗德明、潘士远合作,试图梳理当前的互助会理论文献,并讨论互助会的倒会问题。同时,我们收集了近千份互助会合同。基于这些数据,第五章,由潘士远、罗德明和杨奔合作,试图从声誉机制角度,通过经验研究讨论互助会中会首的功能,倒会机制和互助会规模的关系。

互助会倒会和民间金融市场局部危机对地方经济产生重要影响,促使我思考,如何理解基于地域的局部民间金融市场及其危机? 第二章,由罗德明和奚锡灿合作,试图基于合同理论和地区的社会特征,讨论民间金融中的投资者在监督企业家时存在"免费搭车"问题:外部投资者数量越多,对企业家经营活动的监督效率越低。我们发现,给定其他外生因素不变,企业自有资金越多,企业的技术效率越高,优质项目相对于劣质项目的成功概率越大,地区民间资本越雄厚,民间金融市场所依存的社会习俗、文化与规范等环境因素越优越,民间金融市场规模就越大;民间金融市场的无风险利率水平越高,企业项目越有利于企业家牟取私利,民间金融市场规模就越小。本章是本书中唯一一篇理论文章。

P2P 可能是与互助会相似的金融制度创新,尽管这样的对比不太严谨。互助会是熟人之间形成融资网络,每次所有成员一起资助其中一个会员,通过某个轮流办法,在会员之间轮流进行。P2P 是多个陌生人通过 P2P 平台形成一个融资网络,基于个体决策,相互融通资金。自 2011 年来,P2P 在我国迅速兴起。这促使我们试图理解,什么是 P2P? 或者说,P2P 如何区别于传统银行,从而对传统的银行制度,是起替代作用或者互补作用? 作为初步研究成果的第三章,由罗德明、崔文倩合作,整理了成交量最大的前 250 个 P2P 网络贷款平台数据,试图分析和理解 P2P 平台的风险管理机制、声誉机制的含义。在后续研究中,我们收集了每个平台上的融资项目数据,通过这些数据,试图理解 P2P 平台上融资合同的特征,P2P 平台上融资合同及相关机制区别于银行贷款合同及其相关机制的特征。

私募基金是另外一个令我们着迷的微观金融制度创新。私募基金是典型的民间集资制度。与非法的民间金融不同,私募基金是在法律框架下创立的微观金融制度。私募基金的信息透明度非常差,存在非常严重的信息不对称。第六章,由罗德明、蒋雯夏合作,试图理解私募基金中的基金经理激励这一核心制度安排的含义。

以上第三、四、五、六章,分别研究 P2P 平台、互助会、私募基金这三种不同的微观金融制度创新,都贯穿了我们的基本理念:基于一定的合同理论观念,通过丰富的数据和仔细的计量分析,试图理解相应的微观金融制度的含义,以及他们在各种不同经济背景下的不同功能。我们忽略了许多微观金融制度创新,不是这些金融制度不重要,而是有待我们深入挖掘这些金融制度创新的数据,从而基于这些数据进行分析和研究。

金融约束。金融约束是微观金融理论的核心问题。三种普通债务合同理论,都告诉我们相同的结论:企业面临金融约束。本书第二部分共有三章,都是基于我国的上市公司数据,分析理解在金融约束下的企业投资—现金流敏感性。第八章,由罗德明、奚锡灿合作,是我们研究金融约束经验特征的第一个尝试。当时(2005 年),我们注意到,国内的相关研究工作,主要存在以下几个问题:一是没有及时跟进国外最新的理论发展,主要还是按照 FHP(1988)的思路走,KZ(1997)的工作并没有被涉及,这样重要的文献也被忽视。二是实证工作不够严谨,对托宾 Q,现金流这些关键指标的衡量,都没有按照规范的方法进行,得出的结果也很离奇。例如,有的研究得出,托宾 Q 的回归系数,竟达到 4.889,而国外一般研究得出的,至多在百分位。虽说中国有自己的国情,也不至于差距这样大。三是没有结合中国的具体经济情境,没有在经验研究中体现出自己的特色。基于这些现象,首先,我们依据 Kaplan 和 Zingales(1997)的方法,构造了一个度量我国上市公司金融约束的指标,基于这个指标,我们在不同类型的金融约束下,讨论企业投资与现金流关系。我们讨论在不同金融约束下不同地区的企业投资—现金流敏感性差异,并试图与政府的援助之手与掠夺之手联系起来:政府对企业的态度,帮助或掠夺,是相机的。这个研究,试图从企业投资与现金流关系角度,丰富人们对政企关系的理解。

第七章,由罗德明、朱敏合作,试图构造基于中国上市公司数据的金融约束指标。已有的研究我国企业金融约束的工作,有的采用单变量(例如,按照FHP(1988))度量金融约束,有的直接采用基于美国金融市场的指标及其参数,构建我国的企业金融约束指标(例如,第八、第九章)。单变量方法一直受到国外学者批评。我国的资本市场有其特殊性,若直接采用西方的经验研究参数构造金融约束指标,未必适用。本章试图填补国内这方面的研究空缺。以我国上市公司为样本,参考国外学者构造多变量指数的方法,我们构建了一个适用于我国的融资约束指数,并将该指数进行实证的应用。

第九章,由罗德明、胡灿合作,试图理解 ST 公司的金融约束与投资行为,尤其是政府在 ST 企业摘帽、走出困境中的作业。一般而言,ST 公司被认为陷入了极度严重的金融困境。以往的研究(包括第七、第八章)都将这些样本排除。在我国,上市公司一旦被 ST,就可能面临营运成本增加、融资渠道缩小、证监会监管加强等一系列问题。这些因素将严重影响企业的投资行为。而投资又恰恰是 ST 企业摘帽、走出困境的重要手段之一。如果持续亏损,最严重的后果将会是退市。一方面,上市公司的壳资源非常稀缺;另一方面,上市公司又是地区经济发展的重要成就。因此地方政府鲜有袖手旁观,而是积极以各种手段干预调整企业的投资行为。基于这一特殊国情,我国 ST 企业的投资与现金流关系存在着研究价值。

本书的这些章节,其中的第二、四、五章,已经分别发表在不是很著名的有关期刊上。其他各章,虽然有的章节(例如,第八章),在 10 年前已经写就,均未发表。2014 年底在杭州,与张军教授聊及投稿时的被拒文章。他说,将那些未发表的文章集结为一本书,也是件很快乐的事情。这促使我从各种外接硬盘中翻出那些未发表的文章,从中抽取这几篇内容相关的文章,包括已经发表的三篇文章的较长原稿,集结成这一本书稿,不也是件很快乐的事情?

创造不完全契约理论的三巨头之一,伦敦经济学院 John Moore 教授曾经在一门短期课程"货币理论"中,给我们这些学生和一些在座听课的年轻教师详细介绍 Kiyotaki 教授和他合作的货币理论和经济周期的一系列研究成果。他唠叨说,人们喜欢吃美味的香肠,却不愿坐听肉厂的工人叙说香肠的生产过程。John Moore 在这五讲中,仔细且循循善诱地向我们介绍了包括划时代的 Kiyotaki 和 Moore (1997,2014)等一系列成果及其生产过程。课堂中的年轻教师和学生，包括我自己，既享受了"美味香肠"，也深刻且富有启发性地体会了它们的生产过程，因此受益良多。虽然，我的这本小册子远不能像 Kiyotaki 和 Moore 生产的那些杰出的、诺贝尔经济学奖级别的"香肠"那样，美味可口，意味深长，但是，我仍然期待，这些旨在理解我国企业金融约束与微观金融制度的本土"香肠"，在读者看来，仍然是可口的，具有一定的营养价值，而且，在这里唠叨的这些制造"香肠"的过程，也是有趣且富有一定启发性的。是为序。

作　者

2015 年 8 月

目　　录

第一部分　微观金融制度与中小企业融资

第二部分　金融约束与企业金融困境

第一章 引 言

金融有两个重要作用:平滑消费和企业融资。人们的收入可能不稳定,但要求生活稳定,而不能大起大落。金融的功能之一,就是平滑收入不稳定对消费的影响。人们可能没有足够的资金一次性地支付不可分割的耐用品的消费(如建造房屋)或暂时性的大额消费(婚丧嫁娶或严重疾病)。企业拥有好的投资机会,但不一定有钱进行投资。金融的另外一个功能,就是向面临金融约束的企业融资,将闲钱转给有需要的企业,使得资金的供需双方都因此获益。由于需求存在季节性或不确定性,收入流可能会因此而波动。除非通过某种形式的信贷进行平滑,资金约束与收入的波动将会影响到消费。在许多经济活动中,投资和收益并不是同时的,今天的投资,明天才能获得回报。在这一情况下,企业容易遭受短期流动资金冲击。除非通过某种形式的信贷进行融资,企业可能会由于短期流动资金约束而无法进行生产。也即经济个体往往不能仅通过自身的储蓄行为、资产组合行为而获得最大化的效用。这正是金融制度赖以存在的理由。

贯穿本书的两个基本概念:金融约束、微观金融制度。本章专门讨论微观金融制度,尤其是民间融资的合同结构。民间金融指游离于主流正规金融之外的金融制度。正规金融指股权投资、银行中介与政府债券相关的金融制度。这方面的分类标准多。例如,合法的金融制度都是正规的,而非法的金融制度都是民间的或者非正规的。我们的分类,更多地倾向于信息非常不对称的金融制度。更具体地,我们关注民间借贷关系、互助会、P2P、私募基金。这些金融制度,有的游离于制度监管之外,例如民间借贷关系、互助会、P2P;有的显然有具体的规制和监管,但仍然存在非常强的信息不对称,例如,私募基金。关于私募基金的研究,如行业绩效、资产定价理论,都非常欠缺,都是囿于数据的不可获取性。

本章的安排如下:第一节在金融合同的基础上讨论民间借贷的概念。第二节讨论民间直接贷款的特征。第三节讨论民间集资的特征。第四节讨论互助会的特征。P2P 金融合同结构特征将在第三章详细讨论。私募基金合同结构特征将在第六章专门讨论。金融约束的经验含义,将在第七章至第九章讨论。其他类型的民间金融还有地下钱庄、民间票据贴现市场等,本章不予以讨论。不是因为这些民间金融方式不重要,而是因为我们难以收集这些民间金融方式的资料,从而难以进行系统研究。

第一节　民间金融与民间借贷合同

一、民间金融的概念

民间金融,或地下金融,泛指个体、家庭、企业之间绕开正式的金融体系而直接进行金融交易活动的行为及其相应的制度。其具体的表现形式有民间直接借贷、集资、互助会、储蓄互助社、地下钱庄、地下投资公司、典当行、民间票据贴现市场等。

二、民间金融合同的特征

如果将金融融资活动视为借贷合同,那么,与通过正规金融体系融资而产生的金融合同不同,民间金融合同具有以下几个特征:

(一)公司责任

正规金融合同通常是有限责任的,而民间金融合同可能是无限责任的。

在现代公司制度下,有限责任公司是法人,与自然人一样,分享法律框架下的责任与义务。并且,法人与自然人财产严格分开。有限责任公司以该公司的名义向金融机构申请贷款,其负有的责任是有限的。简单地说,公司在有能力偿还贷款时,公司控制权仍在公司股东手中,公司股东继续拥有该公司股份。一旦公司违约,没有能力偿还其债务(例如,资不抵债),公司将进入破产清算程序(或者资产重组),公司控制权将发生转移。此时,公司责任与自然人责任完全分开。公司破产时,公司原有股东将被剥夺该公司的产权,而他们仍然拥有与该公司无关的其他私有财产,这将获得法律保护。公司的债权人无权因公司破产而侵害相应自然人的私有财产。在有限责任这一现代企业制度下,普通债务合同可以用图 1-1 表示。

经济学理论已经证明,在这样的产权和公司制度安排下,普通债务合同是最优机制。例如,在不对称信息下,Diamond (1984)、Gale 和 Hellwig (1985)

证明,普通债务合同是最优的。这一文献传统叫有代价的状态确认模型(the costly state verification model,简称 CSV 模型)。[①] 投资者向企业提供资金,由于存在不对称信息,投资者不知道企业在投资项目后的回报,是成功还是失败。也就是说,企业在实施项目后的回报是不可观察的。投资者只知道企业是否按照事先确定的金融合同还款。如果企业按照合同还款,那么投资者不对企业采取任何措施。如果企业违约,那么,投资者将投入一定成本,以获得企业绩效的有关精确信息,并按照所获取的信息采取相应的措施。有代价的状态确认模型表明,普通债务合同是实话实说机制下的最优制度安排。[②]

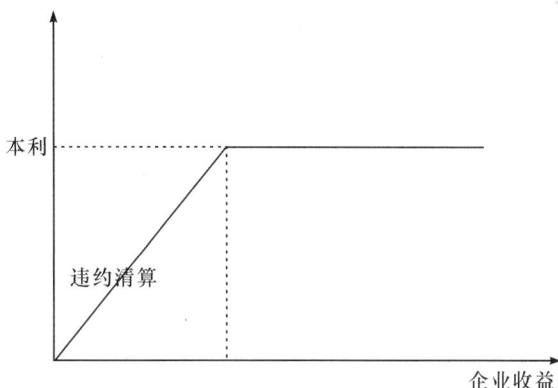

图 1-1 普通债务合同

在 Innes (1991)提出的道德败坏的债务模型中,企业与投资者之间不存在事前不对称信息。但是,企业在获得贷款后,存在代理问题:企业在实施项目过程中的行动是不可观察的,而企业实现的收益是可观察的。这个收益可能是企业家努力的结果,也可能是机会使然。企业家所得,是事后收益扣除偿还债务后的剩余收益,而企业家必须承担实施项目的所有相关成本,因此企业家和投资者之间存在利益冲突。Innes 证明,普通债务合同安排是最优的:这样的安排,能促进企业家在实施项目中努力工作,从而消除了代理问题。

Aghion 和 Bolton(1992)、Hart 和 Moore(1994)在不完全合同环境下提

---

① 这方面的文献是自 Townsend (1979)开始的。Townsend 考虑了风险厌恶情形下的最优债务合约安排。Diamond (1984)、Gale 和 Hellwig (1985)则在风险中性假设下,给出了最优合约安排是普通债务合约这一重要结论。

② 从合约机制角度看,企业通过事后真实地向投资者报告企业的收益,并按照合约安排支付,是最优机制。在普通债务合约下,企业真实地报告其收益,如果企业收益小于合约规定的应该偿还的本利,那么,投资者对企业进行代价的状态确认,并采取清算破产措施。从而,企业实现的收益将全部归投资者所有。

出了债务的相机控制权观念。不完全债务合同表明,最优合同安排是普通债务合同:企业在债务违约时,发生控制权转移。这一文献传统给出了新的破产程序的观念:企业在债务违约时,不一定要破产清算,而是可以发生控制权转移。[①]

以上三种债务合同理论,都是基于公司有限责任假设:债务合同中的利率,对预期的债务违约定价。

民间金融合同,经常可能是无限责任,不一定是普通债务合同。民间俗语"欠债还钱,天经地义"说的就是债务的无限责任。在有限责任下,欠债是不一定要还的。

债务的无限责任,具体的表现在以下几方面:即使是以公司的名义从民间金融机构(包括个人或企业)获得贷款,在公司没有能力偿还贷款从而进入破产程序时,公司的股东也将不得不将自己的家庭财产用于偿还公司债务。例如,通过地下钱庄或类似的地下金融中介获得资金,当企业倒闭时,金融合同出现违约,地下金融中介通常会通过违法途径,对债主进行人身迫害(例如,绑架、恫吓甚至暗杀),强迫债主筹款还债。农户贷款出现违约时,一般也是无限责任的。例如,有的是通过无偿劳动作为违约欠款的代价,有的是通过遭受人为身体痛苦以抵消无能力偿还的所欠款项。

一个典型的无限责任的例子是,在 2008 年发生的金融危机中,不少企业因为沉重的民间高利息融资,在企业受到金融危机冲击后,背上了沉重的经济负担,或者面临非法融资而产生的牢狱之灾(甚至死刑),或者绝望地自杀。

(二)高利率与低违约率

民间金融合同的利率高于正规金融合同的利率,同时,民间金融违约率非常低。经济学家将利率高于无风险利率(标准的测度无风险利率的指标是国债利率)的部分称为升水或溢价(premium)。例如,债券升水(bond premium)是指投资于公司债券的收益高于无风险利率的部分。[②] 人们理解债券升水,是试图将债券的超额收益与公司债务违约联系起来。也就是说,超额收益是对公司债务违约的定价。同样,民间借贷的升水也非常高(例如,以利率 15% 计算,升水在 10% 以上)。那么,依据对债券升水的理解,民间借贷升水是对公司民间债务违约的定价。如果这一经济学逻辑成立,那么违约预期已经包

---

① 参见 Aghion,Hart 和 Moore (1994)。

② 类似地,股票升水(equity premium)是指投资于股票的收益高于无风险利率的部分。股票升水之谜,是指现有理论难以理解,股票升水那么高,人们为什么不投资于股票。参见 Mehra 和 Prescott (1985)。

含在民间合同中。也就是说,民间金融合同在合同的意义上,也是有限责任的普通债务合同。但是,从合同实施看,问题似乎不这么简单。

人们可能会质疑民间金融的低违约率特征。例如,2014 年以来,发生在民间金融比较活跃的浙江、福建、广东等省,民间金融的违约率就特别高。

(三)合同对信息的利用

金融市场信息不对称和不完全,将产生代理问题,这是金融贷款契约的基本问题。Stein (2003)认为,信贷市场信息有硬信息和软信息之分。民营企业,尤其是中小型民营企业,普遍存在信息不透明,家庭财产和企业财产没有严格界限,财务制度不健全不完备,缺乏符合规范的企业经营记录、完善的财务报表等书面化、规范化的易于传递和理解的硬信息。中小民营企业在融资中可以依赖的是软信息。只有那些有能力获得并处理这些企业软信息的金融机构,才能在一定程度上通过机制设计,更好地解决中小企业的贷款难问题。这样的融资也称为关系型融资。Aoki (2001)认为,关系型融资是投资者与企业之间基于软信息而不是硬信息建立的金融合同关系。投资者对企业信息的收集和监督,主要依赖于长期的、密切的交往和交易关系。必要时,投资者还会通过直接干预企业运作,来保证其金融合同的利益。关系型融资可以更少地依赖市场和法律,在法律制度和市场体系较不完善的情形下,通过市场收集信息成本较高而通过长期交易关系和组织内部收集信息成本较低。

在那些实行金融自由化的国家和地区,仍然存在中小企业贷款难问题(Banerjee,2004;Conning and Udry,2007;林毅夫、孙希芳,2005)。在中小企业金融缺失的情况下,民间金融而不是正规金融能够提供企业一定的资金。缓解这些企业的贷款难问题的关键是,民间金融机构具有能够利用当地的私人信息来解决金融契约所面临的信息不对称问题的比较优势。林毅夫、孙希芳(2005)认为,与正规金融机构依赖于硬信息相比,民间金融机构依赖地缘、人缘关系或其他商业关系,获得企业家的有关软信息,从而民间金融机构在向信息不透明的中小民营企业提供融资中具有比较优势。正规的金融部门在收集和处理中小企业的软信息方面处于劣势,从而要求抵押、质押或担保以规避风险,并要求担保方也具有一定的硬信息。

(四)合同实施

正规金融合同是可实施的。一旦签订金融合同,如果借方(或者贷方)违约,那么,贷方(相应地,借方)可以诉诸法律与相应的司法体系,以确保合同的实施(包括合同的再谈判及相应的实施问题、违约情况下的惩罚等)。民间金融合同,尤其是非法的民间金融合同,通常不受法律保护,或者难以获得法律

保护。一旦出现违约或者合同纠纷,通常有以下几种处理方式:

1. 社会制裁

中国农村的许多地方,尽管 1949 年新中国成立以来,尤其是 1978 年改革开放以来,社会结构发生了很大变化,但社会结构仍然以血缘亲缘为基础,构成了相对稳定的庞大社会网络。人们都是在这一社会网络中生存。融资,也如此。一旦出现违约,社会网络将对违约方进行处罚,将违约方排斥于社会网络之外。例如,在 Dixit(2004)中,个体生活在同一个圆周上的社会中(Hotel-ling Circle)。个体之间每期随机匹配进行交易。一旦违约,受损方将向圆周上的邻居散布消息,使得在未来的随机匹配后,与违约方进行交易的邻居,采取不合作态度,对违约方进行惩罚。

社会制裁在互助会这一融资方式中非常明显。互助会建立在亲情、友情等血缘、地缘关系上,是一种特定团体内部成员之间进行集中借贷并定期轮转、分批、依次偿还的互助合作型民间金融形式。在互助会的体系内,可以利用局部的信息与局部的强制实施契约的方法,确保参会的每一个人遵守他的承诺,在他得会后仍然会缴纳会金,从而保证互助会是可持续的(sustain-able)。互助会应用已经存在于个体之间的社会联系,以有助于解决不完全信息和强制实施问题(Besley et al.,1993)。同样,Handa 和 Kirton(1999)也指出,互助会成功的关键是社会担保以确保互助会的可持续性。当发生违约的情况时,违约者不仅被他所在的社会惩罚,而且他本人及其亲属也可能被排除在互助会之外。Ardener(1964)观察到,在一个互助会里违约的人将肯定不会被其他任何互助会接纳为会员。在有些社区,互助会已经扎根于人们的经济和社会生活,以至于被互助会排斥在外被认为是比较严厉的惩罚。

2. 债务追讨

一个令人迷茫的问题是,虽然民间债务借贷的利率非常高,同时违约率较低,但是一旦出现违约,贷方经常使用非常强的违法手段进行债务追讨。在民间金融中,债务追讨一般不仅针对负债的公司企业,而且经常通过非法手段追溯到拥有该企业的自然人及其家庭私有财产,甚至牵涉到拥有该企业的自然人的父母兄弟的家庭私有财产。也就是说,在债务追讨的意义上,民间金融合同似乎是无限责任的。或许,人们会认为,从民间金融市场获得资金的企业,经常是规模小、家庭资产与企业资产不分的企业,不是在法律上具有有限责任的企业。因此,企业从民间金融市场融资,不仅仅是企业作为一个有限责任的实体从市场获得资金,更是作为一个自然人从市场获得资金。自然人经常是无限责任的。具有有限责任的现代企业,通过民间途径获得资金,在出现违约时,即使企业倒闭且债务违约,民间贷方也经常使用绑架、恫吓等追债方式,剥夺企业所有者甚至其父母兄弟的私有家庭财产。在经济学意义上,令人迷茫的问题是,既然民间金融市场利率的升水或溢价,包含了对未来债务持有企业有限责任的违约风险,那么,为什么在没有法律规制的情形下,民间金融市场不能约定俗成地形成有限责任的债务合同关系?

第二节　民间借贷

一、民间借贷概述

民间借贷分为民间个人借贷活动、公民与企业之间的借贷、企业与企业之间的借贷,也包括个体(包括个人与企业)通过民间金融中介发生的借贷。依据民间借贷的组织,可以分为简单的民间借贷和民间金融中介。

非商业性的自然人之间的借贷(或原始的民间个人借贷活动)在农村一直存在,是一种建立在亲情、友情等血缘、地缘关系上,在亲戚朋友之间进行借贷的一种融资形式,是农村家庭之间平滑消费的一种主要方式。例如,某个家庭发生短期重大事件(例如生病、受伤、建房、红白喜事),需要一笔相对较大的资金,而这个家庭没有足够的财力支付时,通常会以零利息或者很低的利息向亲戚朋友借款,并约定在将来某个日期偿还借款,以应对目前的短期资金(流动性)冲击。

商业性的民间借贷最早出现在南方发达地区,如广东、福建、浙江、江苏等省。这些地区的民营经济发展非常迅速,而金融发展与全国类似,相对欠发达,跟不上民营经济发展的需要。政府对银行进行控制,有偏向地支持国有企业,而不是民营企业。特别是,在收紧银根时,民营企业不仅难以获得新的贷款,而且先前获得还未到期的贷款也被迫即刻收回(银行违约)。因此,这些地区的中小企业融资难问题特别突出,而民间资本非常充足。民间资本借此机会"非法"地进入实体经济,成为促进民营经济发展的重要力量。

目前,全国许多经济开放城市中,民间借贷已经由"非法"变成"合法"。这反映在相关的法律制度中。例如,根据《合同法》第二百一十一条规定:"自然人之间的借款合同约定支付利息的,借款的利率不得违反国家有关限制借款利率的规定。"同时根据最高人民法院《关于人民法院审理借贷案件的若干意见》的有关规定:"民间借贷的利率可以适当高于银行的利率,但最高不得超过银行同类贷款利率的四倍。"

二、民间借贷的组织特征

简单的民间借贷,是指民间不通过合法的民间金融中介进行的借贷,包括民间个人借贷活动、公民与企业之间的借贷、企业与企业之间的借贷。简单的民间借贷(如图1-2所示),是非常普遍的民间金融活动。例如,亲戚朋友之间的资金周转,企业与企业之间的资金周转。其中,借方与贷方都不具金融机构的特征。

借方 ←————————————→ 贷方

图 1-2 简单的民间借贷

三、合法的民间金融中介

合法的民间金融中介,是指个人或者企业通过合法的民间金融中介获得资金。

图 1-3 表明,在法律制度上,如果不对民间金融中介的资金来源作特别规定,那么,民间金融中介与标准的银行中介或者地下钱庄看上去没有特别的差异。标准的金融中介可以合法地吸收存款。也就是说,投资者(包括个人、企业、其他各种组织)可以合法(也受法律保护)地在这样的金融中介存款。区别于合法的金融中介,地下钱庄(也称地下银行)同样可以吸收个体存款,但这样的投资行为不受法律保护。例如,地下银行没有存款保险机制,这样的金融机构在破产时,存款人不能获得任何由政府提供的存款保险赔偿。地下银行也不受相关的法律与规章制度制约和保护。例如,获得贷款的个体违约不偿还资金时,地下钱庄难以获得相应的法律援助。

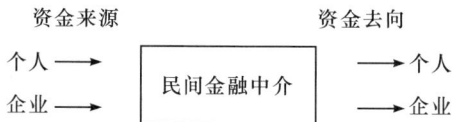

资金来源　　　　　　　　资金去向

个人 →　　┌──────────┐　　→ 个人

企业 →　　│ 民间金融中介 │　　→ 企业

　　　　　└──────────┘

图 1-3 民间金融中介示意

民间金融中介区别于银行、地下银行的是,法律制度对民间金融中介的资金来源有规定:不能吸收存款。也就是说,民间金融中介的所有者,可以是由多个投资者组成的伙伴关系,亦即合伙人。合伙人按照预先的合伙合同规定的一定的股份,共同拥有该贷款公司。合法的贷款公司,不存在外部投资者(包括股东与存款人)。

民间金融中介正规化,是指民间金融中介合法化,受到相应法律、法规、条例的保护与规制。

四、民间借贷的法律特征

民间借贷属于民事法律行为。借贷双方通过达成的口头借贷协议或签字画押的书面借贷协议,形成某种特定的债权债务关系,并产生相应的权利和义务。债权债务关系一旦形成,便受到法律的保护。借贷双方是否形成借贷关系,以及借贷数额、借贷标的、借贷期限等,取决于借贷双方的书面或口头协议。只要协议内容合法,都受到法律保护。

民间借贷关系成立的前提是借贷物的实际支付。借贷双方间是否形成借贷关系,除对借款标的、数额、偿还期限等内容表示一致同意外,还要求出借人将货币或其他有价证券交付给借款人,这样借贷关系才算正式成立。民间借贷的标的物必须是属于出借人个人所有或拥有支配权的财产。不属于出借人或出借人没有支配权的财产形成的借贷关系无效,不受法律的保护。民间借贷可以有偿,也可以无偿。是否有偿,由借贷双方约定。只有事先在书面或口头协议中约定有偿的,出借人才能要求借款人在还本时支付利息。

在民间借贷合同实施中,对于下列情形之一的,认定借贷合同无效:一是企业以借贷名义向职工集资。二是企业以借贷名义向社会集资。三是企业以借贷名义向社会公众发放贷款。四是其他违反法律、行政法规的借贷行为。

在民间借贷中,借贷双方最易产生矛盾的是利息。法律对此有明确规定:一是借贷双方对有无约定利率发生争议,又不能证明的,可以参照银行同类贷款利率计息。二是当事人约定了利率标准发生争议的,可以在最高不超过银行同类贷款利率的 4 倍的标准内确定其利率标准。三是在有息借贷中,利率可适当高于银行利率,但不得超过银行同类贷款利率的 4 倍,即不得搞高利贷。四是出借人不得将利息计入本金计算复利,否则不受法律保护。五是当事人因借贷外币、台币等发生纠纷的,出借人要求以同类货币偿还的,可以准许。借款人确无同类货币的,可以参照偿还时的外汇牌价折合人民币偿还。出借人要求支付利息的,可以参照中国银行的外币储蓄利率计息。

五、民间借贷合同:违约与纠纷处理

民间借贷,如果发生在个人与个人之间,这样的合同不是普通债务合同,而是无限责任合同。也就是说,借方有无限责任偿还所借资金。我国法律规定,还款期限届满之日起 2 年,是法律规定的诉讼时效。在此期间,你必须向借款人主张债权,2 年之后,法院对你的债权不予保护;如果没有写明还款日期,适用最长诉讼时效 20 年。处理民间借贷纠纷的方式包括协商、调解、仲裁

和诉讼等种类。依照法律规定,对于事实比较清楚,数额不大的债权债务关系,债权人可以向法院申请支付令,直接要求债务人偿还债务。而在规定的时间内,债务人如无异议,支付令则发生法律效力。债务人如若不履行还款义务,法院可以施行强制执行。

贷款合同违约,有两种类型:借方有财富,但他策略性地选择赖账、久拖、回避的方式,以逃避债务。借方确实没有财富,从而没法还债以履行借款合同。针对借方确实没有财富,从而没法还债以履行借款合同,一个简单的解决办法是延期偿还与借款合同再谈判。对于策略性选择,事后的法律实施非常重要。在债务违约下,在一定期限内限制违约的借方的消费行为,对防范债务违约是有一定意义的。

在经济学与法理意义上,个人之间的借贷合同,是否应该具有有限责任,是值得讨论的。有限责任,与个人与家庭财产破产的有关法律有关。

民间借贷,如果是个人向企业提供资金,这样的合同通常是普通债务合同。企业一旦违约不偿还所借资金,一般,企业将进入破产程序,这样的情形类似于 CSV 模型;或者进行债务再谈判与债务重组,这类似于 Hart-Moore 的不完全债务合同。[①]

因此,在民间借贷中,个人之间的借贷与个人和企业之间的借贷,在合同的性质上是不同的:前者是无限责任的,后者是有限责任的。这表现在利率上,前者的风险相对较小,从而利率较低。

六、担保与民间借贷

在借款合同中,贷款人将借款支付给借款人后,其风险都是由贷款人承担,以相应的利率升水作为对风险的补偿。为了减少借款的风险,从而降低借款利息(或者,资金成本),我国金融机构在信贷业务中越来越多地采用担保的方式。[②] 根据《担保法》的规定,在借款合同中贷款人可以要求借款人采取担保或抵押。

担保,是指担保人与贷款人约定,当借款人不履行债务时,担保人按照约定履行债务、承担责任的行为。

连带责任担保,即贷款人和保证人约定,借款人在借款期限届满没有履行债务的,贷款人可以要求借款人履行债务,也可以要求担保人在其保证范围内

---

① 参见本章第一节的讨论。

② 值得指出的是,根据 Stiglitz 和 Weiss (1983),由于存在逆向选择,贷款人经常不会因为风险大而提高资金利率,而是在一定利率下进行信贷配给,从而扭曲了信贷市场。

承担保证责任。

一般担保，即贷款人和保证人约定，在借款人经审判或者仲裁，并就借款人财产强制执行仍不能履行债务时，担保人承担保证责任。

担保，通过担保人，分担了贷款人的债务合同风险。从个体角度看，这完全是转移风险。将债务合同的违约风险从贷款人承担，转移到由担保人承担，而贷款人只承担剩余风险，亦即担保人也违约的风险。在这一意义上，资金利率升水反映的只是贷款人承担的剩余风险。而担保费反映的是担保人承担风险的补偿。

担保公司。如果每笔担保的违约风险是独立分布的，也就是说，每笔贷款合同隐含的违约风险不是系统风险，那么，尽管每笔债务合同的违约风险可能非常大，因为风险的独立分布，担保公司的加总的风险，是担保项目数量的减函数。当担保项目数量无穷大时，加总的违约风险收敛到零。也就是说，在预期的意义上，担保公司是稳赚不赔的。一个问题是，银行机构，包括民间金融中介，为什么需要担保，而不是通过银行分散化贷款平滑风险？根本原因是，银行贷款业务与担保业务存在利益冲突。给定银行资源，银行贷款业务，由于规模经济效应，要求贷款规模越大越有益，担保业务要求规模越小，从而担保项目越多越有益。因此，将银行业务与担保业务分开，在市场设计上，是最优的。

组内担保。考虑企业家形成一个团体。在该团体内，如果某个企业需要借款，其他企业将为这个企业担保。这样的设计，是发展经济学中的微小金融（micro finance）中的一种组织结构。不考虑代理问题，组内担保，亦即相互担保，由于违约风险的独立性，使得企业之间分享违约风险。这将降低组内的违约风险，从而使得资金成本变低。通过组内成员之间的监督，以及动态挑选组内成员，将解决代理问题：那些违约的个体将被排斥在外，从而不能在随后各期获得金融服务。

七、抵押、质押与民间借贷

抵押是指借款人将其所拥有的财产作为债权的担保。在借款人不履行债务时，贷款人有权依法将该财产折价或者以拍卖、变卖该财产的价款优先受偿。抵押物是依法可以转让的财产，抵押合同应当办理登记，抵押合同自登记之日起生效。

质押包括动产质押和权利质押。动产质押是指借款人或者第三人将其动产移交贷款人占有，以该财产作为债权的担保，借款人不履行债务时，贷款人有权以该财产折价或者以拍卖、变卖的价款优先受偿。权利质押是指转让所有权以外的财产权作为质押的担保方式。以下权利可以设定质押：汇票、支票、本票、债券、存款单、仓单、提单；依法可以转让的股份、股票；依法可以转让的商标专用权、专利权、著作权中的财产权等权利。

Holmstrom 和 Tirole（1997）在一个非常简单的不完全合同理论框架下证明，企业从外部投资者可获得的外部资金，是企业资产的函数。亦即：

$$D = aK$$

其中，D 是企业债务规模；K 是企业可抵押或质押的资产价值。a 与项目的性质、法律和制度环境（例如，企业违约成本）、企业规模等因素有关。项目越好，a 越大；企业违约成本越大，或者法律对外部投资者保护程度越大，a 越大；企业规模越大，a 越大。

八、民间借贷合同的不完全性

民间借贷合同经常是不完全的，主要表现在，借款手续不规范；资金贷出方无法掌握借入方的资信状况，对自身的保护措施不够；资金贷出方易受高利的诱惑，依法维护权益的意识不强。因此，民间借贷会因为合同不完全而出现合同纠纷，以及相应的民间借贷合同纠纷处理上的麻烦，甚至陷入高利贷骗局。

因此，采取一定措施，规范民间借贷，减少合同的不完全性，是非常有价值的。这表现在对农民做好普法教育，引导农民认真学习掌握与自身利益紧密相关的《合同法》《担保法》《民法通则》等经济金融法律法规，懂得依法保护自身权益，使农民能够使用规范的手续开展民间借贷活动。借贷合同应采取书面的合同形式，在合同中约定期限、利率、担保以及违约处罚等事项。政府也可以促进个体学习个人理财、企业财务、财务风险管理等知识，促使农民重视借入资金方的信用状况，增加保证抵押的保护措施。

第三节　民间集资

一、民间集资概述

民间集资是指某个企业同时从多个投资者获得资金的方式，如图 1-4 所示。也就是说，民间集资是指一个企业在一段时间内向多个投资者融资。

简单地比较图 1-2 与图 1-4。民间集资（图 1-4）是一个企业在同一时段内拥有多个民间借贷（图 1-2）。比较图 1-3 与图 1-4，区别民间金融中介和民间集资，关键在于投资者是否形成伙伴关系。如果投资者能合法地形成伙伴关系,那么,这样的组织模式就很类似于民间金融中介(例如,贷款公司)。如果不能形成伙伴关系,这样的融资模式就是民间集资。

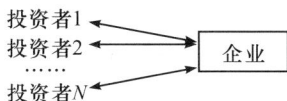

投资者1 →
投资者2 → 企业
……
投资者N →

图 1-4　民间集资示意

早期的民间集资,通常是指中小民营企业、个体工商户常以"保证金"、职工集资、合股经营、吸纳外地资金入股等形式直接从民间筹集资金,用以维持或扩大生产经营规模。这些投资者,可能是一个松散的团体,例如,提供保证金的职工或客户,企业职工集资中的职工,合股经营的股东。可能是分散的外部投资者,例如,外地投资者。外地投资者与企业之间一般会有一个联系人,这个人充当中间人(或中介)的角色,如图 1-5 所示。

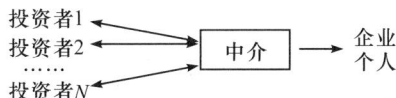

投资者1 →
投资者2 → 中介 → 企业
…… 个人
投资者N →

图 1-5　民间集资与民间金融中介

二、中介的类型

中介有三种类型:

第一种是中介有信息优势,充当介绍人。投资者通过中介的介绍,接触到企业。在获得有关企业的信息后,投资者决定是否借钱给企业。如果决定借钱给企业,该投资者与企业直接签订借款合同,中介不参与签订合同,也不承担该金融合同中的任何责任与义务,仅收取一定的佣金或介绍费。每个借款合同等同于民间借贷合同。这样,民间集资由多个民间借贷合同组成。

第二种中介是某个投资者(非金融业的个体,包括企业与自然人)从其他投资者那里获得资金,并作为借方签订金融合同,然后,作为贷方,借钱给企业。这样的投资者很类似于银行:他通过从其他投资者获得资金(类似于吸纳存款),并将获得的资金放贷给企业。不同于正规银行的是,这样的中介没有派生存款的功能。

第三种中介是图 1-3 所示的民间金融中介。

三、民间集资的风险特征

目前的民间集资,更多地表现为企业在同一时段内向多个投资者融资。

其中最根本的问题是,企业可能以新债抵旧债。出现这种可能性的关键,是外部投资者出现了协调问题:外部投资者不知道该企业以前的财务状况。如果企业财务报表能真实地体现企业目前的财务状况,外部投资者可以依据企业财务报表披露的信息,结合项目的特征,确定债务合同。那么,以新债抵旧债的问题应该不存在。

民间集资中存在严重的信息不对称,外部投资者不知道企业的资本结构。中小民营企业的财务制度非常不健全,外部投资者难以从企业财务报表中获取对该企业不利的信息。

考虑以下序贯借款问题。

在第 0 期,企业获得一个有一定风险的投资机会或项目。为了简单起见,假设企业项目不存在风险。也就是说,这是一个稳赚不赔的项目。例如,企业获得了一块土地,用于开发房地产。给定这块土地的面积和相应的房地产项目设计,这个房地产项目的投资规模是已知的。该企业没有足够的资金实现这个项目,他必须从外部获得足够资金以实现这个项目。假如这个企业不能从正规的金融中介获得资金,那他就要通过民间借贷获得资金。

假设存在这样的可能性:该企业在实施这个项目之前,就已经债台高筑,陷入了严重的财务困境。这样的债务,通常可能是高利贷(例如,月息 2 分 5 的债务)。

假设企业项目是可观察的,而企业的财务背景知识是不可观察的。投资者只有对企业财务背景知识的先验知识,或者是对当地的企业总体的财务背景状况的先验估计。

假设企业的财务信息可以通过某种方式传播:企业以前的债主,在随机地遇到某些外部投资者时,会向这些外部投资者传播该企业的财务信息。这样的财务信息是企业对所欠该债主的债务违约。因此,通过这一途径披露出来的财务信息是有益的。

企业需要获得一定数额的外部资金。如果企业财务背景非常好,也就是说该企业没有债务,那么获得的这笔资金将用于企业项目投资。可以预期,由于这一项目没有风险,这样的债务合同也是非常简单的无风险的合同。资金的用途,是用于无风险的资金融通:满足企业的资金需求。

如果企业确实有非常糟糕的财务问题,在实施这个非常好的项目前就已经债台高筑,那么借得的这笔资金将可能有以下两个用途:部分用以偿还以前累积的债务,剩下的资金用于项目融资。

假设企业的融资是有摩擦的:在每一期,企业以某个概率获得融资。也就是说,因为假设项目是无风险的,如果在第 t 期企业仍然在融资,那么这不是项目本身的原因，而是以下原因之一：要么企业债台高筑，以前各期融资都在进行以新债抵旧债；要么是借贷市场摩擦，企业在以前的各期可能没有从借贷市场获得资金。

假设企业在第 0 期获得了一定数额的融资。为了简单起见，假设第 0 期融资规模恰等于该企业项目所需资金。如果这个企业没有其他债务，该项目可以一直进行下去，无须再融资。

如果这个企业确实债台高筑，这笔本应该用来运行项目的钱，必须用于还债（亦即，以新债抵旧债）。这样，在第 1 期，企业还是需要从外部投资者那里获得资金。否则，项目就得终止。

上述模型，是典型的民间集资模型。虽然比较简单，但在民间集资的以新债抵旧债的意义上，确实典型地反映了民间集资所显示的风险特征。

第四节 互 助 会

一、互助会概述

互助会是民间金融组织的一种重要形式，一般被国外学术界称为轮转储蓄与信贷协会(Rotating Savings and Credit Associations，简称 Roscas)。作为一种非正规的金融制度，互助会在发展中国家中扮演着重要的角色，因此引起了社会学家、经济学家等的广泛关注。社会学家主要从互助、社会交往、文化整合等功能的角度考察互助会，而不限于经济功能。经济学家对互助会的关注和研究始于 Besley，Coate 和 Loury（1992，1993，1994）出色的开创性工作。该文首次采用规范的经济学框架分析了互助会的经济功能为不可分割的耐用品的消费融资，指出可以将互助会理解为具有社会联系的群体，面临被信贷市场排斥时的融资行为。

互助会是一种建立在亲情、友情等血缘、地缘关系上，在一种特定团体内部成员之间进行集中借贷并定期、分批、依次偿还的互助合作型民间金融形式。它不仅历史悠久，而且广泛存在，在发展中国家和移民社区尤为流行。互助会在我国也有着悠久的历史，经历过政策打压和"倒会"危机。但在每次严重危机后，它都能重新发展起来。这充分反映了其内生的自我繁殖和发展能力。在金融创新层出不穷的今天，古老的互助会仍然占有一席之地，足以说明它存在的合理性。

互助会一般由发起人（会首）邀请若干人（会脚，或会员）参加，约定时间按期举行,每次收集一定数量的会金,轮流交由一人使用借以互助,会首优先使用第一次会金,以后按次序轮流交会脚使用。

在发展中国家,互助会是民间金融的一种重要信用形式。互助会本质上是一种具有储蓄和借贷功能的互助组织,它有效地鼓励和促进了储蓄,同时部分地满足了成员的借贷需求。互助会的成员一般彼此比较熟悉,其相互选择、相互监督、社会制裁等机制,较好地保证了履约问题。在每次集会时交纳会费,类似于定期进行储蓄;所有成员的分散资金被集中起来作为信贷资金来源,利用了规模经济的优势。另外,互助会的成员一般是固定的,只对内部成员提供信贷服务,可见它在一定程度上具有信用合作的特点。国内对这种组织比较通俗的叫法是会,如在我国浙江、福建等省份较为流行的标会、抬会、合会等。这种民间自发的互助机构是非正式金融市场中一种非常重要的组织形式。

二、互助会的类型

从经济功能的角度看,互助会可分为两类:消费性的会和投资性的会。在消费性的会中,会员将得会的钱用于一次性大额消费,例如,建造房屋、婚丧嫁娶、支付重病治疗或购买耐用消费品。在投资性的会中,会员将得会的钱用于投资,如进行长期投资(购买固定资产)、短期投资(应付流动性冲击),或购买其他金融证券(如存入银行,进行民间放贷,加入其他互助会,购买国债、股票等)。

从得会次序的制度角度看,互助会可分为:轮会、标会和摇会。轮会在起会时就对资金使用机会的分配顺序加以固定,分配顺序一般由会首和其他成员协商决定。轮会的优点是会员可以选择得会次序,急需资金或善于经营的人可以把得会次序安排在靠前,而乐于储蓄或手中有闲钱的人,可以稍后得会。轮会的缺点是在运作之前的组织成本要相对高于标会,因为它需要根据成员资金需求的偏好进行搜寻和匹配,并在匹配不能够完全一致的时候进行协商,这些都需要支付成本。会脚缴纳的会金按得会先后次序不同而不同,得会越早,缴纳会金越多。根据会首和会脚在各期的资金收入和支出方式的不同,轮会又可分为两种形式:一种是跟会,即在互助会成立的时候,会脚的应付金额都已经规定好,而会首支付金额随轮会次序不断变化。另一种是定息轮会,即会脚在收到会款之后,在以后每次会期都要加付之前约定的固定利息。标会是指在每一轮聚会时,由过去没有得会的会员通过投标确定这一轮的得会者。标会由会脚通过投标竞得每期资金的使用机会,标价最高的会脚获得这一期的会金,但在第一期会东不需要竞标(相当于标价为零)就可以获得资金的使用机会。已经中标的会脚称为"死会",意指在中标之后的余下各期该会脚不能再参与竞标;还未中标的会脚称为"活会"。按照 Kuo(1996)的分类标准,标会又可分为两种:升水标会(Premium Bid ROSCA),一个会脚中标以后,该会脚在余下各期必须额外支付与标价金额相同的资金;贴水标会(Disocunt Bid ROSCA),一个会脚中标时,其他"活会"分别向其提供的会金扣除了与标价金额相同的资金;而"死会"在提供会金时不享受这种扣除,但会东在有些贴现标会中可以享受这种扣除。

三、对一个标准标会的考察

下面我们考察一个标准的标会。设定互助会由 N 个会脚组成。第 0 轮会,每个会脚缴纳 100 元,由会首优先使用。在以后的 N 期轮转中,会首将缴纳 100 元给每期得会的会脚。在第 t 期轮转时,会首组织这 N 个会脚聚在一起。这时,已经有会首和 $t-1$ 个会脚通过竞拍获得了相应各期每位成员缴纳的会金,属于"死会"成员。在本轮聚会时,只有 $N-t$ 个还未得会的会脚有机会参加本轮聚会中的竞拍,是"活会"成员。

"活会"成员在本轮聚会进行竞标时,通过第一价格拍卖的方式,获得其余"活会"成员本期支付的 100 元,而愿意在以下各期聚会时,向本期其余"活会"成员在以后各期得会时支付的额度。这个支付额度最高的"活会"成员得会,以及,他获得使用本期"活会"成员和"死会"成员缴纳的会金。记该期得会的竞标得会价格是 b_t,那么,得会的会脚可获得的资金是

$$\sum_{i=1}^{t-1} b_i + 100(N-t)$$

第一部分是"死会"成员缴纳他们在得会时承诺的会金 b_i 元,$i=\{1,2,\cdots,t-1\}$;第二部分是会首和其余的"活会"成员只缴纳 100 元的会金。

该会脚在以前的 t 次聚会中,属于"活会",只需每期缴纳 100 元;在本期以后的各期中,他属于"死会",需在以后的每期向得会的会脚缴纳 b_t 的会金。图 1-6 简单地刻画了标准标会的运作。

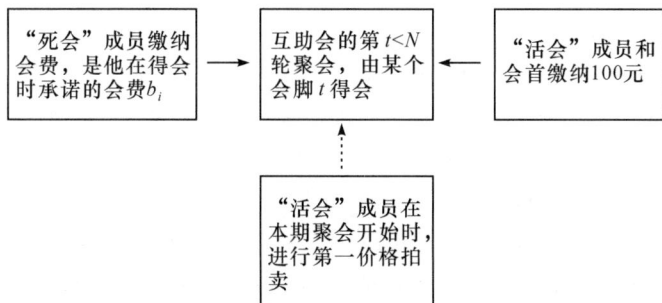

图 1-6 标准的标会示意

第四章将考察互助会的理论。我们强调,互助会有承诺问题,也存在局部性问题。对于承诺问题,单纯地将违约会员排斥在互助会之外,是不够的。解决承诺问题,需要互助会内部有一定的社会制裁机制。我们也将讨论互助会中会首的价值。当某个已经得会的会员因为某种原因,无法履行随后的每期支付时,会首将有义务代缴会费。这一机制对延续互助会,非常有价值。第五章将考察会首的声誉对互助会得会价格、互助会规模、倒会危机的影响。

参考文献

[1] Aghion, P. and Bolton, P. An incomplete contracts approach to financial contracting[J]. Review of Economic Studies, 1992, 59:473-494.

[2] Aghion, P., Hart, O. and Moore, J. Improving bankruptcy procedure[J]. Washington University Law Quarterly, 1994, 72:849-872.

[3] Allen, F., Qian, J. and Qian, M. Law, finance and economic growth in China[J]. Journal of Financial Economics, 2005, 77:57-116.

[4] Banerjee, A., Contracting constraints, credit markets, and economic development, in M. Dewatripoint, L. Hansen and S. Turnovsky, eds. Advances in Economics and Econometrics:Theory and Applications, volume 3: 1-46. Eight World Congress of the Econometric Society, London:Cambridge University Press, 2004.

[5] Conning, J. and Udry, C. Rural financial markets in developing countries [J]. In R. Evenson and P. Pingali, eds. Handbook of Agricultural Economics, 2007, 3:2857-2908.

[6] Diamond, D. Financial intermediation and delegated monitoring[J]. Review of Economic Studies, 1984, 51(3):393-414.

[7] Dixit, A. Lawlessness and Economics:Alternative Modes of Governance [M]. (Gorman Lectures, University College London), New Jersey:Princeton University Press, 2004.

[8] Gale, D. and Hellwig, M. Incentive-compatible debt contracts:The one-period problem[J]. Review of Economic Studies, 1985, 52:647-663.

[9] Hart, O. and Moore, J. A theory of debt based on the inalienability of human capital[J]. Quarterly Journal of Economics, 1994, 109:841-879.

[10] Townsend, R. Optimal contracts and competitive markets with costly state verification[J]. Journal of Economic Theory, 1979, 21:265-293.

[11] 林毅夫,孙希芳. 信息、非正规金融与中小企业融资[J]. 经济研究,2005 (7):35—44.

微观金融制度与中小企业融资

第二章　金融契约与民间金融市场的局部性①

第一节　引　言

改革开放 30 多年来,中国经济发展取得了巨大成就,但学者们却难以用一般理论进行解释。这就形成了所谓的中国经济增长之谜。例如,Bekaert、Harvey 和 Lundblad(2007)从被广泛应用的新古典传统多国经验模型(例如,Barro 和 Lee 在 1994 年提出的方法)的角度,考察中国 30 多年来的经济增长经验。他们发现,从跨国角度看各国经济增长的标准决定因素,中国是一个严重孤立的奇异点。也就是说,标准模型中的许多变量并不能有效解释中国 30 多年来的经济增长。并且,在取得高速经济增长的同时,中国的经济增长波动率(the growth volatility)非常小,明显不同于具有类似社会、政治制度与经济金融发展水平的国家的情形。在控制了政治风险、制度变革、社会保障、国有制等变量后,跨国回归效果虽然有所改进,但仍严重低估了中国经济增长率。更具体地,Allen、Qian 和 Qian(2005,2008)按照法律、金融和经济发展的经验研究传统进行了一系列研究,表明中国的正规金融体制主要支持效率低下的国有企业,而不支持确保中国经济持续快速发展的民营企业;中国的法律制度也没有很好地保护民间投资者的利益。②所以,Allen、Qian 和 Qian(2005)指出,支持中国高速经济增长的金融制度不是国有的正规金融,而是由当地百姓

---

① 本章是罗德明、奚锡灿合作研究成果,发表于《浙江大学学报》(哲学社会科学版)2010年第 2 期。

② 法律、金融与经济发展的经验研究方面的文献参见 La Porta 等(1997,1998),Dajankov等(2007),以及 Dajankov 等(2008)的研究。

自发提供金融服务的民间金融部门。① 作为法律的替代,民间的声誉机制和关系等社会习俗和规范,可以有效地保护民间金融部门的投资者。因此,民营经济可以得到迅速发展,并促进中国经济飞速发展。②

本文试图在 Holmstrom 和 Tirole(1997)模型框架下,构造一个简单的不完全金融契约模型,考察影响民间金融市场的局部性的因素。民间金融局部性的主要特征是,在投资者监督企业家的过程中,存在免费搭车现象:外部投资者数量越多,对企业家经营活动的监督效率越低。本文试图证明,给定其他外生因素不变,企业自有资金越多,企业的技术效率越高,优质项目相对于劣质项目的成功概率越大,地区民间资本越雄厚,民间金融市场所依存的社会习俗、文化与规范等环境因素越优越,民间金融市场规模越大;民间金融市场的无风险利率水平越高,企业项目越有利于企业家牟取私利,民间金融市场规模越小。这样,该模型部分地解释了 Allen、Qian 和 Qian(2005)的经验研究结果:在中国,虽然法律没有很好地保护民间投资者利益,但民间自发形成的社会习俗、商业文化与规范,能在一定程度上保护投资者的利益,促进民间金融市场在局部地区发展,并有力地支持当地的民营经济发展。

以下几个研究领域的文献与本研究直接有关。本研究首先与发展中国家企业资本结构的文献有关。例如,国内外研究发展中国家企业融资与民间金融市场的大量经验证据表明:(1)在相同的局域经济(sub-economy)内,民间金融利率显著高于正规金融利率;(2)在相同的局域经济内,相似民间贷款之间的利率差别很大;(3)民间贷款违约概率低,违约资本占非正规金融中介的流动资本的 0.5%~1.5%;(4)农户和中小企业贷款主要用于生产和贸易融资。这些经验研究包括调查、案例、计量研究(张军,1997;史晋川等,1998,2000,2004,2006;Banerjee,2003;Conning and Udry,2007)。本研究为这些经验研究提供理论支持。

---

① 民间金融泛指个体、家庭、企业之间通过绕开官方正式的金融体系而直接进行金融交易活动的行为。其具体的表现形式有民间借贷、民间互助会、储蓄互助社、地下钱庄、租赁公司、地下投资公司等。这些民间金融借贷行为往往是非法的,因此通常也被称为"地下金融"。

② 声誉和关系机制包括以下几种:第一种机制是社会制约与惩罚机制,作为一种外生的机制,没有遵守承诺的与会者及其亲属将被当前及未来的任何互助会排斥于外,也将受到一系列社会制裁,包括背上坏的声誉、失去工作、财产被损坏等。第二种机制是参与民间金融服务的个体之间的监督,资金的贷方有激励利用可以获得的硬信息和软信息,监督借方的企业经营活动。第三种机制是有关民间金融的制度安排,有利于降低借贷风险。例如,在互助会的运作中,会首作为"最后贷款人"制度安排,有利于降低其他得过会的会员的违约风险,会首也有激励利用其专家身份和社会地位进行监督。

其次是 20 世纪 90 年代来兴起的法律与金融文献。La Porta 等(1997，1998)及其追随者发现，金融结构及其效率与法律起源有关。Djankov 等(2007)认为，通过法律体制与信息分享制度对债权人保护程度越高，私有信贷占 GDP 的比重就越高，而且后者在经济越不发达的地区越重要。Djankov 等(2008)发现，债务契约在世界各国实施的效率非常低。经济越不发达，债务契约实施效率就越低。债务契约的实施也与法律起源有关，并且决定了经济绩效。同时，低效率也与债务实施的结构特征有关。并且，实施效率越低，私有债务市场就越不发达。Shleifer 和 Wolfenzon(2002)，Pagano 和 Volpin(2006)证明了投资者保护水平决定融资利率从而影响经济发展。与这些研究不同，本研究从民间自发形成的社会习俗、商业文化和规范这一角度考察投资者保护与民间金融市场发展问题。

另外一个领域是金融中介理论。本研究的基本观念与 Holmstrom 和 Tirole(1997)相同。这可以追溯到 Grossman 和 Hart(1986)，Hart 和 Moore(1990)等关于产权和控制权私人收益的不完全契约理论，以及基于不完全契约的债务和金融中介理论。[①]，我们所考察的投资者在监督企业家时发生的免费搭车问题，与 Bolton 和 Scharfstein(1996)的研究有联系。与这些模型不同，我们强调民间金融市场的局部性。

本章的结构安排如下：第二节给出一个金融契约的基本模型。在投资者对企业家的监督存在免费搭车问题的假设下，刻画了简单的民间金融契约。第三节给出基本模型的最优解，并考察贷款市场均衡。第四节是比较静态分析，讨论初始财富与项目特征如何影响局域金融市场规模。第五节考察社区特征，包括社区的民间资本丰富程度，以及社会制度与规范等因素对民间金融市场规模的影响。第六节考察正规金融与民间金融之间的关系。第七节是本章的结论。

第二节　金融契约的基本模型

假设经济中有一个企业家和众多投资者，并且他们都是风险中性的。企业家有一个投资项目，并且有初始财富 A。记企业的投资规模为 K。有趣的情形是 $K > A$。此时，企业家受到金融约束，需要从外部金融市场获得足够的

[①]　参见 Aghion 和 Bolton(1992)，以及 Hart 和 Moore(1994,1998)有关不完全契约的债务理论研究。

资金 $K-A$ 投资于该项目。

考虑一个连续投资的模型。此时 $K \in [0, \infty)$。在投资后,如果能够成功,那么该项目可以产生规模报酬不变的现金流 RK,这与该项目的投资规模 K 成正比。如果项目失败,则不能产生任何现金流。

考虑这样一个 Hotelling 线性社区:企业位于该社区的中心位置 0 点。位于该企业左右 $[-L, L]$ 的区域上,均匀地分布着财富为 W 的个体。并且单位长度上的个体数量测度为 $1/2$,从而区域 $[-L, L]$ 上的个体测度为 L,总的可供该企业家用于项目投资的外部资金为 WL。这样,参数 L 度量了区域规模,从而 WL 度量了该区域的民间资本总规模。个体 x 是指距离这个企业家位置为 x 的个体。这些资金的机会成本等于 $1+i$。[①]

值得注意的是,我们用 x 度量与企业家的关系,距离越大,关系就越不密切。典型的民间金融市场往往局限于某一局部区域,且该区域内参与资金竞争的借款人的数量也是有限的。本研究为了简单起见,假设只有一个企业家。罗德明、潘士远(2008)考察了有限个投资者竞争资金的问题。

与 Holmstrom 和 Tirole(1997)的设置相同,该企业家可以实施两类项目:优质项目或者劣质项目。优质项目成功的概率为 P_H,劣质项目成功的概率为 P_L,其中,$P_L < P_H$。并且,企业家投资优质项目没有个人私利,投资劣质项目可以获得私利。外部投资者不能影响项目成功的概率。

投资者监督程度影响企业家经营劣质项目获得的私利。投资者监督程度高,私利就少;反之,亦然。本文特别关注投资者监督企业家过程中存在的免费搭车问题。给定其他条件不变,投资者越多,对企业家的监督越小(参见Bolton and Scharfstein,1996)。[②] 例如,潘士远、罗德明、杨奔(2008)关于互助会的倒会机制的经验研究表明,与会人员越多,其他条件不变,互助会倒会的概率越大。[③] 假设投资者对企业家项目投资的监督水平是投资者数量的减函数,亦即:

$$m = m(x) = \frac{a}{x} \tag{2.1}$$

其中,a 表征了这个社区的社会资本水平,包括该区域的社会习俗、文化与规

---

① 投资者的机会成本,是他投资于无风险资产的收益。例如,他将资金存于银行获得的利息。

② 也可以理解为,投资者数量越多,与企业家的平均距离越大,监督效率越低。罗德明、奚锡灿(2008)从信息成本角度考察投资者距离对企业融资的影响。

③ 参见第五章。

范等在民间累积形成的商业环境,反映了投资者监督企业的效率。[①]

可以从以下几个角度理解式(2.1)的经验与制度背景。

首先是社区的社会关系与制约机制。在农村地区,人口流动性较小,人们往往好几代都居住在同一个地方,保持着良好的关系。也就是说,在同一个地区,人们之间的相互了解程度较高,这便于投资者监督企业家。如果有企业策略性地选择风险比较大而收益比较小的项目,从而导致无法偿还债务,在相同文化与社会规范内的投资者将对企业实施事后惩罚。这些惩罚措施包括将企业家排除在家族或社区之外。陈志武(2005)的研究表明,在商业文化发达的地区,人们对商业价值和契约执行的认同度更高,这就为民间金融市场发展提供了一个更好的社会制度环境。缺失社区长期累积的商业文化与制度规范环境,人们将损失很多机会,在企业交易中的交易成本也将大大增加。改革开放后,传统的商业文化和规范逐渐恢复,例如,解放前金融业比较发达的浙江等省,由于存在支持民间金融发展的社会制度环境,民间金融随着经济发展而逐步恢复和发展,相对于商业文化不发达的地区,能更有效地配置资源,从而促进经济发展。

其次是相关的民间金融制度安排。可以设想这样一种金融制度安排。以企业家的项目为中心,外部投资者组成一个,例如,Boyd 和 Prescott(1986)意义上的金融中介。金融中介的监督效率与社区中的社会资本有关,也与参与中介的投资者数量有关。参与的投资者越多,免费搭车现象就越严重。潘士远、罗德明、杨奔(2008)对互助会违约机制的研究表明,在互助会的制度安排中,要求会首有责任替违约会员缴纳会金。并且,倒会后,与会人员之间存在重新谈判的机制,使得倒会前一直没有得会的会员获得一定的补偿。并且,倒会会员将被社区的其他成员排斥。这些机制既降低了互助会倒会的概率,也降低了会员们因为倒会而遭受的损失。微观金融制度,例如,团体借款(the group lending)的运作也有相似的特征。投资者之间的互相监督(the peer monitoring),可以保证团体借款制度的可持续性。按照这种机制,投资者之间仍存在免费搭车现象:投资者越多,他们之间相互监督的强度越弱。

企业家获得的控制权私利是监督水平的减函数。[②] 不失一般性,假设企业家通过选择劣质项目可获得的控制权私利满足:

$$B = \frac{b}{m}K = \frac{bx}{a}K = \delta x K \tag{2.2}$$

---

① 本研究不直接模拟民间投资者对企业家的监督。例如 Becker(1968)认为,法律制度是权衡发现犯罪行为的概率与发现犯罪行为的成本的结果。

② 参见 La Porta 等(1997,1998)的经验研究。

其中,参数 b 反映了特定项目中企业家牟取私利的难易程度。不同的项目,企业家获取私利的程度不同。有的项目比较容易为企业家牟取私利,有的项目比较不容易为企业家牟取私利。项目特征确实与民间金融市场发展有联系。这可能与项目的技术特征和规模有关,也可能与该项目的产业结构有关。例如,家庭手工作坊式的企业,投资少,并且,企业资产少且很难与家庭财产区别,从而企业家很容易转移企业财产。对于大型企业,拥有厂房、机器设备等固定资产,相对而言就不那么将企业资产转移。①

记 $\delta = b/\alpha$。式(2.2)表明,企业家通过选择劣质项目可获得的控制权私利与企业投资规模成正比,与外部投资者对企业家实施项目的监督水平成反比。

金融契约的时间顺序如下:期初,企业家拥有一个具有上述特征的投资项目,并向外部投资者融资,签订金融契约,确定融资数量 $D = xW$,其中,$x \leqslant L$,同时确定项目投资规模 $K = A + xW$。获得融资后,企业家决定投资何种项目,并可能产生代理问题。期末,项目收益实现。若项目成功,则向投资者支付 R_I,企业家获得偿付后的剩余收益 R_E,亦即 $R_I + R_E = RK$;若项目失败,则企业家和投资者的收益皆为零。亦即,企业家承担有限责任。这里不考虑项目失败所带来的社会惩罚与制裁。

为了在这个模型框架下理解代理问题,不失一般性,假设如果企业家选择优质项目,那么,项目的净现值是正的:

$$P_H R > 1 + i \tag{2.3}$$

否则,项目的净现值是负的:

$$1 + i > P_L R + \delta x \tag{2.4}$$

从而,除非金融契约能解决代理问题,使得企业家选择优质项目,企业家不可能从外部投资者那里获得资金。

考虑 $x < L$。当社区的资金都借给企业家时,企业家从项目中可以获得的私利等于:

$$\bar{B} = \delta L (A + WL) \tag{2.5}$$

假设社区足够大,亦即 L 足够大,使得均衡的投资具有内点解。这要求假设:

$$P_H R \leqslant (1 + i) + \frac{P_H \delta N}{\Delta P} \tag{2.6}$$

也就是说,社区足够大,使得当社区中的投资者都投资于企业家的项目时,单

① 例如,Pistor 和 Xu(2004)假设,企业规模越大,企业家就越不容易转移企业资产与收益,从而控制权私人收益在相对意义上(亦即,转移的比例)较低。

位投资的预期净收益 $P_H R-(1+i)$，将小于单位投资的代理成本 $P_H \delta N/\Delta P$。

　　假设社区的资本市场是完全竞争的，并且无风险利率为 i。具有一定垄断力量的投资者的情形与此非常相似。考虑企业家之间争夺资金的竞争的情形也与此非常相似。

第三节　贷款市场均衡

　　投资优质项目有较高的成功率，而投资劣质项目企业家可以获得个人私利。那么，企业家在什么情况下选择优质项目呢？投资优质项目的利润是 $P_H R_E$，而投资劣质项目的利润是 $P_L R_E+\delta x K$，其中，$K=A+xW$。因此，企业家选择优质项目的激励相容条件是：

$$P_H R_E \geqslant P_L R_E+\delta x K.$$

令 $\Delta P=P_H-P_L$，上述不等式可以表示为：

$$(\Delta P)R_E \geqslant \delta x K. \tag{2.7}$$

投资者 $j \in [-x, x]$ 的参与约束为：

$$P_H[RK-R_E] \geqslant xW(1+i) \tag{2.8}$$

　　在完全竞争的民间金融市场，外部投资者不能从金融契约中获得任何额外的利润。[①]因此，企业家的净效用就是项目投资产生的社会剩余，亦即：

$$U_E=[P_H R-(1+i)]K \tag{2.9}$$

　　因此，企业的投资规模上限，亦即企业家的债务规模，取决于激励相容约束式(2.7)和参与约束式(2.8)。令 $\bar{x}$ 表示企业家可以获得融资的投资者数量上限。企业项目投资最优规模满足：

$$K \leqslant \kappa A \tag{2.10}$$

其中，κ 是投资乘数，满足：

$$\kappa=\frac{1+i}{(1+i)-P_H(R-\delta \bar{x}/\Delta P)}>1 \tag{2.11}$$

其中，$\bar{x}$ 是以下二次方程的解：

$$\delta x(A+xW)=\frac{\Delta P}{P_H}[P_H R(A+xW)-xW(1+i)] \tag{2.12}$$

　　由式(2.6)可知，式(2.11)中的被除数大于零，亦即，单位投资的预期净收

---

　　① 罗德明、奚锡灿(2008)考察外部投资者的信息成本。与企业家关系密切的投资者节约了信息成本，从而获得更多的额外利润。

益 $P_H R-(1+i)$，将小于单位投资的代理成本 $P_H \overline{B}/\Delta P$。并且由式(2.3)和(2.4)可知，$\Delta PR > \delta \overline{x}$。因此，被除数小于 $1+i$。这表明，在确保企业家选择优质项目的条件下，企业家可以利用区域的民间金融市场获得一定额度的资金，使他的项目投资额度超过他的初始财富 A，从而导致投资乘数效应。这是民间金融市场的重要功能。

不难发现，式(2.12)中的 x 只有一个正解，这就是我们所须求得的企业家可获得融资的最大投资者规模。记 $w=W/A$，表示单位长度社区上的投资者财富与企业家财富的比例。那么

$$\overline{x}=\frac{(\Delta P/P_H)w(P_H R-(1+i))-\delta+\sqrt{[(\Delta P/P_H)w(P_H R-(1+i))-\delta]^2+4\Delta PR\delta w}}{2\delta w}$$

$$(2.13)$$

式(2.3)和式(2.9)表明，企业家的最优投资策略是投资 κA。

第四节　初始财富、项目特征与局域金融市场规模

本节考察企业家初始财富 A、项目特征 $(R, P_H, \Delta P)$，以及与项目特征有关的企业家牟取私利的难易程度 b 等因素，对项目融资的民间金融市场规模，即 $D=\overline{x}W$ 的影响。值得指出的是，这些因素对民间金融市场规模的影响，与它们对参与民间金融市场的投资者数量的影响相同。在下面的讨论中，对投资者数量 $\overline{x}$ 的影响，等同于对民间金融市场规模 D 的影响。

首先，考察企业家的自有资金 A 对民间金融市场规模的影响。对式(2.12)求 $\overline{x}$ 关于 A 的偏导数，并整理后，可得：

$$\left[\delta \overline{x} w+\frac{\Delta PR}{\overline{x}}\right]\frac{\partial \overline{x}}{\partial A}=\overline{x}\frac{\Delta P}{P_H}\frac{1+i}{1+\overline{x} w}\frac{W}{A^2}$$

因此，

$$\frac{\partial \overline{x}}{\partial A}>0 \qquad\qquad (2.14)$$

式(2.14)表明，给定其他条件不变，企业家拥有的初始财富越多，他就能从外部金融市场找到越多的投资者向他提供贷款。这是非常符合直觉的结论：企业家拥有的初始财富越多，在企业未来现金流索取权中，他的股份占的比例越大，他就越倾向于关注现金流所有权带来的收益，而不是控制权带来的私人收益。企业家的利益与企业价值——从而与外部投资者的利益——越一致，外部投资者也就越倾向于投资企业家的项目，因此企业家越能从外部金融

市场获得贷款。

这一结论获得了经验研究的支持。例如，史晋川等(1998，2000，2004，2006)的诸多案例研究表明，在相同的局域经济内，相似贷款之间的利率差别很大。自有资金比较多的企业家更容易获得外部资金，并且融资成本也更低。

考察项目成功时的收益对民间金融市场规模的影响。对式(2.12)求$\bar{x}$关于R的偏导数，并整理后，可得：

$$\left[\delta\bar{x}\,w+\frac{\Delta PR}{\bar{x}}\right]\frac{\partial\bar{x}}{\partial R}=\Delta P(1+\bar{x}\,w)\bar{x}$$

因此，

$$\frac{\partial\bar{x}}{\partial R}>0 \tag{2.15}$$

式(2.15)表明，给定其他条件不变，企业家成功实施项目后获得的现金流量越多，他就越能从外部金融市场找到越多的投资者向他提供贷款。这也是非常符合直觉的结论：企业家成功实施项目后获得的现金流越多，他从现金流索取权中获得的收益越大，因此越倾向于关注现金流所有权带来的收益，而不是控制权带来的私人收益。企业家的利益与企业价值——从而与外部投资者的利益——越一致，代理问题就越小，外部投资者越倾向于投资企业家的项目，从而企业家能获得更多贷款。

考察优质项目与劣质项目成功概率之差对民间金融市场规模的影响。对式(2.12)求$\bar{x}$关于ΔP的偏导数，并整理后，可得：

$$\left[\delta\bar{x}\,w+\frac{\Delta PR}{\bar{x}}\right]\frac{\partial\bar{x}}{\partial\Delta P}=\frac{1}{P_H}\left[P_HR(1+\bar{x}\,w)-\bar{x}\,w(1+i)\right]$$

因此，

$$\frac{\partial\bar{x}}{\partial\Delta P}>0 \tag{2.16}$$

式(2.16)表明，给定其他条件不变，优质项目与劣质项目之间成功概率的差别越大，企业家就能从外部金融市场找到越多的投资者向他提供贷款。这一结论也非常符合直觉：相对劣质项目而言，优质项目越优越，企业家成功实施项目后获得的现金流量越多，与上面类似的讨论，表明他越能从外部金融市场获得越多的投资者向他提供贷款。

值得注意的是，企业家的自有资金A、企业家成功实施项目后获得的现金流量R、优质项目与劣质项目之间成功概率的差别ΔP等与企业家有关的信息，都将导致民间金融市场规模增大。民营企业，尤其是中小型民营企业，普遍存在信息不透明、家庭财产和企业财产没有严格界限、财务制度不健全不完备等问题，缺乏符合规范的企业经营记录、完善的财务报表等书面化、规范化的易于传递和理解的硬信息。相反地，中小民营企业在融资中可以依赖的是软信息。因此，即使在实行金融自由化的国家和地区，仍然存在中小企业贷款难问题。[①] 在中小企业融资不足的情况下，能够为企业提供一定资金的是民间金融，而不是正规金融。缓解中小企业贷款难问题的关键是，有能力获得并处理这些软信息的金融机构（Stein，2003），在一定程度上通过上述性质所表征的机制设计，更好地解决金融契约所面临的信息不对称问题。林毅夫、李拥军（2001）的研究表明，与正规金融机构依赖硬信息不同，民间金融机构依赖地缘、人缘关系或其他商业关系获得企业家的有关软信息。这些结论得到了很多经验研究的支持。[②]

考察企业家从不同项目中获取私利的容易程度 b 对民间金融市场规模的影响。不同的项目，企业家获取私利的程度可能不同。考虑 $\delta = b/a$，对式（12）求 $\bar{x}$ 关于 b 的偏导数，并整理后，可得：

$$\left[\delta \bar{x} w + \frac{\Delta PR}{\bar{x}} \right] \frac{\partial \bar{x}}{\partial b} = -\bar{x}(1 + \bar{x} w)/a$$

因此，

$$\frac{\partial \bar{x}}{\partial b} < 0 \tag{2.17}$$

式（2.17）表明，给定其他条件不变，项目越有利于企业家获取私利从而产生代理成本，企业家就越难从外部金融市场获得贷款。这一结论也是非常符合直觉的结论，也获得了一定的间接经验支持。例如，在温州乐清市，在所有发生集资行为的企业中，低压电器企业在数量上占 52%，在集资额度上占 71%；在台州黄岩的食品、医药行业中，企业集资面达到 60% 左右，仙居县的工艺行业集资面达到 50%。这些行业在当地是主流与主要行业，企业家为了维持该行业在浙江省甚至全国的地位，能自律地限制他们在选择项目中的代理问题。

第五节　社区特征与局域金融市场规模

本节考察社区的特征，包括单位社区的民间资本平均拥有量 W、社区的

[①] 参见 Banerjee(2003)、Conning 和 Udry(2007)，以及林毅夫、李拥军(2001)对这个问题的广泛讨论和相应的文献。

[②] 参见 Banerjee(2003)、Conning 和 Udry(2007)及其所附录的文献对经验研究结果的详细讨论。

社会制度与规范 a 等因素对民间金融市场规模的影响。

对式(2.12)求 $\bar{x}$ 关于 W 的偏导数,并整理后,可得:

$$\left[\delta \bar{x} w+\frac{\Delta PR}{\bar{x}}\right]\frac{\partial \bar{x}}{\partial W}=-\bar{x}\frac{\Delta P}{P_H}\frac{1+i}{1+\bar{x}w}\frac{1}{A}$$

因此,

$$\frac{\partial \bar{x}}{\partial W}<0 \tag{2.18}$$

$$\frac{\partial D}{\partial W}=W\frac{\partial \bar{x}}{\partial W}+\bar{x}>0 \tag{2.19}$$

式(2.18)和(2.19)表明,给定其他条件不变,单位社区的民间资本平均拥有量 W 越大,或者该地区的经济越发达,每个投资者所能提供的资金越多,项目所需要的投资者数量就越少,外部金融市场的规模越大。单位社区的民间资本平均拥有量 W 对外部金融市场的规模 D 的影响,有两个路径。首先,W 直接影响 D:给定投资者数量不变,W 越大,D 越大,并且这个直接的边际效应等于 $\bar{x}$。此时,民间资本越雄厚,筹集的资金越多,代理问题就越严重。其次,W 还可以通过影响 $\bar{x}$,从而间接影响 D:W 越大,$\bar{x}$ 越小,并且这个间接的边际效应等于 $W\frac{\partial \bar{x}}{\partial W}$。此时,由于单位社区的民间资本平均拥有量越多,导致企业所需的外部投资者越少(式(2.18)),免费搭车问题越不严重,越有利于投资者进行监督,从而代理问题越不严重。此时,直接效应占优于间接效应。这样,通过直接效应提高了市场规模,由此产生的更严重的代理问题则通过间接效应缓和了。

考察民间金融市场的社会制度、文化和规范等环境因素 a 对民间金融市场规模的影响。考虑到 $\delta=b/a$,对式(2.12)求 $\bar{x}$ 关于 a 的偏导数,并整理后,可得:

$$\left[\delta \bar{x} w+\frac{\Delta PR}{\bar{x}}\right]\frac{\partial \bar{x}}{\partial a}=\delta \bar{x}(1+\bar{x}w)/a$$

因此,

$$\frac{\partial \bar{x}}{\partial a}>0 \tag{2.20}$$

式(2.20)表明,给定其他条件不变,民间金融市场的社会制度、文化与规范等环境越好,投资者监督企业家的效率越高,企业家就越能从外部金融市场找到越多的投资者向他提供贷款。这也是非常符合直觉的结论:民间金融市场的社会习俗、文化和规范等环境越好,投资者监督企业家的效率越高,企业家就越难通过选择项目的控制权获得私利。因此,企业家的利益与外部投资者的利益越一致,代理问题就越小。正如我们在前面讨论的,这一结论很好地解释了陈志武(2005)的经验研究。Guiso 等(2006)的研究表明,社会制度、文化和规范确实影响了在经济发展过程中金融制度的发展模式,从而影响了经济增长。

第六节　正规金融与局域金融市场规模

金融抑制是发展中国家和地区的共同特征,主要表现为政府对金融活动的强制干预,例如,人为地控制利率,差别对待国有企业与民营企业的金融服务。由于发展中国家的资金供给不充裕,政府往往规定了利率上限,并歧视性地对待民营企业的资金需求。结果,得到资金的往往是与政府机构有密切关系的行业和部门,而新创办的、具有较大不确定性的中小企业,难以从国有银行获得贷款,只能求助于非正式的民间金融市场。

在我国,金融体系与许多企业的国有性质,更使得信贷政策具有非常强烈的制度歧视。国有的正规金融部门将大量的资金贷给国有企业。由于国有企业缺乏活力,缺少可行的投资机会,从而没有自生能力,这类贷款常常面临非常高的违约风险。[①] 然而对于国有银行的管理层和职员而言,这种贷款安排在政治上是正确的。虽然这些贷款经常出现违约,导致银行的呆账滞账率非常高,但国有银行的管理层和职员因此面临的个人职业风险和利益损失却比较小。

余鹏冀、李善民(2004)认为,自 1952 年以来,金融抑制就是中国银行制度的主要特征之一。史晋川等(1998,2000,2004,2006),张军(1997),Tsai(2001)对浙江温州民间金融的诸多调研数据、案例和分析都表明,由于国家对民营企业的金融抑制政策,民营企业难以从正规金融部门获得足够的资金。

尽管这样,正规金融仍然会影响民间金融:正规金融利率通过影响外部投资者的机会成本,从而从资金的供给面影响民间金融市场规模。不失一般性,假设正规金融利率与民间金融市场无风险利率之间存在某种固定联系。

考察正规金融利率,等价地,考察市场无风险利率对民间金融市场规模的影响。对式(2.12)求 $\bar{x}$ 关于 i 的偏导数,并整理后,可得:

---

① 林毅夫的一系列研究讨论了有关自生能力与融资的关系问题,林毅夫、李拥军(2001)只是其中之一。有关这方面的详细讨论,可参考林毅夫、李拥军(2001)所附录的文献。

$$\left[\delta\bar{x}\,w+\frac{\Delta PR}{\bar{x}}\right]\frac{\partial\bar{x}}{\partial(1+i)}=-\frac{\Delta P}{P_H}\bar{x}\,w$$

因此,

$$\frac{\partial\bar{x}}{\partial(1+i)}<0 \tag{2.21}$$

　　式(2.21)表明,给定其他条件不变,正规金融利率越高,企业家就越难从外部金融市场找到投资者向他提供贷款。这一结论也非常符合直觉:正规金融利率越高,为了吸引外部投资者投资于企业家的项目,企业家必须在项目成功时,向投资者支付更多的现金流。给定其他条件不变,企业家从现金流索取权中获得的收益越小,企业家就越倾向于关注控制权带来的私人收益,而不是现金流所有权带来的收益。企业家与外部投资者的利益越不一致,代理问题就越严重,从而企业家越难从外部金融市场获得贷款。

　　另外,式(2.8)表明,民间金融市场利率$(1+r)$满足:

$$1+r=\frac{1+i}{P_H} \tag{2.22}$$

　　式(2.22)表明,民间金融市场利率与正规金融利率联动。结合式(2.21)和式(2.22),我们可以给出以下结论:给定其他条件不变,正规金融市场利率越高,民间金融市场利率越高,民间金融市场规模就越小。

　　经验表明,生产经营用民间集资的规模和利率明显受到正规金融的影响。根据人民银行台州市中心支行的调查,民营企业从民间金融市场筹集资金的相对规模和利率,都与当地正规金融的发达程度呈反向关系变动。图2-1给出了1989—2003年法定与民间借贷利率的变动趋势。如图所示,银行法定借贷利率与民间借贷利率协同变化。1989—1993年,法定与民间借贷利率都呈下降趋势,1993—1996年都呈上升趋势尽管幅度不大,并且在这两段时间内,这两个利率呈平行状变动;1996—2003年都呈下降趋势,并且下降幅度都非常大。值得注意的是,图中所示的数据都是名义利率,而不是实际利率,并且,法定存款利率中也未考虑储蓄保值政策。因此,民间利率与法定利率的差距,例如1989年相差27%,而在2003年只相差2.3%,这样的比较是无意义的。重要的是,我们从图2-1中可以看出,民间利率与法定利率协同变化,从而表明,这两种利率之间存在联系。

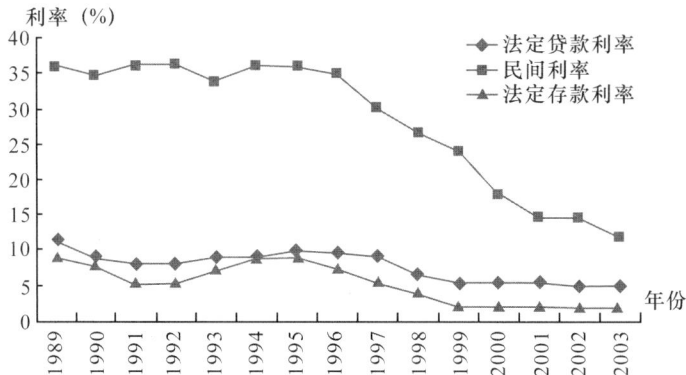

图 2-1　法定与民间借贷利率协同变动(1989—2003)

数据来源:民间借贷利率数据来自史晋川主编的《中国民营经济发展报告(上册)》第306页,表8-1"温州历年小额民间借贷利率变动情况"。法定贷款和存款利率数据分别来自中经网"金融机构法定贷款利率"和"金融机构法定存款利率"中的6个月短期利率,每年均截取当年7月1日的利率。

第七节　本章小结

本研究在考察我国民间金融市场的制度背景和经验规制的基础上,构造一个简单的不完全融资契约模型,考察民间金融市场的局部性,以及在局部性特征下企业的资本结构特征。民间金融局部性的关键是,在投资者对企业家监督过程中,存在免费搭车现象:外部投资者数量越多,对企业家经营活动的监督效率就越低。某一外生因素(例如,较高的生产技术效率)导致企业家可以从民间金融市场获得更多的资金,给定社区的经济富裕程度,需要更多的投资者向企业提供资金。此时,投资者对企业家的监督程度降低。我们可以证明,给定其他外生因素不变,企业自有资金越多,企业的技术效率越高,优质项目相对于劣质项目的成功概率越大,地区民间资本越雄厚,民间金融市场的社会制度、文化和规范等环境因素越优越,民间金融市场规模就越大;民间金融市场的无风险利率水平越高,企业项目越有利于企业家牟取私利,民间金融市场规模就越小。上述模型的分析结论,在经验研究中都得到了支持。

值得指出的是,基于企业层面数据,尤其是调研数据,考察一定区域中的民营企业的资本结构特征,并检验本研究的观点,是非常值得进行的研究方向。另外,民间金融与正规金融的功能差异和相互作用,及其对货币政策的影响,也是值得考察的重要问题。在一个民间金融非常发达的地方,货币政策必须考虑民间金融与正规金融的相互作用。

正如 Banerjee(2003)试图强调和说明的,人们对信贷的理解才刚开始。例如,值得去从经验和理论角度,理解民营金融制度(包括非正规的民间金融与正规的小型民营金融中介),在缺乏法律框架或政府政策脆弱多变的环境下,这样的金融契约为什么存在,以及这样的金融契约是怎样实施的(包括自我实施、通过非正规司法制度进行的私人实施)。这样的民营金融制度似乎是不可缺少的,因为正规的大型(包括国有)金融中介不能提供这样的功能。

参考文献

[1] Aghion, P. and Bolton, P. An incomplete contracts approach to financial contracting[J]. Review of Economic Studies, 1992,59(3):473-494.

[2] Allen, F., Qian, J. and Qian, M. Law, finance and economic growth in China[J]. Journal of Financial Economics, 2005,77: 57-116.

[3] Allen, F., Qian, J. and Qian. China's financial system:Past, present and future. China's Economic Transition: Origins, Mechanism, and Consequences. Edited by L. Brandt and T. Rawski, London:Cambridge University Press, 2008.

[4] Banerjee, A. Contracting constraints, credit markets, and economic development. In M. Dewatripoint, L. Hansen and S. Turnovsky, eds. Advances in Economics and Econometrics:Theory and Applications, volume 3: 1-46, Eight World Congress of the Econometric Society, London:Cambridge University Press, 2003.

[5] Barro, R. and Lee, W. Sources of economic growth[J]. Carnegie-Rochester Conference Series on Public Policy, 1994, 40:1-46.

[6] Becker, G. Crime and punishment:An economic approach[J]. Journal of Political Economy, 1968, 76:169-217.

[7] Bekaert, G., Harvey,C. and Lundblad,C. Financial openness and the Chinese growth experience. In Charles W. Calomiris, ed., China's Financial Transition at a Crossroads, New York:Columbia University Press, 2007, 202-280.

[8] Bolton, P. and Scharfstein,D. Optimal debt structure with multiple creditors[J]. Journal of Political Economy, 1996, 104:1-26.

[9] Boyd, J. and Prescott,E. Financial intermediary coalitions[J]. Journal of Economic Theory, 1986, 38: 211-232.

[10] Conning, J. and Udry,C. Rural financial markets in developing countries.

In R. Evenson and P. Pingali eds, Handbook of Agricultural Economics, 2007,3:2857-2908.

[11] Diamond, D. Financial intermediation and delegated monitoring[J]. Review of Economic Studies,1984, 51:393-414.

[12] Diamond, D. and Dybvig, P. Bank runs, deposit insurance and liquidity [J]. Journal of Political Economy, 1983, 91:401-419.

[13] Djankov, S. Hart, O., McLiesh,C. and Shleifer, A. Debt enforcement around the world[J]. Journal of Political Economy, 2008, 116 (6): 1105-1149.

[14] Djankov, S., McLiesh,C. and Shleifer, A. Private credit in 129 countries [J]. Journal of Financial Economics, 2007, 84:299-329.

[15] Freixas, X. and Rochet,J-C. Microeconomics of Banking[M]. London: MIT Press, 1997.

[16] Grossman, S. and Hart, O. The costs and benefits of ownership:A theory of vertical and lateral integration[J]. Journal of Political Economy, 1986, 94(4):691-719.

[17] Guiso, L., Sapienza, P. and Zingales, L. Does culture affect economic outcomes? [J]. Journal of Economic Perspectives, 2006,20(2):23-48.

[18] Hart, O. and Moore, J. Property rights and the nature of the firm[J]. Journal of Political Economy, 1990, 98(6):1119-1158.

[19] Hart, O. and Moore, J. A theory of debt based on the inalienability of human capital[J]. Quarterly Journal of Economics, 1994, 109(4):841-879.

[20] Hart, O. and Moore, J. Default and renegotiation:A dynamic model of debt[J]. Quarterly Journal of Economics, 1998, 113(1):1-41.

[21] Holmstrom,B. and Tirole, J. Financial intermediation, loanable funds, and the real sector [J]. Quarterly Journal of Economics, 1997, 112: 663-691.

[22] Gorton, G. and Pennacchi, G. Financial intermediaries and liquidity creation[J]. Journal of Finance, 1990,45:49-71.

[23] La Porta, R., Lopez-de-Silanes, F., Shleifer, A. and Vishny, R. Legal determinants of external finance [J]. Journal of Finance, 1997, 52: 1131-1150.

[24] La Porta, R., Lopez-de-Silanes, F., Shleifer, A. and Vishny, R. Law and finance[J]. Journal of Political Economy, 1998,106:1113-1159.

[25] Pagano, M. and Volpin, P. Shareholder protection, stock market deve-

lopment, and politics[J]. Journal of the European Economic Association, 2006, 4: 315-341.

[26] Pistor, K. and Xu,C. Law enforcement under incomplete law:Theory and evidence from financial market regulation[R]. London School of Economics and Political Science, Working Paper, 2004.

[27] Shleifer, A. and Wolfenson,D. Investor protection and equity markets [J]. Journal of Financial Economics, 2002,66 (1):3-27.

[28] Stein, J. Agency information and corporate investment. In G. Constantinides, M. Harris and R. Stulz eds, Handbook of the Economics of Finance. Amsterdam:North Holland, 2003:111-165.

[29] Tsai, K. Beyond banks:The local logic of informal finance and private sector development in China[R]. Presented at the Conference on Financial Sector Reform in China, 2001.

[30] 陈志武.反思高利贷与民间金融[J].新财富,2005(8):30—34.

[31] 林毅夫.中小金融机构发展现状与中小企业融资[J]. 经济研究,2001(1):10—18.

[32] 罗德明,潘士远.为什么民间金融市场在中国如此发达和重要?[R] 浙江大学民营经济研究中心讨论稿,2008.

[33] 罗德明,奚锡灿.信息成本与民间金融市场[R]. 浙江大学民营经济研究中心讨论稿,2008.

[34] 潘士远,罗德明,杨奔.会首质量、互助会的倒会风险、得会价格折扣与规模——基于浙江省的实证分析[J]. 新政治经济学评论,2008(11):49—78.

[35] 史晋川,孙福国,严谷军. 浙江民营金融业的发展[J]. 浙江社会科学,1998(5):23—28.

[36] 史晋川,金祥荣.温州模式研究[M]. 杭州:浙江大学出版社,2000.

[37] 史晋川,汪炜,钱滔.台州现象研究[M]. 杭州:浙江大学出版社,2004.

[38] 史晋川.中国民营经济发展报告(上册)[M].北京:经济科学出版社,2006.

[39] 余鹏冀,李善民.金融抑制与中小企业融资行为分析[J].经济学动态,2004(9):50—53.

[40] 张军.改革后中国农村的非正规金融部门:温州案例[J].中国社会科学季刊,1997(20):22—35.

第三章 P2P 网络贷款的发展状况与经验[①]

第一节 引 言

P2P 网络借贷(Peer-to-Peer Lending),是指个体与个体之间,通过第三方互联网平台实现的直接借贷行为,即借款人在 P2P 平台网站上发布借款请求,投资人从中进行选择,投资一定的金额,资金的供需双方直接进行联系和匹配。每个借款人的借款需求,一般由多位投资人满足。借款人需定期还本付息,并向平台支付一定的中介费。以下给出标准的 P2P 平台运营模式示意(见图 3-1)。

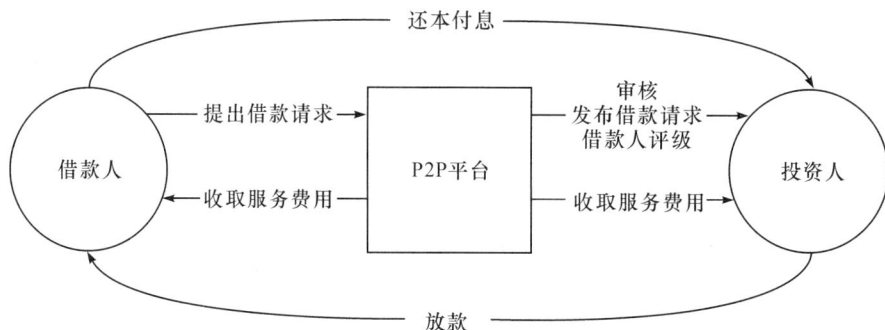

图 3-1 P2P 平台运营模式示意

2010 年以来,P2P 在我国发展非常迅速。2014 年底,我国共拥有 1575 家 P2P 平台,实现借贷 2528 亿元,出现了红岭创投、陆金所、温州贷、鑫合汇等许多知名网贷平台企业。

---

① 本章作者罗德明、崔文倩。

另外，由于行业进入门槛较低，缺乏有效的监管，网络借贷行业在迅速增长的同时，也出现了一系列的问题。出现跑路、停业、投资人提现困难的平台，即问题平台，在 2013 年和 2014 年迅速攀升，2013 年有 76 家平台出现问题，2014 年一年内有 275 家平台出现问题。截至 2014 年底，累计出现了 367 家问题平台，占平台总数的 23.2%。

P2P 网络借贷市场是一个新兴的研究领域。Ryan 等（2007），Herzenstein 等（2009，2011），Rajan 等（2010），Pope 和 Sydnor（2011），Onishi 和 Uetake（2012），Duarte 等（2012），Feedman 和 Jin（2014），廖理等（2014），利用 Prosper、Zopa 以及拍拍贷、人人贷等 P2P 网站的微观交易数据，从借款特征（利率、金额、借款期限等信息）、硬信息（已被证实的财务信息，如收入、债务等）、软信息（图片、文字描述、未被确认的信息）、朋友关系等角度，研究各种信息披露内容与借贷表现之间的关系对贷款成功率、最终利率和违约率的影响。

但因我国缺乏健全的征信体系，逾期和坏账的追讨、惩戒机制不健全，信息中介的模式难以担保投资人的资金安全。与国外纯粹信息中介的平台相比，国内的 P2P 平台在借款人的认证和筛选、投资人的保护上，往往扮演了更加重要的角色。对于中国 P2P 市场上的投资人而言，除了选择借款项目，更重要的是选择一个风险管理能力较强的 P2P 投资平台。因此，P2P 平台需要通过披露自己的投资人保障措施，向投资人传递其优秀的风险管理能力。为了吸引投资人，约有 50% 的 P2P 平台声称在借款人逾期还款时，对投资人的本金和利息进行垫付。P2P 平台采用多种方式，对投资人收益进行保障，例如，37.49% 的平台设立了风险准备金，33.20% 的平台上的标的由担保公司进行担保，7.94% 的平台由合作的小贷公司提供无条件逾期垫付的类担保，另有 3.11% 的平台采取实物抵押，12.71% 的平台用资本金垫付逾期借款。为了消除投资人对平台挪用资金的担忧，31.54% 的平台声称对用户资金进行第三方支付机构托管。[①] 除此之外，很多 P2P 平台在其主页和门户网站上，公布其接受风险投资的金额，以及作为各互联网金融行业协会理事的身份，来增强投资人对平台运营能力的信心。P2P 主要门户网站上的网友推荐和评论信息，也是投资人在选择 P2P 平台时的重要参考。

由此可见，基于 P2P 平台层面数据进行的平台间比较研究，对于理解中国 P2P 网络借贷市场至关重要。本章试图抓取中国网络借贷行业门户网站——网贷之家上的平台交易数据和背景资料数据，理解中国 P2P 平台的生存与发展特征。

---

① 数据来自网贷之家网站，描述性统计见表 3-7。

第二节　P2P 网络借贷的历史

P2P 网络借贷的概念,源自 2005 年 3 月成立于英国的第一家 P2P 平台 Zopa。2007 年,中国第一家 P2P 借贷平台拍拍贷成立。2009 年,国内首家推行本金保障制度和投资人担保制度的 P2P 平台——红岭创投成立。目前,知名的 P2P 平台还包括美国的 Prosper 和 Lending Club,日本的 Aqush,中国的人人贷和陆金所等。

一、国外 P2P 平台发展历程

Zopa 和成立于 2006 年的美国首家 P2P 平台 Prosper,在运营初期均采用贷款拍卖的模式:借款人在网站上发布借款需求,设定愿意支付的最高利率,投资人根据借款人的历史记录、信用评级等信息自行评估违约风险,在此基础上降低利率进行竞拍,利率更低的投资者获得一定额度的投资机会。拍卖结束后,网站将竞拍成功的投资人的资金交给借款人。Prosper 作为信息中介,其收入来源为向借贷双方收取的 1‰～3‰ 的服务费,而并非如传统银行般收取利差。投资人需要承担借款人的违约风险,Prosper 不提供资金保障等服务。

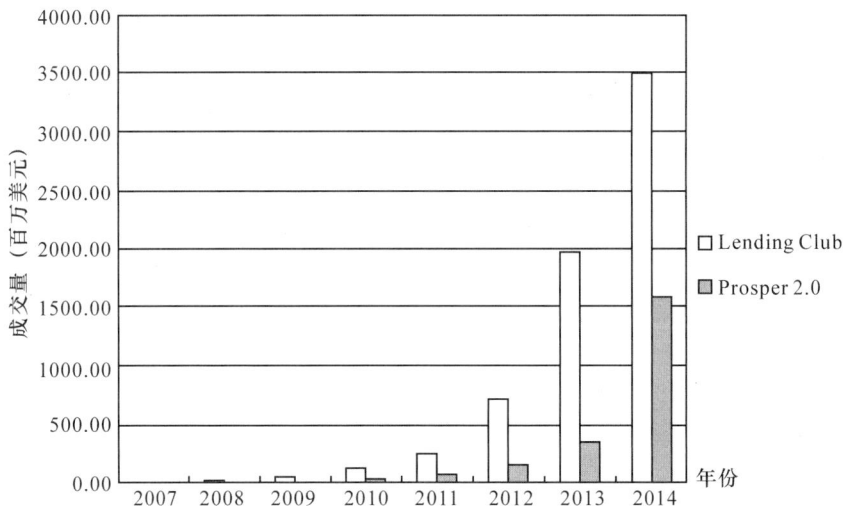

图 3-2　Lending Club 和 Prosper 2.0 历史成交量

数据来源:https://www.nsrplatform.com/

美国 P2P 领域的后起之秀 Lending Club 则引入了贷款评级制度,根据不同的评级提供预设利率,这种制度可以更快地促成贷款。Lending Club 的盈利模式与 Prosper 类似,但预设利率使其规模迅速扩张,自 2007 年起交易额平均每年增加 2.74 倍,一跃成为美国最大的网络借贷平台,占据了 75% 的市场份额,并在 2014 年底成功上市。2010 年后,Prosper 也抛弃了贷款拍卖的做法。目前,Lending Club 和 Prosper 占据了美国 P2P 行业 98% 的市场份额,美国的 P2P 市场高度集中。如图 3-2 所示,这两个 P2P 平台发展非常迅速,2014 年其成交量分别为 3.5 万亿美元和 1.6 万亿美元。

图 3-3 描述了投资回报率(ROI)随时间变动的趋势。Prosper 2.0 自成立以后,就持续给投资者带来 8.0~11.0% 的比较稳定的投资回报。Lending Club 给投资者带来的回报日益增加,从 2009 年的 4.57%,增加到 2014 年的 9.39%。

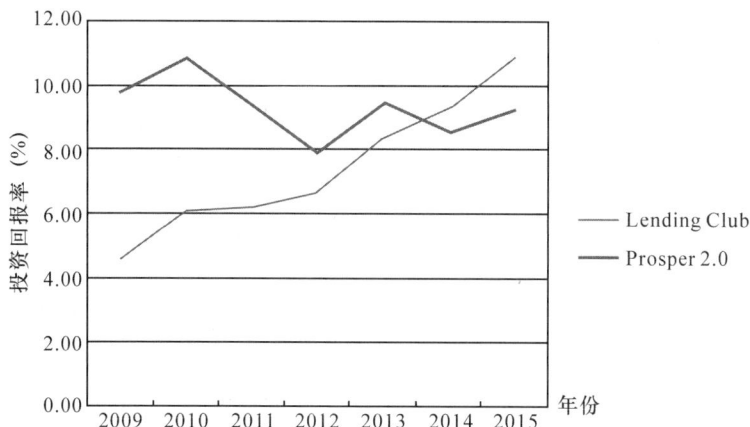

图 3-3　Lending Club 和 Prosper 2.0 的投资回报率
数据来源:https://www.nsrplatform.com/

表 3-1 和表 3-2 分别描述了 Prosper 和 Lending Club 自 2007 年起至 2015 年 5 月的历史绩效表现。两家平台的借款存续时间和每笔借款金额大致相同。Prosper 的投资回报率在 2014 年之前始终高于 Lending Club,本金损失概率也高于 Lending Club。Lending Club 在 2007 年和 2008 年,本金损失概率超过了 10%,造成了平均为负的投资回报率。但 2009 年后本金损失概率降低至 10% 以内,投资回报率不断攀升,成交量也迅速增长,2014 年其成交量和借款笔数约为 Prosper 的 2 倍。

表 3-1　Prosper 2.0 的绩效特征

借款成立时间	投资回报率（％）	本金损失概率（％）	借款存续时间（月）	借款笔数	成交量（百万美元）
2009	9.82	7.08	67.69	2034	8.89
2010	10.85	7.26	59.27	5652	26.94
2011	9.40	10.53	46.43	11228	75.14
2012	7.92	10.76	35.46	19553	153.18
2013	9.46	6.35	22.01	33908	357.39
2014	8.58	4.64	10.5	123197	1598.75
2015	9.29	2.91	5.11	9002	120.19

注：Prosper 2.0 是指 2009 年 Prosper 在美国证券交易委员会（SEC）注册后的绩效表现。因为在注册后，其改变了原有的荷兰式拍卖模式，采用了预设利率的方法，投资人无法对利率产生影响。因此，我们仅关注其在 2009 年后的数据。本金损失概率（loss）为 nsrplatform 对当前交易估算的损失本金的概率。本金损失概率和投资回报率的计算标准见 https://www.nsrplatform.com/#! /stats/roi.

数据来源：https://www.nsrplatform.com/#! /

表 3-2　Lending Club 的绩效特征

借款成立时间	投资回报率（％）	本金损失概率（％）	借款存续时间（月）	借款笔数	成交量（百万美元）
2007	−3.44	14.81	92.6	603	4.79
2008	−0.27	11.83	84.96	2393	19.98
2009	4.57	7.40	71.03	5281	51.81
2010	6.09	5.85	59.36	12537	126.35
2011	6.26	6.66	47.45	21721	257.36
2012	6.68	7.43	34.93	53367	717.94
2013	8.35	5.91	23.22	134756	1982.00
2014	9.39	4.30	11.72	235629	3503.84
2015	10.89	1.85	4.65	84277	1290.04

数据来源：https://www.nsrplatform.com/#! /

与 Lending Club 和 Prosper 相比，Zopa 在借贷交易的进行和还款环节，进行了更多干预和介入，也采取了更多措施对投资人进行保护。Zopa 在整个交易过程中的服务包括：信息发布对接、相关法律文件准备、对借款人进行信用认证、坏账发生时雇用代理机构为投资人追讨欠账等。Zopa 实行双向收费的制度,收取借款人每笔 0.5％以及投资人年借款额 0.5％的服务费。在 Zopa 上,借款人平均支付 5.6％的利率(明显低于大多数银行的贷款利率),投资人获得平均 4.9％的利率(而银行活期存款的利率几乎为 0)。①

值得指出的是,Lending Club 和 Prosper 的借款存续时间,2009—2015 年都在显著缩短,从 2009 年的平均 70 个月,下降到 2015 年的 5 个月左右。借款存续时间变短的同时,本金损失概率也在显著下降,而成交额在大幅度上升。

二、我国网贷行业发展历程

图 3-4 给出了 2010—2014 年我国网贷行业的发展情况。我国 P2P 平台从 2010 年的 10 个发展到 2014 年的 1575 个。模式也经历了非常大的变化,从信息中介的模式,发展到具有线上线下各种监督、对投资者进行各种保护的多样模式。

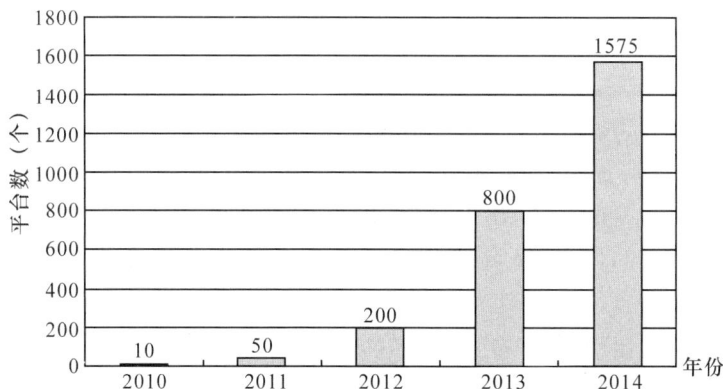

图 3-4 我国 P2P 运营平台发展历程

2007 年 8 月,我国第一家 P2P 网络借贷平台拍拍贷成立。拍拍贷坚持信息中介的运营模式:借款人在网站上发布借款需求信息,金额一般较小且多为个人信用贷款,拍拍贷确认其身份和信用等级,存款人根据平台上的信息自主选择借款人,并承担借款人违约风险。拍拍贷没有线下审贷环节,不对单笔贷款提供担保。图 3-5 给出了拍拍贷的运营模式示意。除去向客户收取的账户管理费和充值手续费等成本,拍拍贷的利润来自成交服务费。

纯粹的信息中介平台运营成本低,平台承担的风险较小,这种模式对风险评估技术和个人征信系统要求非常高。但因我国缺乏健全的征信体系,逾期

---

① http://www. economist. com/news/finance-and-economics/21597932-offering-both-borrowers-and-lenders-better-deal-websites-put-two.

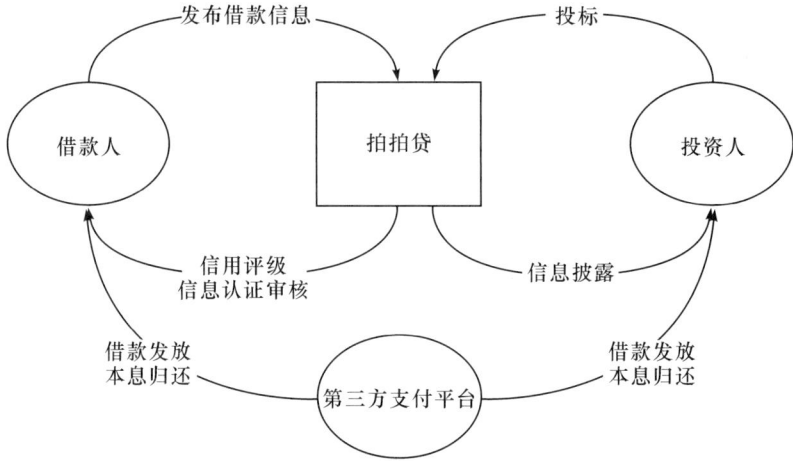

图 3-5　线上中介平台拍拍贷运营模式

和坏账的追讨、惩戒机制不健全,这一模式难以担保投资人的资金安全,P2P行业发展速度缓慢。网贷之家数据显示(见图 3-4),直至 2010 年,我国 P2P平台的数量只有 10 个。

　　2009 年,红岭创投上线,并首次推出了"本息垫付"的平台担保方式,投资人只要缴纳 180 元的年费,出现坏账时 P2P 平台进行本金垫付。平台垫付模式增强了投资人的信心,吸引了大量投资人,带来了整个行业的爆发性增长。本息垫付模式可以促使平台成交规模快速增长,但也增加了平台的运营风险,对其风控能力提出了较高的要求。红岭创投也开创了个人对企业的 P2B 模式,借款人多为企业,单笔借款金额非常高,引入担保公司和实物抵押来提供保障,这种模式的平台扩张速度非常快,远高于最初的纯线上中介模式。图3-6给出了红岭创投运营模式示意。

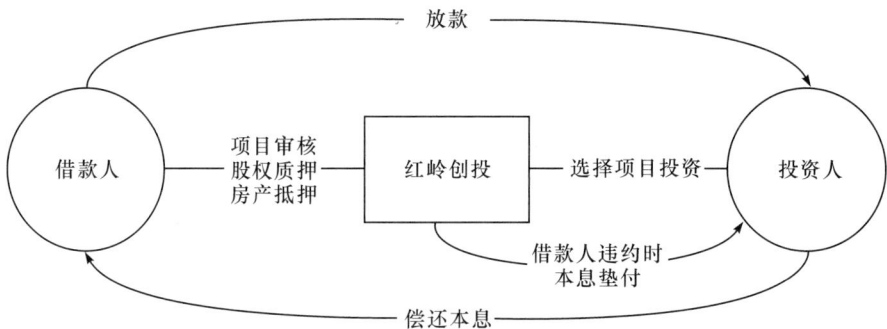

图 3-6　红岭创投运营模式

2012 年后，P2P 行业出现了一些线上与线下管理相结合的平台，以寻找本地借款人为主。在线下对借款人进行实地调查和认证，获得借款人更加可信的信息，解决隐藏信息（亦即 Akerlof 提出的 lemon 问题）的问题。一些平台与线下的小贷公司和担保公司合作，借款人由这些公司进行开发和审核，平台在线上吸引投资人。

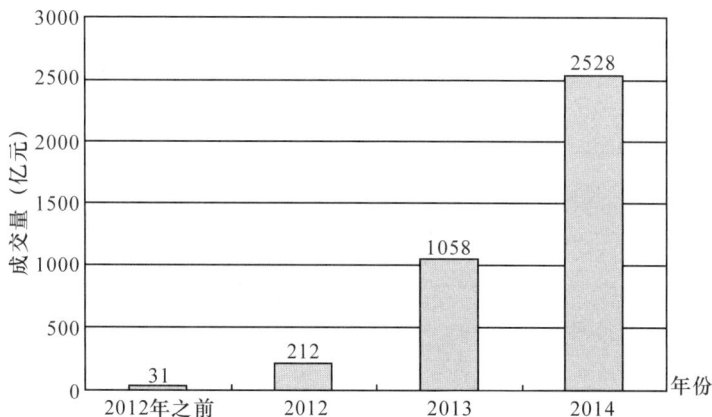

图 3-7　我国 P2P 市场成交量

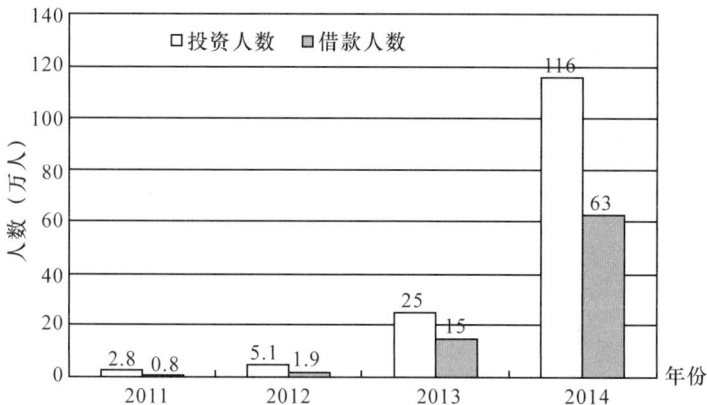

图 3-8　我国 P2P 平台当期投资人数和借款人数

2011 年起，我国 P2P 平台数量产生了井喷式增长，保持了每年 3～4 倍的增长率。P2P 运营平台从 2011 年的 10 个增加到 2014 年的 1575 个（见图 3-4）。图 3-7 表明，我国 P2P 平台市场成交量，从 2012 年的 212 亿元，猛增至 2014 年的 2528 亿元，达 12 倍。图 3-8 表明，P2P 平台的投资人数，从 2011 年的 2.8 万人，增加到 2014 年的 116 万人；借款人数，从 2011 年的 8000 人，增加到 2014 年 63 万人。

由于行业进入门槛较低,加之缺乏有效的行业监管,网络借贷行业在迅速增长的同时,也出现了一系列问题。图 3-9 给出了 2011—2014 年问题平台数量。出现跑路、停业、投资人提现困难的平台,即问题平台,在 2013 年和 2014 年迅速攀升,2013 年有 76 个平台出现问题,2014 年一年内便有 275 个问题平台出现。截至 2014 年底,累计出现了 367 个问题平台,占平台总数量的 23.2%。

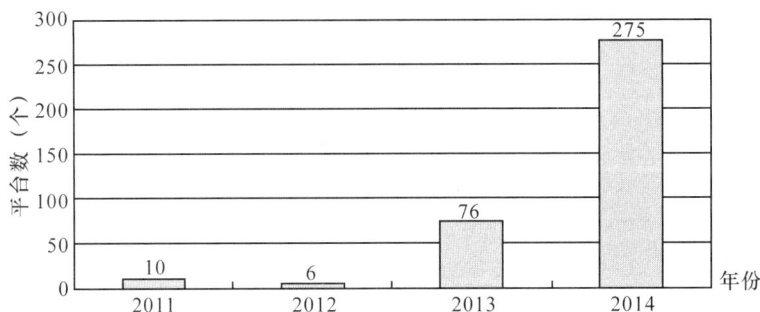

图 3-9　我国 P2P 行业问题平台数量

第三节　中国 P2P 网络借贷行业现状

一、地域分布

表 3-3 描述了 2015 年 5 月,中国网络借贷行业的地域分布。P2P 网络借贷行业主要集中在经济较为发达的东部沿海地区。广东省的 P2P 平台数量最多,共有 379 个,占全国的 19.48%;其次是浙江、山东和北京,数量分别为 270、263 和 219 个,占比分别为 13.87%、13.51% 和 11.25%。排名前四的这 4 个地区,总共有 1131 个 P2P 平台,占全国 58.12%。排名前八的广东、浙江、山东、北京、上海、江苏、四川、湖北等 8 个地区,总共有 1510 个 P2P 平台,占全国的 77.60%。

P2P 平台融资成交量最大的是广东省,2015 年 5 月成交量达到 200.75 亿元,占总成交资金的 32.93%。其次是北京、浙江和上海,成交量分别为 146.40、86.98 和 69.95 亿元,分别占比 24.01%、14.27% 和 11.47%。成交量排名前四的广东、北京、浙江和上海,总成交量为 504.08 亿元,占全国 P2P 成交金额的 82.69%。成交量排名前八的广东、北京、浙江、上海、江苏、山东、四川和湖北,总成交量为 562.68 亿元,占 P2P 平台总成交量的 92.30%。

　　表 3-3 也表明,P2P 平台数量越多,出现的问题平台数量也越多。2011—2015 年,广东省共出现 119 个问题平台,数量排名第一;山东省共出现 114 个问题平台,数量排名第二;浙江省共出现 84 个问题平台,数量排名第三。这 3 个省出现的问题平台总数为 317 个,占问题平台总数的 47.96%。问题平台与现存平台比这个指标,各省都比较大,四川等于 51.67%,山东等于 43.35%,广东等于 31.40%。从这个数据看,P2P 平台风险惊人得大。

表 3-3　我国 P2P 网络借贷平台的地域分布

省份	平台数量	平台数量占比(%)	成交量(亿元)	成交量占比(%)	累计问题平台数量	贷款余额(亿元)	综合利率(%)	平均借款期限(月)
广东	379	19.48	200.75	32.93	119	482.31	14.65	4.22
浙江	270	13.87	86.98	14.27	84	139.16	15.06	1.96
山东	263	13.51	15.82	2.60	114	42.69	20.75	3.18
北京	219	11.25	146.40	24.01	33	666.31	12.32	11.20
上海	141	7.25	69.95	11.47	49	328.86	12.48	14.83
江苏	119	6.12	19.63	3.22	39	68.39	19.10	4.86
四川	60	3.08	13.45	2.21	31	36.16	13.95	4.25
湖北	59	3.03	9.71	1.59	23	27.83	17.37	4.10
其他	436	22.40	46.94	7.70	169	140.43	18.66	4.30
全国	1946	100.00	609.62	100.00	661	1932.14	14.54	6.79

　　注:数据来自网贷之家网站,统计截止日期为 2015 年 5 月。

　　截至 2015 年 5 月,P2P 平台贷款总余额总计 1932.14 亿元。其中,北京市的 P2P 平台贷款余额最高,为 666.31 亿元,占 P2P 平台贷款总余额的 34.49%;其次是广东省,为 482.31 亿元,占 P2P 平台贷款总余额的 24.96%;第三是上海市,为 328.86 亿元,占 P2P 平台贷款总余额的 17.02%;第四是浙江省,为 139.16 亿元,占 P2P 平台贷款总余额的 7.20%。平台贷款余额排名前四的地区,北京、广东、上海与浙江的贷款余额为 1616.64 亿元,占 P2P 平台贷款总余额的 83.67%。

　　各地区的利率差异也比较大。例如,2015 年 5 月的 P2P 平台贷款,山东综合利率高,为 20.75%,江苏为 19.10%。在表 3-3 所示的 P2P 平台数量排名前八的地区,北京和上海的综合利率最低,分别为 12.32% 和 12.48%;其他地区虽然 P2P 平台规模小,但综合利率比较高,为 18.66%。所有地区的综合利率都远高于同期 5.1% 的银行一年贷款基准利率。

平均借款期限最短的地区是浙江省,仅 1.96 个月,最长的是上海市,达到了 14.83 个月。大多数省份的 P2P 借款均为 1 年以内的短期借款。

二、市场份额

表 3-4 给出了 2014 年 3 月至 2015 年 3 月,成交量排名前二十的 P2P 平台绩效数据,包括成交量、成交量占比、平均利率、平均借款期限和累计待还金额。红岭创投市场规模最大,贷款金额为 284.44 亿元,贷款金额占比为 13.42%;其次是陆金所,贷款金额为 129.56 亿元,贷款金额占比 6.11%。排名前五的 P2P 平台贷款金额为 662.75 亿元,占据了 31.27% 的市场份额。排名前十的平台贷款金额为 919.2 亿元,占据了 43.37% 的市场份额。排名前二十的平台贷款金额 1238.18 亿元,占据了 58.41% 的份额。

这 20 个 P2P 平台贷款平均利率,差别非常大。平均利率较低的有,88 财富网为 7.72%,陆金所 8.43%。平均利率较高的有,招商贷为 21.32%,翼龙贷 18.50%。

平均借款期限,在这 20 个 P2P 平台间差异也特别大。例如,温州贷基本上是非常短期的拆借,平均借款期限只有 0.68 个月,鑫合汇只有 1.08 个月,钱爸爸的平均借款期限也只有 1.31 个月。而你我贷、陆金所和宜人贷的平均借款期限较长,达到 30.08、32.08 和 33.76 个月。

表 3-5 对 P2P 平台的成交量排名进行汇总,可以看出前十位 P2P 平台的排名在一年内较为稳定,市场份额比较集中,前二十位平台占据了行业约 60% 的市场份额。

表 3-4   2014 年 3 月至 2015 年 3 月排名前二十的 P2P 平台

排名	名称	成交量(亿元)	成交量占比(%)	平均利率(%)	平均借款期限(月)	累计待还金额(亿元)
1	红岭创投	284.44	13.42	13.61	6.21	129.66
2	陆金所	129.56	6.11	8.43	32.08	114.43
3	温州贷	103.66	4.89	13.95	0.68	5.65
4	鑫合汇	74.56	3.52	10.14	1.08	9.44
5	PPmoney	70.54	3.33	12.87	2.76	33.80
6	微贷网	68.56	3.23	15.42	2.03	13.52
7	有利网	49.29	2.33	10.07	11.24	40.60

续表

排名	名称	成交量 (亿元)	成交量 占比(%)	平均利率 (%)	平均借款 期限(月)	累计待还 金额(亿元)
8	积木盒子	48.67	2.30	9.99	6.13	21.60
9	人人贷	46.80	2.21	12.28	28.86	52.77
10	爱投资	43.13	2.03	13.02	9.06	36.37
11	合拍在线	42.00	1.98	14.50	1.65	4.96
12	钱爸爸	39.42	1.86	13.31	1.31	5.08
13	投哪网	33.30	1.57	12.51	2.25	11.14
14	宜人贷	31.95	1.51	11.70	33.76	36.10
15	翼龙贷	29.95	1.41	18.50	11.21	30.05
16	你我贷	29.79	1.41	12.86	30.08	31.26
17	团贷网	28.97	1.37	14.98	6.01	16.56
18	国诚金融	28.87	1.36	17.75	2.10	6.10
19	88财富网	28.19	1.33	7.72	2.87	8.44
20	招商贷	26.53	1.25	21.32	2.99	5.12
	总成交量	2119.67				

表 3-5　P2P 平台成交量排名汇总

排名	近一周	近一月	近一季度	近一年
1	红岭创投	红岭创投	红岭创投	红岭创投
2	陆金所	PPmoney	PPmoney	陆金所
3	PPmoney	陆金所	陆金所	温州贷
4	E 租宝	E 租宝	E 租宝	鑫合汇
5	温州贷	温州贷	微贷网	PPmoney
6	鑫合汇	微贷网	温州贷	微贷网
7	有利网	鑫合汇	积木盒子	有利网
8	宜人贷	金信网	金信网	积木盒子
9	金信网	积木盒子	宜人贷	人人贷
10	你我贷	易贷网	鑫合汇	爱投资

注:数据来自网贷之家网站,统计截止日期为 2015 年 4 月 10 日。

接下来的分析,将基于我们从网贷之家获取的每日成交量排名在前 250 位的 P2P 平台的日成交量、借款笔数、借款人数、投资人数、平均满标用时、平均借款金额、平均借款期限、平均借款利率等数据。我们也获取了这 250 个 P2P 平台的背景资料数据库,包括平台资金的第三方托管情况、投标有无本息保障、风险准备金机构与金额、担保公司与担保金额、是否发生提现困难和跑路等问题、成立时间、注册资金等背景信息，以及网友对 P2P 平台的评价信息。这 250 个平台占据了绝大部分的市场份额，因此以此为样本进行的分析，非常具有代表意义。①

删除缺失值和重复值、日成交量为 0 和频率不足 30 天的观测值后，我们抓取到了 249 个 P2P 平台自 2014 年 4 月 9 日至 2015 年 4 月 8 日的日交易数据，共计 51938 条数据。我们对平台层面的连续变量数据进行缩尾处理（winsorize），即将分位数处于（1％，99％）之外的观察值用 1％和 99％分位数值替换。

三、P2P 平台交易数据特征

表 3-6 给出了平台日成交量（vol），成交笔数（bill），满标用时（time），平均利率（i），借款期限（period），投资人数（inv），借款人数（bor），以及平均每笔借款金额（loanpb）的描述性统计。

表 3-6 平台交易数据描述性统计

变量名	含义	样本量	均值	标准差	最小值	最大值
vol	日成交量（万元）	51938	354.53	688.42	1.44	4221.75
bill	日成交笔数	51938	52.15	175.32	1	1309
time	满标用时（秒）	49490	40170.57	70382.63	1.60	420595
i	平均利率	51819	17.71	6.24	7.07	37.41
period	借款期限（月）	51817	4.49	6.05	0.23	32.40
inv	日投资人数	51847	291.80	663.72	0	4603
bor	日借款人数	51847	29.40	94.73	0	681
loanpb	平均每笔借款金额	51938	45.85	84.50	0.31	500

表 3-6 表明，平台日成交量的均值为 354.53 万元，最大日成交量 4221.75 万元，最小 1.44 万元。日成交笔数平均 52 笔，最大 1309 笔，最小 1 笔。满标用时平均 11.16 小时，最大用时 116.8 小时，最小用时 1.6 秒。平均利率 17.71％，最高利率 37.41％，最低利率 7.07％。平均借款期限 4.49 个月，最长 32.40 个月最短 0.23 个月。平均每笔交易的金额为 45.85 万元。

图 3-10 是 P2P 网络借贷平台日成交量分布图。由平台日成交量的分布

---

① 样本内所有平台的总成交量为 1780.25 亿元，而行业总成交量为 2119.67 万元，样本内平台的市场份额为 83.99％。

图可以看出,约 45％的观测点,日成交量在 10 万元以下,约 70％的观测点日成交量在 30 万以下,只有 8.7％的观测点,日成交量超过了 1000 万元。日交易量的分布比较集中。

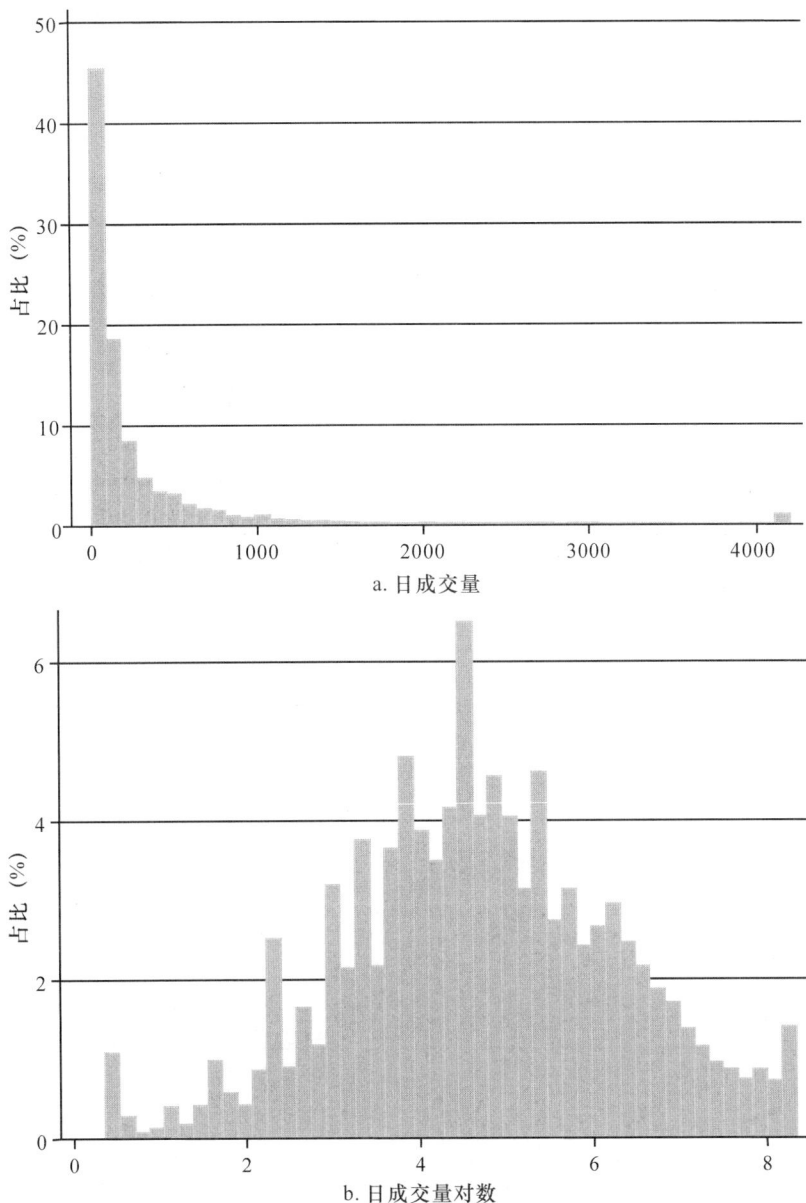

图 3-10　P2P 平台日成交量分布

图 3-11 中平台成交笔数的分布，呈现了类似的模式。超过 90% 的观测点，每日成交笔数在 100 笔以内。

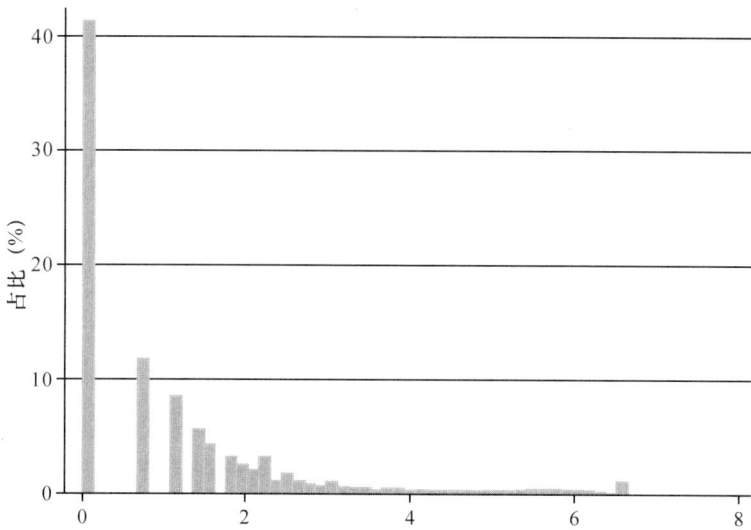

图 3-11　P2P 平台交易笔数对数分布

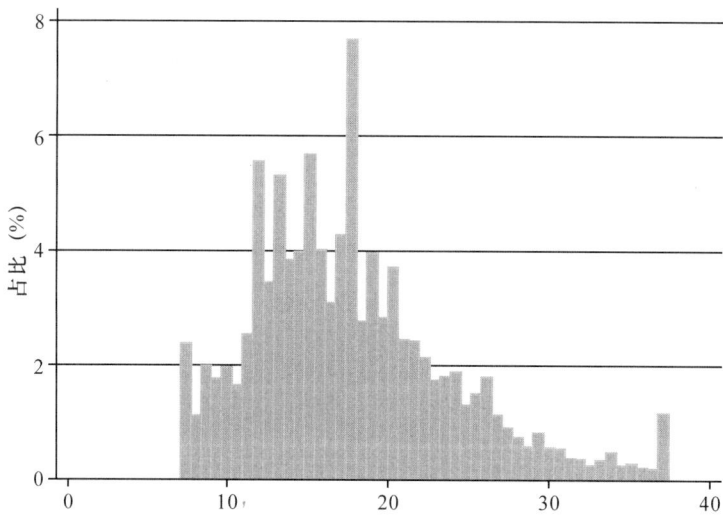

图 3-12　P2P 平台利率对数分布

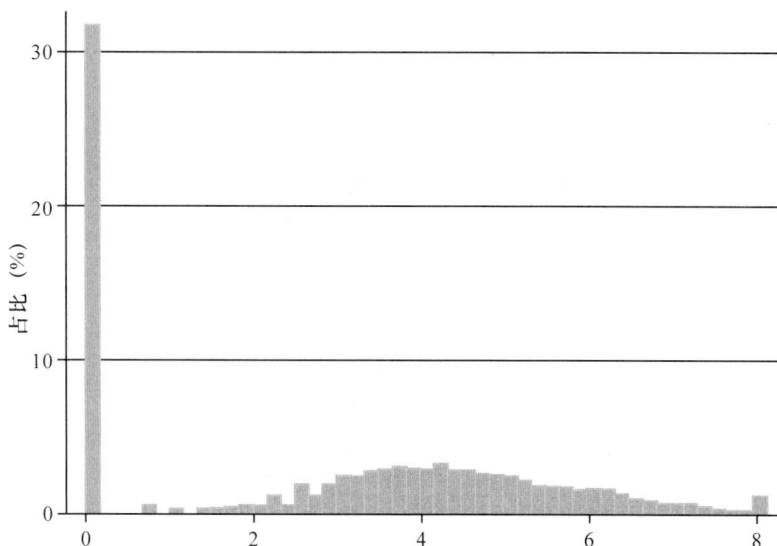

图 3-13　P2P 平台日投资人数对数分布

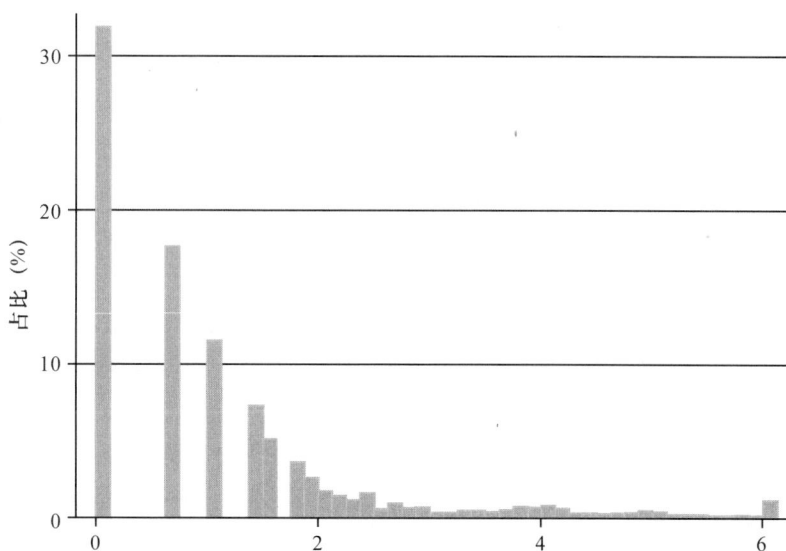

图 3-14　P2P 平台日借款人数对数分布

图 3-12 描述了样本中平台利率的分布情况。图 3-12 表明，P2P 平台的利率水平体现了较大的差异。最低的利率水平为 7.07%，也有观测点的利率水平达到了 37.41%，利率的中位数为 16.94%。2015 年 3 月 1 日起，金融机构一年期贷款基准利率为 5.35%，一年期存款利率为 2.5%。可见，样本中 P2P 平台的利率全部高于一年期存贷款利率，平均利率约为基准利率的 3 倍，

14.79％的观测点利率(约 24％)超过了一年期贷款利率的 4 倍。①。

图 3-13 给出 P2P 平台日投资人数分布。图 3-14 给出了 P2P 平台日借款人数分布。极少数的 P2P 平台,每日吸引了大量的投资人和借款人,而大多数平台每日的投资人数和借款人数都相对较少。P2P 平台的活跃度呈现了两极化趋势。具体而言,92.97％的 P2P 平台观察值日投资人数少于 1000,92.59％的 P2P 平台观测值日借款人数少于 100。此外,日借款人数远少于日投资人数,这证实了借款项目大都需要多个投资人的资金支持。

图 3-15 给出了 P2P 平台平均每笔借款金额分布图。如图 3-15 所示,14.45％的观测值每笔借款金额在 5 万元以下,16.88％的观测值每笔借款金额在 5 万～10 万元之间。可见,P2P 借款以小额借贷为主,77.54％的每笔借款金额在 50 万元以内,只有 10.62％的观测值每笔借款金额在 100 万元以上。

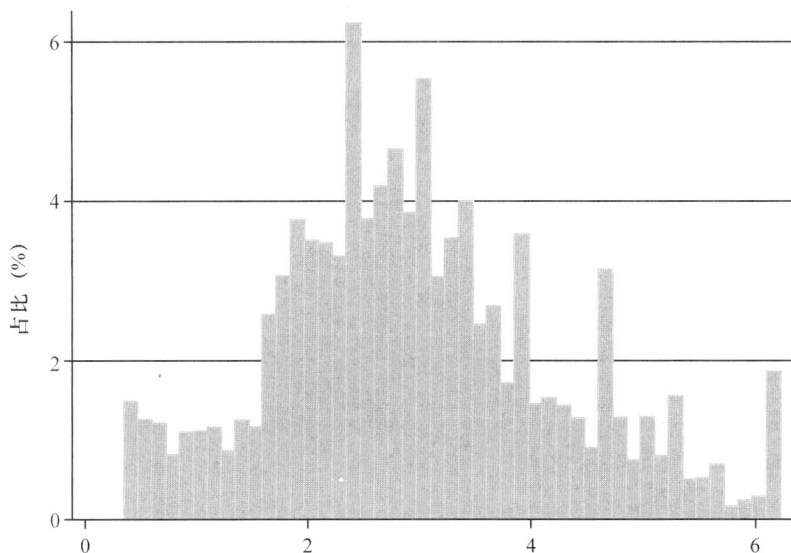

图 3-15　P2P 平台平均每笔借款金额对数分布

四、保障方式

P2P 网络借贷是一个匿名的,无法面对面交流、确认的网络平台。投资者的投资决策主要取决于借款人在网络上披露的信息内容及数量多少,因此信

---

① 最高人民法院发布的《关于人民法院审理借贷案件的若干意见》民间借贷的利率可以适当高于银行的利率,各地人民法院可根据本地区的实际情况具体掌握,但最高不得超过银行同类贷款利率的 4 倍(包含利率本数)。超出此限度的,超出部分的利息不予保护。

息不对称情况非常严重。借款人通常拥有私有信息。一方面,信息问题可能会导致低质量的借款人选择进入信贷市场,产生逆向选择问题。另一方面,借款人与投资人在签订了不完全契约后,借款人可能将资金挪用到其他违规的高风险投机活动中。由于存在信息不对称问题和非常高的事后监督成本,贷款者在较短的时间内,无法监控到借款者的违规行为。于是掌握信息优势的借款者,为了使自身利益最大化,而隐瞒处于信息劣势一方的投资人,损害了贷款者的合法利益,产生道德风险问题。

在逆向选择和道德风险问题存在的情况下,很多平台都推出了"本息保障"计划,试图向投资者发送可信信号,来吸引投资人。样本 217 个平台中,有109 个对所有投资人提供了本金和利息保障,有 132 个对所有投资人提供了本金保障。

我国的 P2P 平台采用了多种方式,对投资人的收益进行保障。

(一)风险准备金

37.34％的平台设立风险准备金,平台每笔借款成交时,提取一定比例的金额放入"风险备用金账户"。借款出现严重逾期时,通过"风险备用金"向投资人垫付此笔借款的剩余出借本金或本息。57 个平台披露了风险准备金的数量,分布在 3.5 万元至 1 亿元之间,均值为 1057.411 万元。图 3-16 给出了风险准备金占年成交量的比重分布情况。48％的 P2P 平台的风险准备金占年成交量的比重小于 1％;19％的平台的风险准备金占年成交量的比重在1％～2％之间;10％的 P2P 平台的风险准备金占年成交量的比重位于 2％～5％之间;10％的 P2P 平台的风险准备金占年成交量的比重位于 5％～10％之间;13％的 P2P 平台的风险准备金占年成交量的比重大于 10％。

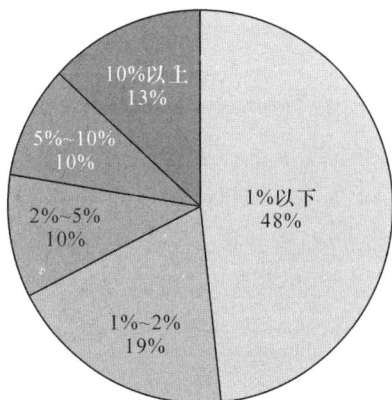

图 3-16　风险准备金占年成交量的比重分布

67％的 P2P 平台的风险准备金占年成交量比重小于 2％。而且,风险准备金占年成交量比重的中值为 1.02％。这意味着大多数平台需要把坏账率控制在 2％以内,而这对 P2P 平台的风险控制能力提出了非常高的要求,特别是在 P2P 平台可能存在逆向选择问题,借款人的还贷能力不如传统银行业的情况下。目前中国尚无行业统一的违约率计算标准,P2P 龙头平台陆金所公布的坏账率在 5％～6％,而据业内人士估算,"现在和银行比,P2P 的信贷技术不足还是很明显的,所以坏账率不低,业内比较普遍的流行措辞是坏账率介于 2％～3％,但是常见的坏账率可能在 5％～8％之间,超过 10％的也不少见"[1]。

（二）担保公司担保

81 个平台的标的由担保公司进行了担保,其中 52 个为融资性担保公司,占总数的 21.85％。第三方担保是国内 P2P 发展中诞生的独有模式,国外平台 Lending Club, Prosper, Zopa 均没有第三方担保。由于国内没有成熟的征信体系,且平台的运营时间较短,平台为了增加投资人的信心,扩大平台规模,而推出了第三方担保机制。第三方担保公司为借款项目提供担保时,通常需要签订担保合同,收取担保费用（3％～5％）。如果借款发生违约,大多数 P2P 平台的担保公司会承担一般责任或连带责任。图 3-17 描述了陆金所的网络金融产品稳盈-安 e 运营模式。最重要的特征是,平安旗下担保公司提供担保。需要注意的是,首先,国内 P2P 平台大多提供一般责任担保,即借款人完全没有偿还能力时才会赔付,而非连带责任担保;其次,只有融资性担保公司在符合担保杠杆比例内进行的担保才有实际效力,而很多 P2P 平台并未公布担保公司的具体名称,或者与非融资性担保公司合作,甚至虚拟了担保关系。

（三）抵押

样本中有 7 个平台采用抵押模式,要求借款人以一定的资产（房产、汽车等）进行抵押,足值抵押和变现能力强的抵押物可以增强还款保障能力,典型的抵押模式平台有互利网、91 旺财等。需要注意的是,违约的房产抵押贷款,诉讼过程会耗费大量的时间和金钱成本,最后能收回的资金非常有限。因此,即使有房产和车产抵押,信贷也不是"零风险"的。

---

[1] 见 http://www.ceweekly.cn/2014/0909/92101.shtml.

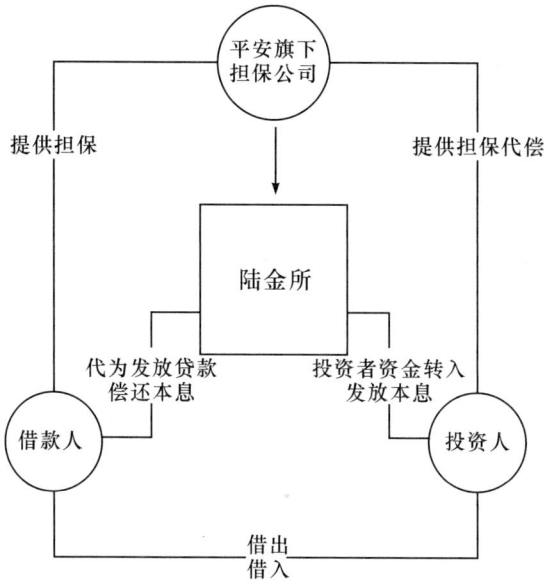

图 3-17 陆金所稳盈-安 e 运营模式示意

（四）平台垫付

33 个平台承诺在借款违约时，平台用自有资金进行垫付。而采用担保、风险准备金等模式的平台，事实上也以自有资金作为最后的垫付资金来源。平台注册资金的分布如图 3-18 所示，均值为 4371.71 万元。

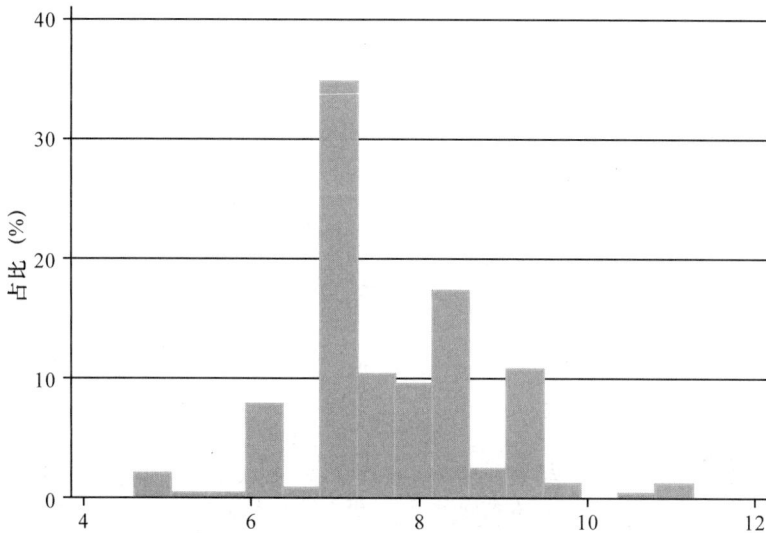

图 3-18 P2P 平台注册资金对数分布

（五）小贷公司审贷

样本中有 22 个平台与小贷公司合作，占比 9.13％，由合作的小贷公司提供无条件逾期垫付的类担保。P2P 平台主要负责网站的维护和投资人的开发，而借款人由线下小贷公司或担保公司开发和审核，平台再次审核后把借款信息发布到网站上，接受线上投资人的投标，小贷公司或担保公司将承担完全担保责任或连带责任。在这种模式下，风险控制的重心在小贷公司或担保公司，典型的平台包括有利网、金信网等。有利网的运营模式如图 3-19 所示。首先，有利网与全国范围内的小额贷款公司合作，一旦产生了符合双方合作要求的贷款客户，小贷机构就将客户推荐给有利网。所有由小贷公司推荐的借款人需要按时还本付息，小贷公司对此提供 100％连带责任担保。接下来，有利网会对借款人进行第二道详细审核，包括基本信用情况、借款金额、时间等，将通过审核的借款人信息发布在平台上，推荐给投资人，最后由出借人对平台项目进行投资。

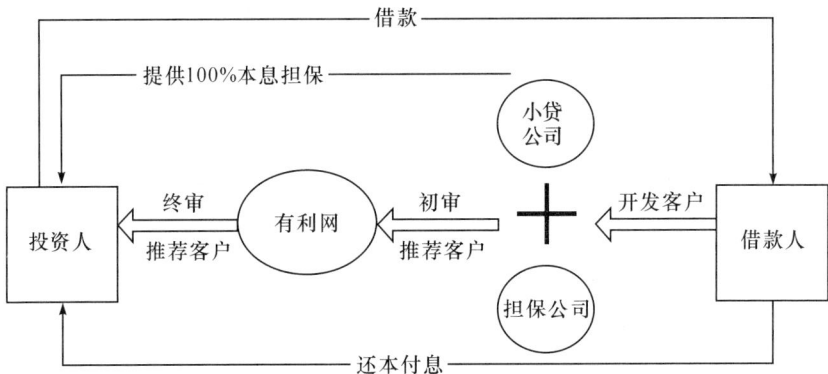

图 3-19 有利网运营模式

第四节 P2P 行业的风险与问题

一、交易层面的风险

P2P 平台上的投资人面临着一系列信息不对称问题。目前，我国多数 P2P 平台是自律性地披露借款人信息，但是披露内容差异很大，质量参差不齐。如图 3-20 所示，中国泰君安证券研究表明，75％以上的平台会披露融资者的基本信息，超过 50％的平台披露了融资用途，而不足 50％的平台披露还款资金来源，几乎所有平台都未披露贷后资金流向情况。

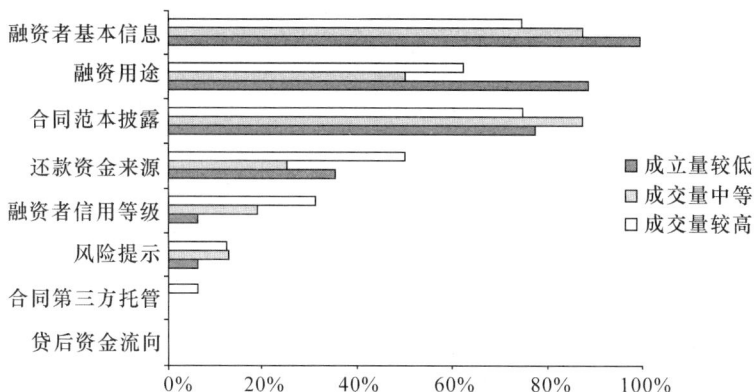

图 3-20　P2P 平台信息披露情况

可见，在我国 P2P 信贷市场上，借款人拥有更强的事前和事后信息优势。而信息不对称，会造成信贷市场的逆向选择和道德风险问题。

（一）逆向选择

由于目前 P2P 市场的信息披露制度不完善，很多平台不对借款人信息进行实地认证，借款人的违约记录没有实现平台间的共享，借款人可能会隐瞒不利信息甚至谎报信息。例如，2014 年 8 月红岭创投 1 亿资金的广州纸业项目坏账，源自企业对抵押品的瞒报现象，4 家造纸公司与仓库物流合伙犯罪，将货物重复抵押给银行进行骗贷。[①] 由于事前的信息不对称，P2P 网络借贷中的投资人为了防范违约风险，往往要求较高的借款利率，从而信用等级高的借款人退出了信贷市场。而信用较差或风险较高的借款人，由于在其他渠道无法获得借款，留在了信贷市场上。因此，在逆向选择的 P2P 市场中，次品驱逐良品，导致 P2P 平台上的资金需求者普遍违约风险较高，资金配置效率低下。

减少网络借贷市场逆向选择的有效途径包括：

一是提供 P2P 借贷市场信息披露的正向激励，建立强制性信息披露制度和外部信用评价体系，以降低网络借贷市场普遍存在的信息不对称。P2P 平台可以担当监督者，通过建立信用评级、实行风险定价等措施，减轻逆向选择问题。

二是 P2P 平台对借款项目进行筛选。例如，Zopa 运用信用评级的方式来审查借款人的资质，首先根据借款人的个人信用记录将其信用等级分为四个

---

① 见 http://www.yicai.com/news/2014/08/4013117.html.

等级，如果借款人情况在这四类评级之外，则会被网站拒之门外。

三是提供其他信息（软信息）。P2P 网站应促使借款人披露愿意支付的最高利率、对借款原因的文字描述、图片等信息。研究发现，使用软信息的投资人，可以更好地作出投资决策。借款人愿意支付的最高利率，也对项目风险起到了信号传递的作用。

四是建立声誉体系。如果借款人在一个平台上反复借款，则 P2P 平台可以向投资人披露借款人的还款记录，从而提高对借款人的约束力，缓解信息不对称问题。

（二）道德风险

在借贷交易发生后，P2P 平台上的投资人无法对借款人的行为进行监管。掌握信息优势的借款人，为了使自身利益最大化，可能会挪用资金到违规的高风险投机活动中，而隐瞒处于劣势方的投资人，使投资人的利益遭受损失。

减少道德风险问题的有效途径包括：

一是对借款人实行抵押机制可以提高借款人项目投资的谨慎性，降低网络借贷市场的道德风险。在进行借款活动前，设定抵押品的最低标准，一定程度上可以对借款者进行筛选以减少逆向选择的发生；贷款后，由于抵押品的存在，借款者的投资选择相对谨慎，从而可缓解道德风险问题的发生。

二是改善内外贷款清收管理机制，提供贷款偿还激励，以减少道德风险。

三是完善个人和企业征信系统，并对网贷平台开放个人和企业征信系统查询权限，以减少信息不对称带来的逆向选择和道德风险。

二、平台层面的风险

在问题平台研究数据库中，样本内共包括 1057 个 P2P 网络借贷平台，这些平台分布在广东、四川、山东、浙江、湖南、上海等 20 个省（自治区、直辖市）。其中，有 86 个平台在 2011 年至 2015 年 5 月，发生过提现困难、跑路、停业等问题，定义为问题平台。把 P2P 平台的背景按照民营系、国资系、银行系和上市公司系进行分类，发现 86 个问题平台全部为民营系。

表 3-7　P2P 主要变量描述性统计　　　　　　单位：%

变量	正常平台			问题平台			总体		
	平均值	标准差	平台数	平均值	标准差	平台数	平均值	标准差	平台数
提供本息保障	59.77	49.07	783	78.95	41.32	38	60.66	48.88	821

变量	正常平台			问题平台			总体		
	平均值	标准差	平台数	平均值	标准差	平台数	平均值	标准差	平台数
用户资金托管	27.70	44.78	971	12.79	33.59	86	26.49	44.15	1057
设立风险准备金	21.01	40.76	971	16.28	37.13	86	20.62	40.48	1057
风险准备金数额	92952.63	1072561	155	299.83	273.61	13	85783.07	1030268	168
由担保公司担保	22.25	41.61	971	15.12	36.03	86	21.67	41.22	1057
其中：融资性	19.46	39.61	971	9.30	29.22	86	18.64	38.96	1057
非融资性	7.62	26.55	971	8.14	27.50	86	7.66	26.61	1057
担保数额	48509.06	141942.50	105	9930.10	18575.67	10	45154.37	136113.10	115
注册资金（万元）	3444.35	7347.07	968	2621.20	2837.33	86	3377.19	7090.24	1054
平台运营时间（月）	14.13	9.56	971	19.30	11.65	86	14.55	9.84	1057
平均利率（%）	16.88	5.43	896	16.60	5.72	72	16.86	5.45	968
是否接受过风险投资	0.02	0.14	971	0	0	86	0.02	0.1363	1057
是否加入行业协会	0.04	0.20	971	0.03	0.18	86	0.04	0.20	1057
第三方征信	0.05	0.23	971	0	0	86	0.05	0.22	1057

表 3-7 给出了描述 P2P 平台的主要变量的统计特征。

在 821 个披露是否提供本息保障信息的平台中，有 60.66% 的平台明确提出了提供本息保障。其中，还在正常运行的 783 家平台中，有 59.77% 的平台明确给出了提供本息保障条款；在倒闭的 38 家问题平台中，78.95% 的平台提供本息保障条款。这似乎给我们一个启示，提供本息保障，如果平台风险管理水平跟不上，可能会导致平台容易出现问题。

1057 个平台披露了是否用户资金托管的信息。有 282 家平台表明了采用用户资金托管的策略，占比为 26.49%，其余的平台没有采用该策略。其中，有 27.70% 还在正常运行的平台表明了采用用户资金托管的策略；而已经倒闭的问题平台,只有 12.79% 的平台表明了采用用户资金托管的策略。

1057 个平台披露了是否设立风险准备金的信息。有 218 家平台明确表明有设立风险准备金的策略,占比 20.62%,其余的平台没有采取改策略。而在 86 家披露是否设立风险准备金的信息的问题平台中,只有 16.28% 的企业具有这一风险管理机制。

在这 218 个明确表明采用设立风险准备金策略的平台中,168 个平台披露了风险准备金数额。不难发现,虽然有 13 家问题平台也采取了设立风险准备金策略,但这些平台的设立风险准备金非常小。这 13 个问题平台的平均设立风险准备金,只是这 155 个正常平台平均值的 0.3%。问题平台的设立风险准备金,几乎视同没有。

1057 个平台披露了是否由担保公司担保的信息。在这 1057 个平台中,有 229 个平台明确表明采用了由担保公司担保的策略,占比 21.67%,其余平台则没有采取该策略。相对于正常平台,问题平台中,采用由担保公司担保策略的比例偏低,只有 15.12%。由担保公司担保的策略,可分为两个子项目:融资性担保和非融资性担保。在表明采用了由担保公司担保的策略的这 229 家平台中,有 197 家平台表明,他们采取了融资性担保,占 1057 家平台的 18.64%。相对于正常平台,问题平台中,采用融资性担保策略的比例偏低,只有 9.30%。在表明采用了由担保公司担保的策略的这 229 个平台中,有 81 个平台采用非融资性担保策略,占 1057 家平台的 7.66%。正常平台和问题平台采用该策略的比例相当,没有明显差异。在表明采用由担保公司担保的策略的这 229 个平台中,有 115 个平台披露了担保数额的信息。相对于正常平台,问题平台的平均担保数额,只是正常平台的 20.5%,可见问题平台的担保数额偏低。这可能是导致平台破产的一个重要因素。

1054 个平台披露了注册资金的信息。平台的平均注册资金为 3377 万元。其中,正常平台的平均注册资金 3444 万元,问题平台的平均正常资金只有 2621 万元,是正常平台的 76%,表明问题平台的正常资金偏小。

1057 个平台披露了平台运营时间的信息。1054 个平台的平均运营时间为 14.55 个月。其中,正常平台的平均运营时间为 14.13 个月,问题平台的平均运营时间为 19.30 个月。平台运营时间越长,越容易出现问题平台。

968 个平台披露了平台平均利率。问题平台和正常平台间的贷款利率没有明显差异。

1057 个平台披露了是否接受过风险投资的信息。有 20 个平台接受过风险投资,占比 1.89%,数量非常少,而且这 20 个平台都是正常平台。

1057 个平台披露了是否加入行业协会的信息。有 42 家平台加入了行业协会,占比不到 4％,比例非常小。并且,在正常平台和问题平台中,加入行业协会的比例差别不大。

1057 个平台披露了是否采用第三方征信的策略。只有 52 个平台采用第三方征信的策略,占比非常小,只有 4.92％,而且这 52 个采取第三方征信的策略平台,都是正常平台。问题平台都没有采用第三方征信。

问题平台的用户推荐人数,以及从提现、体验和服务方面的网友评分,均低于正常平台。

表 3-8 给出了 P2P 平台的地域分布。表 3-8 表明,1057 个平台,东部沿海一带拥有 761 个,占比 72.00％;中部 168 个,占比 15.89％;西部 128 个,占比 12.11％。86 个问题平台中,东部沿海一带拥有 58 个,占比 67.44％;中部 10 个,占比 11.63％;西部 18 个,占比 20.93％。东部地区 P2P 平台数量最多,中部次之,西部最少;东部地区问题平台数量最多。

表 3-8　P2P 问题平台的地域分布

地区	P2P 平台总数	占比(％)	问题平台数	占比(％)
东部	761	72.00	58	67.44
中部	168	15.89	10	11.63
西部	128	12.11	18	20.93
全国	1057	100	86	100

注:东部包括北京、天津、河北、辽宁、上海、江苏、浙江、福建、山东、广东、海南等 11 个省份;中部包括山西、吉林、黑龙江、安徽、江西、河南、湖北、湖南等 8 个省份;西部包括四川、重庆、贵州、西藏、云南、陕西、甘肃、青海、宁夏、新疆、内蒙古、广西等 12 个省份。

表 3-9 给出了这 86 个问题平台出现违约的时间分布。这 86 个问题平台发生的时间在 2014 年 2 月至 2015 年 5 月之间,尤其是 2014 年 10 月至 2015 年 5 月,是网贷平台问题发生的高峰期。

采用 Probit 模型的回归分析发现,提供本息担保会显著降低平台的问题发生概率。如果平台经营者不具备足够的征信、审贷和风控能力,一方面盲目扩大业务规模,另一方面又做出过高的资金回报或担保承诺,可能会导致坏账率激增,被投资者挤兑而倒闭。而对用户资金进行第三方平台托管的 P2P,有显著更低的问题发生概率。

表 3-9 P2P 平台问题发生时间分布

问题发生时间	Freq.	Percent	Cum.
2014.02	1	1.16	1.16
2014.04	1	1.16	2.33
2014.08	3	3.49	5.81
2014.09	1	1.16	6.98
2014.10	5	5.81	12.79
2014.11	7	8.14	20.93
2014.12	16	18.6	39.53
2015.01	14	16.28	55.81
2015.02	17	19.77	75.58
2015.03	9	10.47	86.05
2015.04	4	4.65	90.70
2015.05	8	9.30	100.00
总计	86	100.00	

平台发生提现困难、跑路、停业等问题主要有以下原因：

（1）平台是以欺骗、自融为目的的诈骗性平台。例如 2013 年 10 月 17 日，上线仅 3 天就跑路的福翔创投，其实际控制人身兼数职，用秒标吸引消费者，承诺月息率高达 2.1%，设立之初即以骗贷为目的，拿到投资便迅速跑路。

（2）平台经营者不具备足够的风险控制能力，却盲目扩大业务规模，又做出本息担保承诺或过高的投资回报承诺。项目一旦发生违约，平台如果催收出现困难，无法收回资金，平台将不得不垫付资金。如果金额巨大，风险准备金或担保公司不足以弥补，或引来挤兑，则平台非常容易倒闭。标的金额较大的平台，风险更为集中，更容易出现提现困难的问题。

（3）平台进行期限错配，构建资金池。利用沉淀资金放款或将投资于短期项目的资金用于长期融资项目。一旦资金链断裂，极易出现限制提现，甚至卷款跑路。

第五节 P2P 网络借贷行业监管建议

由上文分析可见，国内 P2P 网络借贷行业的信息不透明、运营不规范，已成为制约行业发展的障碍。因此,网络借贷行业的关键是通过准确、公正的信息披露,降低网络信贷市场上的信息不对称,增加对投资人权益的保护,促进整个行业的健康有序发展。P2P 平台的质量核心,是确保披露的信息完全、准确,以降低信贷市场的信息不对称。

一、降低交易层面风险的建议

为了降低交易层面的风险,网络借贷平台应向投资者披露以下信息:借款人匿名的个人信息、往期还款表现、风险等级、借款标的金额利率、借款目的、还款保障和还款计划等,并及时更新借款人的还款进度和资金使用状况,提高事前和事后的信息披露质量。对于第三方担保机构担保的借款标的,应明确融资性担保公司的名称、担保责任、担保金额和机构资质,方便投资人查询。国内 P2P 平台可以借鉴 Zopa 的模式,建议投资人进行小额分散化投资。

应加强个人和企业的征信体系建设,将借贷平台发生的信用逾期、借贷信息等录入央行征信系统,并对网络借贷平台开放征信系统的查询权限,实现平台间逾期黑名单的信息共享,筛选掉信用记录较差的借款人,提高借款人的违约成本,降低信用风险。在此基础上,我国的 P2P 平台才能更好地回归信息中介的本质。

二、降低平台层面风险的建议

为了降低平台层面的违约风险,监管部门或行业自治协会,应设立平台信息的披露规范,实施平台资金的第三方托管,建立平台的进入门槛和退出机制。

首先,准确、客观的 P2P 平台运营信息,是投资人选择平台,以及平台监管的基础。但是目前仅有少数平台披露运营信息,且逾期率等指标的统计标准不统一,缺乏横向比较的基础。网络借贷平台应秉持公平、准确的原则,向监管部门披露平台运营模式、风险控制体系、风控人员资质等信息,定期汇报财务状况,统一逾期贷款的定义标准,公开实际违约率数据。

其次,为了规避平台挪用资金的风险,要求 P2P 平台实施资金第三方托管制度,选择不具关联关系的银行作为托管机构,从而实现自有资金和借贷资金的有效隔离,推动 P2P 平台资金使用的透明化。借鉴英国 FCA 的管理准则,P2P 平台不能成为自己平台的借款者,从而避免自融和关联投资带来的平台跑路风险。

最后,明确最低运营资本、管理人员资质和平台 IT 系统等方面的进入门槛。若网络借贷平台破产,P2P 平台必须隔离资金,并对已存续的借贷合同继续管理,委托第三方接管,以保障未到期的融资项目仍然有效,并可得到有序管理,直至借贷双方资金结清为止。发生纠纷时,用户在向 P2P 平台投诉无果时,可以向监管部门或行业协会寻求帮助。

参考文献

[1] Arena,M. Bank failures and bank fundamentals:A comparative analysis of Latin America and East Asia during the nineties using bank-level data[J]. Journal of Banking & Finance,2008,32(2):299-310.

[2] Calomiris,C. and Mason,J. Consequences of bank distress during the Great Depression[J]. American Economic Review,2001,93(3):937-947.

[3] Chemmanur, T. and Fulghieri, P. Investment bank reputation, information production, and financial intermediation[J]. Journal of Finance,1994, 49(1):57-79.

[4] Cole, R. and Gunther, J. Separating the likelihood and timing of bank failure[J]. Journal of Banking & Finance,1995,19(6):1073-1089.

[5] Freedman,S. and Jin, G. Z. The signaling value of online social networks: lessons from peer-to-peer lending[R]. National Bureau of Economic Research,2014.

[6] Herzenstein, M.,Andrews, R.,Dholakia, U. and Lyandres,E. The democratization of personal consumer loans? Determinants of success in online peer-to-peer lending communities. Boston University School of Management Research Paper, 2009.

[7] Kircher, P. and Postlewaite, A. Strategic firms and endogenous consumer emulation[J]. The Quarterly Journal of Economics, 2008, 123(2):621-661.

[8] Klein,B. and Leffler, K. The role of market forces in assuring contractual performance [J]. The Journal of Political Economy, 1981, 89(4):615-641.

[9] Micco, A.,Panizza, U. and Yanez, M. Bank ownership and performance: Does politics matter? [J]. Journal of Banking & Finance, 2007, 31(1): 219-241.

[10] Onishi, K. and Uetake, K. Unobserved Risk Type and Sorting:Signaling Game in Online Credit Markets[R]. 2012.

[11] Pope,D. and Sydnor, J. What's in a Picture? Evidence of Discrimination from prosper. com. [J]. Journal of Human Resources, 2011, 46(1): 53-92.

[12] Herzenstein, M.,Sonenshein, S. and Dholakia, U. Tell me a good story

and I may lend you money：The role of narratives in peer-to-peer lending decisions ［J］. Journal of Marketing Research，2011，48（SPL），S138-S149.

［13］Rajan，U.，Seru，A. and Vig，V. The failure of models that predict failure：Distance，incentives and defaults［J］. Chicago GSB Research Paper，2010：8-19.

［14］Ryan，J.，Reuk，K. and Wang，C. To fund or not to fund：Determinants of loan fundability in the prosper. com marketplace. WP，The Standard Graduate School of Business，2007.

［15］Thomson，J. Predicting bank failures in the 1980s［J］. Federal Reserve Bank of Cleveland Economic Review，1991，27(1)：9-20.

［16］Whalen，G. A proportional hazards model of bank failure：an examination of its usefulness as an early warning tool［J］. Economic Review，1991，27(1)：21-30.

［17］廖理，李梦然，王正位. 聪明的投资者：非完全市场化利率与风险识别——来自 P2P 网络借贷的证据［J］. 经济研究，2014，49(7)：125—137.

［18］顾楠，王健. P2P 金融真的是高收益低风么？［Z］http：//www. cenet. org. cn/index. php？ siteid＝1&a＝show&catid＝102&typeid＝0&id＝66218.

［19］林采宜. P2P 监管，到底管什么？［Z］http：//opinion. caixin. com/2015-05-19/100810413. html.

［20］谢平，邹传伟. 互联网金融模式研究［J］. 金融研究，2012（12）：11—22.

［21］盈灿咨询，清华大学中国金融研究中心. 2014 年中国网络借贷行业年报［R］. http：//www. investide. cn/news/113756. html.

［22］中国社会科学院金融研究所. 中国 P2P 网贷行业发展与评价报告［R］. http：//upload. jnlc. com/2014/1012/1413080299751. pdf.

第四章　互助会的理论[①]

　　互助会是民间金融的一种重要组织形式,一般被国外学术界称为轮转储蓄与信贷协会(Rotating Savings and Credit Associations,简称 Rosacs)。作为一种非正规的金融制度,互助会在发展中国家中扮演着重要的角色,因此引起了社会学家、经济学家等的广泛关注。社会学家主要从互助、社会交往、文化整合等功能的角度考察互助会,而不限于经济功能。经济学家对互助会的关注和研究始于 Besley、Coate 和 Loury (1992,1993,1994)出色的开创性工作。他们首次采用规范的经济学框架分析了互助会的经济功能为不可分割的耐用品购买融资,指出互助会制度可以理解为具有社会联系的群体面临信贷市场排斥的反应。自此以后,陆续有学者从经济学的角度对互助会加以研究,并在理论模型和实证研究方面不断地拓展了已有的研究,从而使人们对互助会的理解越来越清晰和深刻。在我国,除了柯荣住(2003)之外,我国的经济学家和经济工作者对互助会的研究主要集中在对互助会的描述、调查和案例的初步整理上,并由此解释政府打击互助会的政策的合理性,或为政府清理互助会提供政策方案。也就是说,互助会的研究在我国刚刚起步,理论深度相对缺乏。

　　因此,本文旨在梳理互助会的理论研究和经验研究文献,在此基础上,试图提出一个研究互助会的理论框架,对如何合理利用互助会提供理论与政策依据,并促进互助会问题的深入研究。我们的研究表明,由于互助会可以揭露参与者的私人信息,所以互助会仍然有其存在的价值。由于存在违约、倒会和抬会的风险,所以对互助会进行规制是必要的。

[①]　本章的缩略版发表在《浙江社会科学》2004 年第 3 期,作者:罗德明、潘士远。

第一节　互助会的概念及其分类

一、互助会的概念

我们可以将互助会界定为:建立在亲情、友情等血缘、地缘关系上,是一种特定团体内部成员之间进行集中借贷并定期、分批、依次偿还的互助合作型民间金融形式。它不仅历史悠久,而且广泛存在,在发展中国家和移民社区尤为流行。在我国也有悠久的历史,经历过政策打压和"倒会"危机,但在每次严重危机后,它都能重新发展起来,这充分反映了其内生的自我繁殖和发展能力。在金融创新层出不穷的今天,古老的互助会仍然占有一席之地,足以说明其存在的合理性。互助会一般由发起人(会首)邀请若干人(会脚,或会员)参加,约定时间按期举行,每次收集一定数量的会金,轮流交由一人使用借以互助,会首优先使用第一次会金,以后按次序轮流交会脚使用。在发展中国家,互助会是民间金融的一种重要信用形式。互助会本质上是一种具有储蓄和借贷功能的互助组织,它有效地鼓励和促进了储蓄,同时部分地满足了成员的借贷需求。互助会的成员一般彼此比较熟悉,相互选择、相互监督、社会制裁等机制,较好地保证了履约问题。在每次集会时交纳会费,类似于定期进行储蓄;所有成员的分散资金被集中起来作为信贷资金来源,利用了规模经济的优势。另外,互助会的成员一般是固定的,只对内部成员提供信贷服务,可见它在一定程度上具有信用合作的特点。国内对这种组织比较通俗的叫法是会,如在我国浙江、福建等省份较为流行的标会、抬会、合会等。这种民间自发的互助机构是非正式金融市场中一种非常重要的组织形式。

信贷在经济生活中有两个重要作用:平滑消费和企业融资。人们可能没有足够的资金一次性地支付不可分割的耐用品的消费(如建造房屋)或暂时性的大额消费(婚丧嫁娶或严重疾病)。另外,由于需求存在季节性或不确定性,收入流可能会因此而波动。除非通过某种形式的信贷进行平滑,资金约束与收入的波动将会影响到消费。与此同时,在许多经济活动中,投资和收益并不是同时的,今天的投资,明天才能获得回报。在这一情况下,企业容易遭受短期流动资金冲击。除非通过某种形式的信贷进行融资,企业可能会由于短期流动资金约束而无法进行生产。也即经济个体往往不能仅通过自身的储蓄行为、资产组合行为而获得最大化的效用。这正是金融制度赖以存在的理由。

一般而言,由于存在非对称信息的问题,信贷市场往往无法有效地运转。

首先,在信贷市场中,一般很难有效监督借款方对贷款的使用。例如,借款方可能会改变贷款的用途,将贷款用于高风险的项目。此时,借款方可能会由于亏损而无法偿还贷款或非自愿赖账,从而导致贷款方出现呆账坏账。其次,即使借款方有偿还贷款的能力,但由于收益在事后往往是不可证实的(nonverifitable),所以借款方可能会采取自愿或策略性赖账行动。在法律体系较不完善的发展中国家与转型经济中,强制执行信贷契约非常困难,策略性赖账行动尤其容易发生。因此,资金不足是一个普遍存在的问题,在发展中国家与转型经济中尤为严重。例如,在 Stiglitz-Weiss 模型中,人们只能私人地观测他们的收入和风险,而且预期的收入与风险正相关。因而均衡的信贷市场存在投资不足,社会有效的项目会由于非对称信息而得不到足够的资金支持。

据此,互助会研究的基本问题是:被正式的金融体系排斥在外的经济个体能否通过互助会进行融资,从而增进社会福利;如果经济个体能在不同的融资方式(包括官方正式的金融体系)中进行选择,互助会是否仍然有存在的价值。

二、互助会的分类

为了更好地理解互助会问题,本文按照经济功能和得会次序对互助会进行分类。从经济功能的角度看,互助会可以分为两类:消费性的会和投资性的会。在消费性的互助会中,会员将得会的钱用于一次性大额消费,比如说建造房屋、婚丧嫁娶或购买耐用消费品。在投资性的会中,会员将得会的钱用于投资,如进行长期投资(购买固定资产)、短期投资(应付流动性冲击),或购买其他金融证券(如存入银行,进行民间放贷,加入其他互助会,购买国债、股票等)。

从得会次序的制度角度看,互助会可分为:轮会、标会和摇会。

轮会在起会时就对资金使用机会的分配顺序加以固定,分配顺序一般由会首和其他成员协商决定。轮会的优点是会员可以选择得会次序,急需资金或善于经营的人可以把得会次序安排在靠前,而乐于储蓄或手中有闲钱的人,可以稍后得会。缺点是轮会在运作之前的组织成本要相对高于标会,因为它需要根据成员资金需求的偏好进行搜寻和匹配,并在匹配不能够完全一致的时候进行协商,这些都需要支付成本。会脚缴纳的会金按得会先后次序不同而不同,得会越早,缴纳会金越多。根据会首和会脚在各期的资金收入和支出方式的不同,轮会又可分为两种形式:一种是跟会,即在互助会成立的时候,会脚的应付金额都已经规定好,而会首支付金额随轮会次序不断变化。另一种是定息轮会,即会脚在收到会款之后,在以后每次会期都要加付之前约定的固定利息。

标会是指,在每一轮聚会时,由过去没有得会的会员通过投标确定这一轮的得会者。标会由会脚通过投标竞得每期资金的使用机会，标价最高的会脚获得这一期的会金，但在第一期会首不需要竞标（相当于标价为零）就可以获得资金的使用机会。已经中标的会脚称为"死会"，意指在中标之后的余下各期该会脚不能再参与竞标；还未中标的会脚称为"活会"。按照 Kuo(1996)的分类标准，标会又可分为两种：升水标会(Premium Bid ROSCA)，一个会脚中标以后，该会脚在余下各期必须额外支付与标价金额相同的资金。贴现标会(Disocunt Bid ROSCA)，一个会脚中标时，其他"活会"分别向其提供的会金扣除了与标价金额相同的资金，而"死会"在提供会金时不享受这种扣除，但会东在有些贴现标会中可以享受这种扣除。

区分轮会和标会是有意义的。在标会中，每一轮聚会所产生的信息，例如流动性冲击，将影响当时某个会员得会的价值。由于在这些信息被披露出来之前，得会的次序就已经确定，所以这样的信息在轮会中是没有任何意义的。

此外，还有一种形式是摇会。摇会是传统社会中最通行的一种互助会形式，是以掷色子、抽签的方法随机决定每期会款的归属。其特点是：除会首在会初可以获得第一笔会款之外，其余会脚得会时间都不确定；利息是固定的，得会的会脚越靠后，得到的利息就越高，相对所承担的风险也越大。

本文将主要集中讨论消费性会的存在性问题、由信息不对称产生的承诺和倒会问题。这不是由于消费性的会很重要而投资性的会不重要，而是由于当前的文献很少讨论投资性的会。值得注意的是，至少在我国浙南、闽南和台湾地区，互助会的重要功能是为民营企业特别是家庭企业融资，包括购买固定资产与应付流动性冲击，也可能购买其他金融证券（银行存款，民间贷款，加入其他互助会，购买国债、股票等）。

第二节　消费性的会及其存在性理论

消费性的会是传统的亲戚朋友之间的互助会，自古以来就存在于我国的各个地区。目前在我国江苏、浙江、福建、广东、湖南、湖北、四川等地的农村仍然广泛存在。消费性的会不仅存在于中国，而且也广泛存在于世界各国，尤其是发展中国家和移民社区。Greetz(1962)和 Ardener (1964)曾经观察过发展中国家的各种形式的互助会。消费性的会一般由发起人（会首）邀请亲戚朋友若干人（会脚，或会员）参加，约定定期（每月、每季或每年）举会一次，每人每次缴纳一定数量的会款，轮流交由一人使用，借以互助。会款主要用于一次性大额消费，如建造房屋、婚丧嫁娶或购买耐用消费品。在轮流使用会款时，一般不计利息或低息贷款。

我们要解决的问题是:哪些消费者将参与消费性的会,会的功能是什么,或者说为什么存在互助会,得会次序的制度又是否有经济含义。据此,我们具体要分析以下这几个问题:

第一,当不存在外部金融机构,或者说经济个体不能从金融机构贷款也不能存款于金融机构以平滑消费时,互助会是否能存在并且有效率?

第二,当经济个体能从金融机构贷款也能存款于金融机构以平滑消费时,互助会是否能存在并且有效率?

会员得会次序的一种形式是在互助会刚成立时就通过某种方式确定获取会金的次序。此时,确定得会次序的方式有:由会首主观确定,或者通过抽签决定,或者通过投标决定。会员得会次序的另一种形式是在每一轮聚会时,由过去没有得会的会员通过投标确定这一轮得会者。此时,我们将这样的互助会通称为消费性标会。据此,研究消费性互助会的第三个基本问题是,得会次序的制度是否包含经济意义?

Besley 等(1992,1993,1994)对第一个问题作出了解释:当某群人必须购买不可分割的耐用消费品,且不能从外部市场获得资金时,如果他们将全部存款轮流给其中一人使用,那么这一群人往往能够实现耐用品的消费。因此,任何形式的轮会都能提高社会福利。这是互助会的联合储蓄(joint savings)功能,也是互助会存在的一个主要原因。互助会能够成功运作的必要条件是,会员在他得会后仍然能够在以后的各期按照会单支付他承诺的会金。在 Besley 等看来,社会关系网络可以确保会员遵守其承诺。

Besley,Coate 和 Loury(1993)首次用正式的经济学模型(后简称 B-C-L 模型)研究了互助会。他们认为,互助会的作用在于帮助无法得到外部信贷市场支持的个人进行共同储蓄,以购买不可分割的耐用品。由于缺乏外部融资的途径,个人不得不通过各自的储蓄来购买大宗耐用品。此时,由于资金的闲置,与其他人的交易可以改善他的福利。互助会提供了这样一种共同储蓄的交易方式。通过一定的内部规则,一些成员的储蓄可以为其他成员的耐用品消费提供融资,从而使得互助会成员的整体福利得以改善。

Besley、Coate 和 Loury(1992,1993,1994)具体的模型假设及其设定如下:

(1)n 个人想购买一些耐用消费品;(2)缺乏外部融资的途径;(3)个体的寿命是 T 年,在一生中可获得的收入是 y,且 $y>0$;(4)消费耐用品的成本是 B;(5)没有折旧;(6)耐用品的边际效益是 $v(1,c)$,其中 c 是非耐用品的消费量。其他边际效益 $v(0,c)$。个体储蓄 $y-c$,在 $[0,t]$ 的时间跨度内得到 B。可以得到的最大化方程和约束条件是：

$$\max\{tv(0,c)+(T-t)v(1,y)\} \tag{4.1}$$
$$\mathrm{s.\,t.：}\quad t(y-c)=B,0{\leqslant}c{\leqslant}y$$

令(t_a,c_a)是式(4.1)的解，并代入式(4.1)，我们可以得到：

$$Tv(1,y)-B[(v(1,y)-v(0,c))/(y-c)]$$

定义$v(\alpha,c)=\alpha v(1,c)t(1-\alpha)v(0,c),0{\leqslant}\alpha{\leqslant}1$，为获得耐用品概率为$\alpha$时的期望效用。我们定义

$$\mu(\alpha)=\min_{0{\leqslant}c{\leqslant}y}\left[\frac{v(1,y)-v(\alpha,c)}{y-c}\right] \tag{4.2}$$

其中$\mu(\alpha)$是在α上递减并且是凹的。在t_a时间点之前是没有耐用品的。令$\alpha=0$，那么对一个个体来说，没有互助会时，一生的效用是：

$$W_a=Tv(1,y)-B\mu(0) \tag{4.3}$$

第一项表示了在耐用品免费的情况下一生的效用；第二项是为了耐用品而进行储蓄所需要的最小效益成本。接下来考虑竞标式（bidding，即标会）和抽签式（random，即摇会）两种形式互助会的情况。

首先，在抽签式（random）的情况下，以掷色子、抽签的方法随机决定每期会款的归属。其特点是：除会首在会初可以获得第一笔会款之外，其余会脚得会时间都不确定；利息是固定的，得会的会脚越靠后，得到的利息就越高，相对所承担的风险也越大。

n个人组成了一个会，每一次间隔顺序$\{t_a/n,2t_a/n,\cdots,t_a\}$，每次都贡献$B/n$，每次选择的个体都是随机的，在$[0,t_a]$的时间间隔内以$B/t_a$的额度进行储蓄，我们可以预期收到耐用品$t_a(n-1)/2n$。在时间$t$的跨度内，代表成员有$\iota=t(n-1)/2n$的可能性接受，那么一生的效用为：

$$\iota v(0,c)+(t-\iota)v(1,c)+(T-t)v(1,y) \tag{4.4}$$

其中$t=B/(y-c)$。对于摇会要解决的问题是，如何选择一个t来最大化式(4.4)。令(t_r,c_r)是式(4.4)的解。经过一系列的代入，我们可以得到：

$$W_{(c)}=Tv(1,y)-B\left[\frac{v(1,y)-v(\alpha',c)}{y-c}\right]$$

定义$\mu(\alpha')=\min[v(1,y)-\frac{v(\alpha',c)}{y-c}]$；那么，个体在利用摇会时，一生的效用是：

$$W_r=Tv(1,y)-B\mu(\alpha') \tag{4.5}$$

经过验证，我们可以得到式(4.5)是大于式(4.3)的，即$W_r-W_a>0$。从中我们可以得到的结论是，与自己储蓄相比，抽签式（random）的会（摇会）能够提高成员整个生命周期内的期望效用。

其次,在竞标式(bidding)的情况下,标会由会脚通过投标竞得每期资金的使用机会,标价最高的会脚获得这一期的会金,但在第一期会东不需要竞标(相当于标价为零)就可以获得资金的使用机会。在 t 时间内,有 $n-1$ 次竞标,b_i 是个体 i 在 $(i/n)t$ 时间的约定贡献。而竞标最终会形成一个均衡:没有个体可以寻找到另一个比现在更好的选择。其次,每个会脚都可以得到耐用品。非耐用品的消费定义为:$c_i = y - (\frac{n}{t})b_i$。个人在均衡时的效益水平是:

$$t\left[\left(\frac{i}{n}\right)v(0,c_i) + \left(n-\frac{i}{n}\right)v(1,c_i)\right] + (T-t)v(1,y)$$。定义 $\alpha_1 = (n-i)/n$;均衡条件使得对于所有参与的个体来说,$v(i,c_i) = x$,对于 $i = 1,2,\cdots,n$,其中 x 等于会脚参与标会后,在一生内得到的平均效益。根据第二个均衡条件 $t(y-\bar{c}) = B$;$\bar{c} = 1/n \sum_{i=1}^{n} c_i$ 是平均非耐用品的消费量。因此,效益可写为:

$$Tv(1,y) - B\left[\frac{v(1,y)-x}{y-\bar{c}}\right]$$

令 $\bar{c}(\alpha,x)$ 是满足 $v(\alpha,\bar{c}) = x$ 的函数。定义 $\bar{c}(x) = \frac{1}{n} \sum_{i=1}^{n} \bar{c}(\alpha_1,x)$;$\mu(\alpha'')$ = $\min\left[\frac{v(1,y)-x}{y-\bar{c}(x)}\right]$。标会下的一生的效用是:

$$W_b = Tv(1,y) - B\mu(\alpha'')$$

通过简单的证明,我们可以得到 $W_b - W_a = B(\mu(0)-\mu(\alpha'')) > 0$。从中我们可以得到的结论是,与自己储蓄相比,竞标式互助会(bidding,即标会)能够提高成员整个生命周期内的期望效用。

综上所述,通过建立 B-C-L 模型可以得到以下几个结论:第一,与自己储蓄相比,标会能够提高成员整个生命周期内的期望效用;第二,与自己储蓄想比,摇会能够提高成员整个生命周期内的期望效用;第三,通过比较标会和摇会的效率,可以发现在成员个人偏好相同时,摇会比标会更有效。

Besley、Coate 和 Loury(1994)在原有研究工作的基础上进行了拓展,考虑了个人既可以参加互助会,也可以求助于非正式的信贷市场的情形。他们发现,此时如果个人偏好相同,那么首先标会和摇会的分配都不是有效的。因为两者实行的都是线性分配方案,与有效分配方案所要求的凸性存在显著差异,这就是互助会的结构过于简单所带来的成本。其次,尽管都没有实现最优的配置,但是从事前期望效用来看,信贷市场比标会更好。信贷市场和标会都假设每个人的事后效用相同,而前者是帕累托有效的,后者则无效率,因此前者的事前期望效用更高。最后,在某些情况下,摇会可能会比信贷市场产生更高的事前期望效应。但如果个人偏好差异很大,上述结论可能会发生改变。

　　总的来说,B-C-L 模型有三个基本假设:第一,参与者不能从外部市场获得资金,有相同的风险回避,且贴现率等于零;第二,参与者通过互助会筹集的资金额为常数,且刚好等于耐用消费品的价格;第三,参与者之间的信息是完全的,因而不存在策略性行为。这三个基本假设受到了一些经济学家的质疑。由于其假设比较简单,也因此受到了一些批评。尽管如此,也无损于它体现出的思想价值,以至后来成为互助会研究方面的经典参考文献。

　　在 Besley 和 Levenson(1996)的研究中,他们利用来自中国台湾 1977 年至 1991 年的 212046 个家庭截面数据,对台湾地区耐用品消费的普及进行了研究,研究了家庭耐用品的消费与参与非正式金融机构的关系。他们用 Hazard 模型分析了是否参与互助会与耐用品消费的关系。经过一些处理,在这个 Hazard 模型里,基础方程为:

$$\lambda_c(t) = Y'\Gamma + \delta'\phi + \theta'Z_t - \beta'X_{a-1} + \alpha r_{a-1} + \varepsilon_a$$

其中,Γ 代表年龄虚拟变量的向量;ϕ 代表队列虚拟变量的向量;Z_t 代表宏观变量。对 19 种耐用品的实证分析结果表明,参与互助会与耐用品的普及确实具有正向的联系。这种关系,对将近一半的耐用品在 5% 的水平上显著,对 1/3 的耐用品在 1% 的水平上显著,说明家庭耐用品的积累与参与非正式金融机构之间的联系确实存在。他们的经验研究表明,具有较高储蓄倾向的个体也能从利用互助会中获益。他们的研究在经验层面上支持了 B-C-L 模型的有关结论。这些结果证实了资本积累与金融制度供给的重要联系,即使是像台湾地区这样已经实现了现代化、建立了许多现代制度、人民相对富裕的地区,人们仍然广泛地依赖非正式金融制度。非正式部门也能创造价值,使个人从跨期交易中获益,加速了资本积累的进程。

　　Handa 和 Kirton(1999)对牙买加互助会的实证结果也支持了 Besley 等(1993)的消费理论。他们的样本中,有 71% 的互助会成员宣称使用互助会资金来购买耐用品或者大宗物品,14% 是为了防患于未然而参与。这个结果充分支持了前人所提出的,互助会资金目的大部分上是消费耐用品的结论。此外,通过实证分析后,Handa 和 Kirton(1999)发现,互助会的总参与人数与会费呈反向关系,互助会的成员个数越多,会费的数额越小。由于人数与资金、风险成正比,因此这个结果符合一般的经济直觉。在文中 Handa 和 Kirton(1999)也提到,牙买加劳工银行(Workers Bank)认为"强迫储蓄"的功能是互助会在当地如此盛行的原因之一。

　　Kuo(1993)修改了 B-C-L 模型中贴现率等于零的假设,运用拍卖理论当中的密封式最高价得标法,使用竞价拍卖模型来研究与会者的竞价策略行为及其均衡,回答了得会次序的经济含义的问题。Kuo(1993)将标会视为一个有规律性的资金竞标契约协定,由于会员对资金的评价影响其投标的出价。因此,Kuo(1993)假设,全部会员的评价相互独立且同质地服务于某一个相同的分配,并进一步假设每个会员在每期都会由私人信息导致其对资金的评价重新洗牌。这些假设虽然说是为了推导方便,但是,这些情况在现实生活中也并不是不存在。在个人贴现率信息不对称的假设下,Kuo(1993)指出,得会次序是竞价拍卖的结果,是有效配置资源的一种方式,得到了一个内标会员的均衡投标策略,如果个人贴现率是个不变量,那么每一轮次拍卖的均衡价格与在成立互助会时拍卖的结果相同,而且随着轮次递减;如果个人贴现率是个随着轮次而变化的变量,那么均衡价格具有波动性。Kuo(1993)的主要缺陷是,个体既不能把他的出价建立在当前的拍卖结果之上,也不能基于过去行为来更新未来拍卖时他们对竞争对手的信念(Kovster and Lyk-Jenson,1999)。Kovster 和 Lyk-Jenson(1999)也同样求出均衡投标策略,在将此均衡策略代入利润函数作福利分析比较。与 Kuo(1993)相反的是,在假设部分,Kovsted 和 Lyk-Jenson(1999)设定当期会员对资金的评价,等同于互助会一开始后,每个会员在哪一期得标就几乎已经决定下来。同时,Kuo(1993)得出的,拍卖的均衡价格随着轮次递减与经验事实不符。Calomiris 和 Rajarman(1998)标会的例子表明标价具有很大的波动性或随机性。在 Calomiris 和 Rajarman 看来,会员在开标之间的收入信息是一个影响标价的重要因素。由于在每一轮开标之间会员的收入是随机波动的,所以得会的价格在每轮标会中也是随机波动的。而且,贴现率的波动性假设在一些经济学家看来也是不可接受的。

与 Kuo(1993)不同,柯荣住(2003)认为,把个人贴现率作为私人信息可能并不合适,对于在一定程度上已经商业化的社会(例如浙南、苏南、粤南和台湾地区),可以成为私人信息的可能是人们对风险的估计和忍受程度、发生的灾难和可能发生的一笔资金需求,以及对因此导致的实际损失的评估。在此基础上,柯荣住(2003)发展了完全借贷市场下的标会模型,并探讨了不完全借贷市场时标会机制的有效性。

先考虑不参加互助会情况下的两期决策问题。假设如下:

假设 1:$u'(c) > 0$ $u''(c) < 0$ 以及 $u''' \geq 0$。

假设 2:外部借贷市场是完全的,人们总可以以同样的利率 r 从市场上借贷。

如果不参加互助会,经济主体在第一期面临的问题是:

$$\max V(c_1, c_2) = E\{u(c_1) - \delta E u(c_2)\}$$
$$s.t. \rho c_2 = (y_1 - c_1) + \rho Y_2 = (M - c_1)$$

当引入互助会的机制的时候，现在 i 参加一个 m 的互助会。在假设1和假设2的条件下，参加摇会是事前和事中无效的，而且会的规模越大，利率越高，效率越低。

假设3：第 i 人第一期实现的收入 y_{i1} 是私人信息，并且相互独立但服从同样分布。

假设4：出价是实现的收入 y_{i1} 的函数，即 $b_i = b_i(y_{i1})$。对 i 来说，事中阶段的问题是对 b_1 进行最大化：

$$\max\{R = Pr(b_i > b_j)V_w + (1 - Pr(b_i > b_j))E|V_j b_i < b_j\}$$

假设5：在两次标会之间的时间间隔内，收入的历史和标价的历史完全是公开的，是共同信息。

最终通过证明，可以得出以下几个定理：第一，采用第一价格密封规则的标会最优的贝叶斯均衡标价是实现的收入的单调递减函数。当实现的收入足够高时，参加互助会事中无效；而当实现的收入足够低时，参与互助会事中优超于不参加互助会的充分条件是 $y \leqslant y'$。第二，参加互助会不改变预期财富，但降低了财富的方差。方差降低是由于预算的约束，如果没有参加互助会，两个人各自的风险是独立的，而参加了互助会之后，通过竞标活动，两个人的收入建立起了联系。第三，对个人而言，参加标会在事前优于不参加标会；对于社会而言，事中优于不参加标会。从这个定理中我们可以发现，即使在完全借贷市场的情况下，参加一个标会仍然具有效率。这是由于各自的收入具有独立性，因此从事前的角度看，这种相互保险机制会降低风险。从社会的角度看，不管是从事前还是从事中的角度看，这种效率来自人们的最优出价行为，所以如果他有足够大的中标概率的预期，那么参加一个标会在事前来说就是具有效率的行为。第四，参加标会不一定在事后优于不参加标会，事后优超的充要条件是中标者和失标者之间事后实现的收入差距足够大。说明了参加一个互助会并不一定优于不参加互助会。第五，在完全信息下，参加标会不会改变总财富。这意味着如果每个人都是对称的话，参加标会活动是无套利的，任何人在任何一期中标都得到相同的利益。如果人们预期到哪一期中标更有利，那么标价就会升高，从而等待变得有利可图；反过来，如果人们都愿意等待，那么标价就会降低，从而就不值得继续等待。第六，没有会首的标会在对个人事前和对社会始终优超于不参加互助会，但是事后不一定优超于不参加互助会。

从保险的角度来看，在这种标价策略下，在会首获得净转移支付的情况下，会脚在事中收益小于不参加互助会，但是只要互助互惠的规模和收入的比例不是太大，有会首的标会对社会而言是事中优于不组织互助会。对于每个会脚而言,参加有会首的互助会劣于不参加互助会。但是对社会而言,只要会脚和会首实现的收入差距足够大,组织标会是有事前效率的。对于 N 期摇会,和两期标会一样,仍然是事前无效的。在完全借贷市场下,参加 N 期摇会在事中劣于不参加互助会。而我们需要讨论事后效率。与两期模型类似,所有人都实现事后效率的可能性随着互助会规模的扩大而下降;但复杂的是,从整个社会的角度来说,有一部分人实现的事后收益可能补偿另外一部分人的损失,因此整个社会的事后有效性是可以得到保证的。

总的来说,柯荣柱(2003)基于序贯博弈框架发展了互助会的保险模型。他指出,即使在完全的借贷市场下,仍然存在借贷中的策略性行为,此时最优的贝叶斯均衡标价序列不仅有波动,而且表现出多样性。在这个最优策略下,对个人而言,参加标会事前优于不参加互助会,尽管不一定具有个人的事后有效性;对整个社会而言,事中和事后均优于不参加互助会。他还利用收集到的92 个温州的标会数据,验证了上述结论的正确性。柯荣柱的模型在一定程度上能够兼容各个主张,并指出了互助会不一定依赖于外部条件(如没有借贷)才能存在。

柯荣住(2003)主要研究了消费性会的问题,因而有些结论可能并不适合于投资性的会。当考虑投资性的会时,存在完全的资本市场的假设就可能不是非常合理了,投资性的会可能恰恰是由于资本市场不完全而产生的。而这一假设在柯文中有着重要的作用。当资本市场不完全时,投资性的会的利率可能会高于市场利率(柯文中的外部借贷利率),而在柯文中,消费性的会的利率是低于市场利率的。这是因为当资本市场不完全时,小额资本无法从外部资本市场获得,而可以通过投资性的互助会来筹集。

第三节 违约与倒会

许多研究认为,现实中互助会的违约是极少发生的。在互助会的体系内,可以利用局部的信息与局部的强制实施契约的方法,确保参会的每一个人遵守他自己的承诺,在他得会后仍然会缴纳会金,从而保证互助会是可持续的(sustainable)。互助会应用已经存在于个体之间的社会联系,以有助于解决不完全信息和强制实施问题(Besley et al.,1993)。同样,Handa 和 Kirton(1999)也指出,"互助会成功的关键是社会担保以确保互助会的可持续性"。当发生违约的情况时,违约者不仅被他所在的社会惩罚,而且他本人及其亲属也可能被排除在互助会之外。Ardener(1964)观察到,"在一个互助会里违约的人将肯定不会被其他任何互助会接纳为会员。在有些社区,互助会已经扎根于人们的经济和社会生活,以至于被互助会排斥在外被认为是严厉的剥夺权利"。

违约发生的形式按照不同划分维度可以分成以下几种情况。首先,按照发生时间,违约可分为两种情形:与会者在得会后脱离这个互助会并在轮次结束之前不再按照会单规定的数额交纳会金;与会者在还没有按照会单规定的数额交纳会金之前,由于对他自己的得会轮次不满而脱离互助会。第一类承诺问题在得会次序较靠前的与会人员中较严重,尤其是第一个得会者;第二类承诺问题在得会次序较靠后的与会人员中较严重,尤其是最后一个得会者。其次,按照违约意图也可分为两种:恶意违约与被迫违约。前者是指互助会成员在有支付能力的情况下逃避责任;后者是指互助会成员确实没有支付能力而不得不违约。而对没有遵守承诺的与会者有两种惩罚的方式:一是违约者(及其亲属)将被排斥于现在和未来的任何互助会的形式之外;二是违约者(及其亲属)将会受到一系列社会制裁(social sanction),包括背上负面的声誉、财产被破坏、失去工作,等等。

Besley 等(1993)考虑了单期互助会的稳定性问题:在随机互助会下,只要第一个得到共同基金的成员愿意履约,其他的成员都会继续留在互助会里,因为前者的违约收益最高(这里只考虑履约意愿,而不考虑履约能力)。第一个得到资金的成员的履约意愿取决于违约收益与违约成本的对比;只要违约成本足够高,成员就会选择履约,互助会也就能够持续下去。违约收益取决于互助会的成员人数和会费水平。在成员人数给定的情况下,只有降低会费水平,或者延长会期,第一个得到资金的成员的违约收益才会降低,互助会才可能持续下去;而在会费给定的情况下,只有减少成员的个数,互助会才可能持续下去。更少的成员人数意味着第一个得到资金的成员享受违约收益的时间被缩短。显然,两者都会降低互助会给成员带来的整体福利,因为最优分配需要服从更多的约束条件。由此我们也可以理解,为什么互助会的规模不能无限扩大。虽然增加成员人数能够增加整体的预期收益,但此时违约收益也会增加,并可能超过违约成本,于是互助会将无法持续下去。

Anderson 等(2003)研究了互助会的制度结构与违约行为之间的关系。他们运用重复博弈模型对轮会和标会的分析表明,仅仅被互助会排斥于外的机制不是一个防止违约的有效工具。而社会制裁在防止参会人员违约方面起了一定的作用。如果没有社会制裁,互助会将不是可持续的(sustainable);即使将来参加互助会的资格会被剥夺,第一个得到共同基金的成员也总是会选择违约。这一点表明了社会制裁对于互助会运行具有非常重要的意义。

Anderson等证明,如果加入互助会的所得利息高于他们自己进行储蓄的收入,在不存在社会制裁而仅仅被互助会排斥于外时,互助会是不可持续的,第一个得会者的最优选择是得会后马上脱离互助会,不交纳以后各轮的会金,并自己进行储蓄。这是因为第一个得会者至少可以通过自己进行储蓄来复制他将来加入别的互助会所能得到的最好结果。因此,仅仅被互助会排斥在外的机制不是一个防止违约的有效工具。最后一个得会者的事前违约问题没有第一个得会者的事后违约问题严重。

以上研究侧重于社会压力、重复博弈的作用,除此之外,独特的机制设计也是互助会能够很好地解决履约问题的关键因素。互助会的监督功能就起到了非常重要的作用。由于与会人员拥有比银行更多的私人信息,所以可进行相对有效的监督。问题是,与会人员是否有激励去相互监督,以降低互助会的违约风险并提高效率。互助会存在监督的激励,有以下三个理由:一是如果某一与会人员违约,其他没有得会的会员将受到损害。二是在某一会员还参与了另一个会时,这个会的倒闭将影响这个会员在另一个会中的行为。这样,一个会的会员有激励监督其他会员所加入的其他会。三是会首是互助会的组织者和牵头人,拥有会员的许多信息,并且免费使用第一笔会金。

一般而言,会首将同时组织多个互助会。在一个互助会结束后,会首又将发起另一个会。因此,他有激励监督互助会,以确保它的顺利进行。会首拥有私人信息。如果个体入会决策是基于他对会首的信任,而不是基于他对整个互助会(包括会首和会员)的了解,那么由此产生的一个问题是,互助会是否存在这样的机制,使得会首诚实地披露他拥有的信息,而不是通过披露虚假的信息,以影响个体的决策。或者说,在互助会中可以建立怎样的机制,以确保会首诚实地披露信息。

Van der Brink(1997)列出了互助会的一些风险控制措施,包括事前风险控制,如选择较有声望的人担任会头,谨慎筛选成员,将高风险成员安排在后面等;事后风险控制,如处理问题银行和缓解社会压力等。这些机制使互助会的违约率控制在较低的水平。一般的,成员之间接触的频率越高,则风险也越低,但因频繁接触付出的成本也越高,这是对风险事后的防范。除此之外,由于互助会具有信息优势,因此一般认为它能在很大程度上解决正规金融市场中所面临的信息不对称问题,防止逆向选择和道德风险的出现。

Handa 和 Kirton(1999)在对牙买加互助会的分析中发现,会头对互助会的影响不容忽视。样本中会头一般年纪较大,比较富裕,且拥有较多的互助会组织经验。计量分析证明,成员对会头的报酬支付与互助会的持续能力显著正相关。此外,当资产专用性较高时,成员与会头之间的合约安排就更加灵活。因此,会头具有较强的激励去筛选和监督成员。由此可见,互助会借助于社会压力、重复博弈和精巧的制度安排,较好地解决了履约问题。

尽管如此,在浙南地区,互助会频繁地发生违约和倒会,并在 20 世纪 80 年代末和 2000 年发生了抬会和非正规金融危机。这可能是因为,在投资性的会的网络下,任意一个与会者在投资中受到一定程度的随机冲击,就会演变为投机性的会(抬会)并可能导致区域的金融风暴和金融危机。联系到以上讨论的各种观点,我们很难在现有的理论框架下理解倒会、抬会和金融恐慌。

第四节 本章小结

本文初步讨论了有关互助会现有研究成果和存在的问题。我们强调研究互助会的意义,在于试图说明,被正式的金融体系排斥在外的经济个体能通过某种类型的互助会融资增进社会福利或绩效。另外,即使经济个体能在不同的融资方式(包括官方正式的金融体系)中进行选择,标会仍然有其存在的价值。这是因为通过互助会,人们能够利用银行得不到的信息,以增加投资成功的机会。当然,在对互助会的研究中,仍然存在一些需要进一步研究的问题。

参考文献

[1] Anderson, S. et al. Sustainability and organizational design in informal groups: Some evidence from Kenyan Roscas[R]. Working Paper, 2003.

[2] Ardener, S. The comparative study of rotating credit associations[J]. Journal of the Royal Anthropological Institute, 1964, 94(2): 201-229.

[3] Besley, T., Coate, S. and Loury, G. The economics of rotating savings and credit associations[J]. American Economic Review, 1993, 83(4): 792-810.

[4] Besley, T., Coate, S. and Loury, G. Rotating savings and credit associations, credit markets and efficiency[J]. Review of Economic Studies, 1994, 61(4): 701-719.

[5] Besley, T. and Levenson, A. The role of informal finance in household capital accumulation: Evidence from Taiwan[J]. Economic Journal, 1996, 106(434): 39-59.

[6] Calomiris, C. and Rajaraman, I. The role of ROSCAs: Lumpy durables or event insurance? [J]. Journal of Development Economics, 1998, 56(1):

207-216.

[7] Geetz,C. The rotating credit association:A middle rung in development[J]. Economic Development and Culture Change,1962,10(3):241-263.

[8] Handa, S. and Kirton,C. The economics of rotating savings and credit associations:Evidence from the Jamaican "Partner"[J]. Journal of Development Economics,1999,60(1):173-194.

[9] Kovsted, J. and Lyk-Jensen, P. Rotating savings and credit associations: The choice between random and bidding allocation of funds[J]. Journal of Development Economics,1999,60(1):143-172.

[10] Kuo , P. Loans , bidding strategies and equilibrium in the discount-bid rotating credit association[J]. Academia Economic Papers,1993,21: 261-303.

[11] Van den Brink, R. and Chavas, J. The microeconomics of an indigenous African institution:The rotating savings and credit association [J]. Economic Development and Cultural Change,1997,45(4):745-772.

[12] 柯荣柱. 作为保险机制的互助会:标会、摇会及其效率比较完全和不完全市场[J]. 中国社会科学评论,2003(2):308—349.

第五章　会首质量、互助会的倒会风险、得会价格折价与规模[①]

第一节　引　言

互助会,也称为轮转储蓄和信用互助协会(Rotating Savings and Credit Associations,简称 Rosacs),一般由发起人(会首)邀请若干人(会员或会脚)参加,约定时间按期聚会,每期都有一个会员得会,其他与会者缴纳一定数量的会金,交由该轮得会者使用借以互助(会首首先使用第一轮会金,以后按次序轮流交由会员使用)。[②] 在第一次聚会时,确定以下事项:参加互助会的总人数,亦即规模;如何确定会员得会的次序;如何处理事先已经得过会的会首和会员在以后的某轮次聚会中不按规定缴纳会金的违约事件。

按照确定会员得会次序的机制,可将互助会分为两类:轮会和标会。在刚成立时,就确定了会员得会次序的互助会就称为轮会。标会是指,在每一轮聚会时,由没有得过会的会员通过投标确定他们将获得的会金额度,出价最低者胜出,成为这一轮的得会者,并获得该轮的会金。会金的来源由两部分组成:已经得过会的会首与会员按照会单规定的额度缴纳会金,其余的没有得过会的会员按照本轮次竞标的最低额度金额缴纳会金。

[①]　本章内容发表在《新政治经济学评论》2009 年第 11 期,作者:潘士远、罗德明、杨奔。

[②]　互助会的历史悠久,遍布世界各国,是发展中国家和移民社区的一种重要的非正规金融制度。其在印度叫 chit,在嘎那叫 susu,在喀麦隆叫 njangis,在斯里兰卡叫 cheetu,在玻利维亚叫 pasankus(参见 Besley et al.,1993)。在我国浙江、福建、广东等地,互助会被统称为聚会。聚会的形式很多,包括标会、轮会、摇会、卖会、啃会、排会、压会、票会、押会、转会、摸会、台会、地下钱庄等(李元华,2002)。

在互助会中,有关会首的制度安排可能是非常重要的。会首是互助会的召集人,他可以不通过竞标,免费或者以较小的代价优先获得第一笔会金;同时,在互助会后续的各轮聚会中,一旦某个前面各轮次中已经得过会的会员违约不缴纳会金,会首有责任代替这个违约的会员缴纳会金,将违约会员的债务责任转移给自己。因此,会首的特征应该是解释互助会的倒会风险、得会价格折价及规模等的重要变量。

本研究试图构建互助会建立与运作的结构模型,研究在给定有关会首的制度安排下,会首特征、投资风险等对互助会的倒会风险、相同轮次的得会价格折价及规模等的影响。在此基础上,我们利用温州市平阳县 1999 年 6—10 月发生的大规模倒会与局部民间金融危机的会案中收集到的互助会数据对上述模型进行经验检验。这些数据是我们从温州市平阳县清理会案工作组收集的 10000 余份会单中随机抽取的。就我们所了解的互助会文献来看,从理论和经验角度来研究会首特征对互助会的影响,本研究具有创新意义。

本研究的结构安排如下:接下来的第二节讨论有关研究互助会与相关民间金融的理论与经验文献。第三节提出一个互助会建立与运作的结构模型并讨论这一模型的理论性质。第四节讨论这一理论模型的经验研究含义,并给出估计策略。第五节说明经验研究数据来源及其背景,变量定义及其统计特征,变量之间关系的初步数据描述。第六节阐述经验研究结果,讨论这些经验结果与理论之间的关系,并试图给出解释。第七节,总结研究结果,并指出进一步研究的方向。

第二节 文献综述

在发展中国家中,互助会是民间金融的一种重要信用形式,扮演着重要的角色,[①]因此引起了社会学家、经济学家等的广泛关注。社会学家主要从互助、社会交往、文化整合等功能的角度考察互助会。[②] 经济学家则注重考察互助会赖以存在的原因及其运行机制和作用。

---

① 民间金融泛指个体、家庭、企业之间通过绕开官方正式的金融体系而直接进行金融交易活动的行为。其具体的表现形式有民间借贷、民间互助会、储蓄互助社、地下钱庄、租赁公司、地下投资公司等。这些民间金融借贷行为往往是非法的,因此通常也被称为"地下金融"。

② Ardener (1964)被认为是一篇研究互助会的介绍性文献。Besley 等(1993)的注 2 介绍了西方学者对互助会的非形式化的研究。最近的文献有 Anderson 和 Baland (1999),Gugerty (2000),Handa 和 Kirton (1999),Besley 和 Levenson (1996)等。

与本文密切相关的是有关研究互助会的理论文献。Besley 等（1992，1993，1994）考察了消费型互助会的存在性问题（在下文中，我们简称这一模型为 B-C-L 模型）。① 当某群人必须购买不可分割的耐用消费品，且不能从外部市场获得资金时，如果他们将全部存款轮流给其中一人使用，那么这一群人往往能够实现耐用品的消费。因此，任何形式的轮会都会提高社会福利。这是互助会的联合储蓄（joint savings）功能，也是其存在的一个主要原因。互助会能够成功运作的必要条件是，在以后的各期聚会中，已经得过会的会员能够按照会单支付他承诺的会金。在 Besley 等看来，社会关系网络可以确保会员遵守其承诺。Besley 和 Levenson（1996）研究了台湾的消费型互助会与耐用品消费之间的关系。他们的经验研究表明，具有较高储蓄倾向的个体也能从互助会中获益。他们的研究在经验层面上支持了 B-C-L 模型的有关结论。

B-C-L 模型有三个基本假设：与会者不能从外部市场获得资金，有相同的风险回避，且贴现率等于零；与会者通过互助会筹集的资金额为常数，且刚好等于耐用消费品的价格；与会者之间的信息是完全的，因而不存在策略性行为。这三个基本假设受到了一些经济学家的质疑。Kuo（1993）修改了 B-C-L 模型中贴现率等于零的假设，用竞价拍卖模型来研究与会者的竞价策略行为及其均衡，试图解释得会次序的经济含义。在他看来，得会次序是竞价拍卖的结果，而竞价拍卖是有效配置资源的一种方式。Kuo 文的主要缺陷是，个体既不能把他的出价建立在当前的拍卖结果之上，也不能基于过去行为来更新他们的未来信念（Kovster and Lyk-Jenson，1999）。另外，在个人贴现率信息不对称假设下，Kuo 文的研究结论表明，在成立互助会时拍卖与在每轮聚会时拍卖的结果相同；拍卖的均衡价格随着轮次递减。可是，拍卖的均衡价格随着轮次递减与经验事实不符，例如 Calomiris 和 Rajarman（1998）的标会例子表明标价具有很大的随机性。在他们看来，会员在开标之间的收入信息是一个影响标价的重要因素。因为在每一轮开标之间会员的收入是随机波动的，所以得会的价格在每轮标会中也是随机波动的。

与 Kuo（1993）不同，柯荣住（2003）认为，把个人贴现率作为私人信息可能并不合适，对于在一定程度上已经商业化的社会（例如浙南、苏南、粤南和台湾地区），可以成为私人信息的可能是人们对风险的估计和忍受程度、发生的灾难和可能发生的一笔资金需求，以及对因此导致的实际损失的评估。② 在此基础上，柯荣住（2003）发展了完全借贷市场下的标会模型，并探讨了不完全

---

① 会员将会金用于一次性大额消费，如建造房屋、婚丧嫁娶或购买耐用消费品。

② Klonner（2002a，2002b，2003）也讨论了相似的问题，详细内容请参阅原文。

借贷市场下标会机制的有效性。文章的基本结论表明,人们在标会时存在着低标的倾向,出价将低于是否中标无差异时的标价。在这种标价策略下,即使外部的借贷市场是完全的,从保险的角度看,互助会仍然是有效率的。

研究互助会可持续性问题的文献也与本研究有关。在许多经济学家看来,人们可以利用局部的信息和强制实施契约的方法来确保与会者遵守他的承诺,在已经得过会后,仍然有激励缴纳会金,从而保证互助会是可持续的。对没有遵守承诺的与会者的惩罚有两种方式:违约者(及其亲属)将被当前及未来的任何互助会排斥于外;违约者(及其亲属)将受到一系列社会制裁,包括背上坏的声誉、失去工作、财产被损坏等。在 Besley 等看来,"互助会应用已经存在于个体之间的社会联系,来解决不完全信息和强制实施问题"(Besley et al. ,1993)。Handa 和 Kirton(1999)也指出,"互助会成功的关键是社会担保以确保互助会的可持续性"。违约者不仅被他所在的社会惩罚,而且他本人及其亲属也可能被排除在互助会之外。Ardener(1964)观察到,"在一个互助会里,违约的人将肯定不会被其他任何互助会接纳为会员。在有些社区,互助会已经扎根于人们的经济和社会生活,以至于被互助会排斥在外被认为是被严厉地剥夺权利"。

一般而言,互助会中存在两种承诺问题:与会者在得会后脱离这个互助会并在随后的所有轮次结束之前不再按照会单规定的数额交纳会金;与会者在得会前由于对他自己的得会轮次不满而脱离互助会。第一类承诺问题在得会较前的与会人员中较严重,尤其是第一个得会者;第二类承诺问题在得会较后的与会人员中较严重,尤其是最后一个得会者。

Anderson 等(2003)研究了摇会和轮会中的违约问题。他们证明,如果加入互助会的所得利息高于与会者自己进行储蓄的利息收入,在不存在其他社会制裁而仅仅被互助会排斥于外时,互助会是不可持续的。第一个得会者选择脱离互助会,自己进行储蓄,并不缴纳以后各轮的会金,然后通过自己进行储蓄,是他的最优选择。因此,仅仅被互助会排斥在外,并不能有效防止违约。引入互助会会员费制度,也不能解决违约问题。这是因为,最高的会费不能超过入会的预期收益,从而只能防止中间会员违约,而不能防止第一个得会者违约。社会制裁在防止与会人员违约方面起了一定的作用。如果社会制裁足够严厉,它能防止第一个得会者,也能防止最后一个得会者的违约。

这里需要着重指出的是,对于解决与会会员的违约问题来说,有关会首的制度安排可能是非常重要的。会首是互助会的召集人、组织者和牵头人,拥有会员的许多信息。另外,在互助会后续的各轮聚会中一旦出现某个已经得过会的会员违约不缴纳会金,他有责任承担这个违约会员必须缴纳的会金。因此,他有激励监督互助会,以确保它的顺利进行。[①] Handa 和 Kirton (1999)第一次从经验上证明,有关会首的制度安排确实是降低交易成本的治理结构,而且能对提高互助会的可持续性施加有力的影响。

第三节 理论假设与结构模型

假设在某个地区,潜在的投资者,或者潜在的参加互助会的会员数量为 N。考虑第 i 个会首召集互助会,并且在第一次聚会时,确定以下事项:

(1)参加互助会的总人数,亦即规模 n_i。

(2)互助会如何处理已经得过会的会首和会员在以后的某轮次聚会中不能按规定缴纳会金的违约事件。在互助会后续的各轮聚会中一旦出现某个已经得过会的会员违约不缴纳会金,会首有责任承担那些违约的已经得过会的会员必须缴纳的会金,将他们的债务责任转移给自己,以确保互助会能够持续下去。

(3)确定从第二轮聚会开始,已经得过会的与会者(包括会首)在每轮聚会时支付给这一轮得会的会员一定数额的资金,亦即会金,记为 v_i。另外,在第一轮聚会,每个与会者按照规定缴纳一定数额的会金(一般不大于 v_i)由召集该互助会的会首使用。

(4)决定会员得会次序的机制。本研究考虑被多数"标会"所采用的第一价格密封拍卖的定价机制,并假设这一机制是有效率的。

在成立了互助会后,从第二轮聚会开始,在每轮聚会前,与会者获得某种投资机会。一种典型的投资机会是,与会者拥有一个小企业,该企业在这一轮互助会开始前受到某种随机冲击:只有当该企业能筹集到一笔资金投入企业运营,企业将产生较高的收益,否则,企业将产生较低的收益,甚至是负收益。此时,只有那些没有得过会的与会者有机会在这一轮的聚会中通过竞标获得资金用于投资。第一价格密封拍卖的有效性假设表明,未来投资回报最高的没有得过会的与会者获得这一轮聚会所筹集会金。这时,通过竞标确定的每个尚未得过会的会员向当期得会者支付的会金为 v_{it},其中,t 表示第 t 轮次。因为 v_i 是已得会会员向当期得会者的支付金额,也是当期得会者在以后向每

---

① Stiglitz(1990)首次研究了团体参与者相互监督(peer monitoring)问题。Banerjee 等(1994)应用团体参与者相互监督这个观念讨论了信用合作社(credit cooperative)内部的会员间监督问题。

期得会者的支付金额,所以我们用 $y_{it} = v_{it}/v_i$ 表示互助会 i 在第 t 轮聚会时通过竞标产生的得会价格折价。

因此,本研究考虑的互助会服从以下时间次序:

在 $t=0$,会首召集互助会。

在 $t=1$,潜在会员决定是否参加这个会首召集的互助会。如果他决定参加,就必须向会首缴纳第一笔会金,供会首免费使用。

在 $t=2$ 及其以后,通过第一价格密封拍卖竞标确定某个会员得会。每一轮的聚会过程如下:会首和会员走进一个房间,得过会的会员进门时向会首缴纳会金 v_i。如果存在某个会员决定不缴纳会金,会首决定是否愿意代替这个违约会员支付。如果他不代替违约会员支付会金,或者他自己决定违约不支付会金,那么这一互助会不能持续下去而倒会。如果他能够收齐所有得过会的会员必须缴纳的会金,那么,这一轮聚会中以前从没得过会的会员按照第一价格密封拍卖机制进行竞标,由出价最低的竞标者得会。会首按照竞标价格继续收缴未得过会的会员的会金,支付给本轮次竞标得会会员。

现在,我们来讨论影响倒会预期的因素。每轮聚会时,首先,会首或者会员决定是否缴纳会金。其次,当某些会员不缴纳会金时,会首决定是否实施其承诺,向违约会员提供贷款缴纳会金。按照规定,已经得过会的会首与会员应该缴纳会金。但是,已经得过会的会首与会员可能会违约。这有两种可能性:已经得过会的会员可能在投资中失利,确实没有足够的资金缴纳会金;会员有足够的资金缴纳会金,但由于信息不对称性及其产生的机会主义行为,他策略性地选择违约。① 因此,倒会预期与会首实现其"最后贷款人"承诺的概率、与会会员违约的概率有关。

会首实现其"最后贷款人"承诺的概率取决于会首质量,即持续稳定的财富和企业业绩、良好的经营互助会业绩等。持续稳定的财富和企业业绩,是在召集互助会时传递给潜在会员的、会首能够担负起"最后贷款人"的重要信号。良好的经营互助会业绩,包括会员违约率低、一旦出现会员违约时会首担负起"最后贷款人"的概率较高,会首自己不缴纳会金从而违约的概率较低。良好

---

① 存在以下三种机制解决策略性违约问题:第一种机制是社会制约与惩罚机制,作为一种外生的机制,没有遵守承诺的与会者及其亲属将被当前及未来的任何互助会排斥于外,也将受到一系列社会制裁,包括背上坏的声誉、失去工作、财产被损坏等。第二种机制是互助会会员之间的监督,没有得过会的会员有激励利用可以获得的信息监督已经得过会的会首和会员。第三种机制,也是本文特别强调的机制,是会首监督及其相应的制度安排。为了降低其他得过会的会员的违约风险,从而减少其承担"最后贷款人"的概率,会首有激励利用其专家身份和社会地位进行监督。并且,一旦发生会员违约事件,会首也有激励承担其"最后贷款人"的承诺。

的经营互助会业绩作为一种声誉机制，是在潜在会员不能很好地了解会首的持续稳定的财富与稳定的企业业绩这些信息时，决定会首能否成功召集当前的互助会的重要因素。

互助会规模是影响违约与倒会预期的重要因素。给定与会人员在投资过程中受到的外部随机冲击是独立分布的，互助会规模越大，轮次越多，已经得过会的会员越多，在某一轮次的聚会中，至少一个已经得过会的会员受到负的随机冲击的概率也就越大，从而这一轮次聚会的违约风险越高。互助会规模也通过未来各轮次聚会的违约风险间接影响当前轮次的违约风险。给定互助会的某一得会轮次（例如，互助会 i 的第 t 期聚会），未来各期的违约风险越大，当前这一期聚会的违约与倒会风险也越大。

外部的倒会信息将影响该互助会下一期聚会的违约与倒会预期。第一种倒会信息是，其他会首组织的所有互助会出现的违约与倒会。例如，某个其他的会首召集或参加了很多个互助会，并且这些互助会运作还没有正常结束，由于这个会首出现流动性冲击，于是在某个轮次聚会中违约从而倒会。这时他组织的所有互助会可能在最近轮次的聚会中相继倒会，并且他作为会员参加的互助会也会受到冲击。这时，即使与这个会首组织的互助会没有任何直接联系，其他会首组织的现在正常运行的互助会的会员在本轮次聚会中，也将提高其对他所参与互助会的违约与倒会预期。第二种倒会信息是，该互助会的会首在他所组织的其他互助会中违约从而倒会，或者在他作为会员参加的其他互助会中违约。这些信息表明，会首所在互助会更有可能在下一轮聚会中，因为会首资金链出现问题而倒会。会首不承担"最后贷款人"的责任，或直接不缴纳会金，他所组织的其他互助会倒会的最近或过去的记录，将直接影响当前正在运行的互助会会员对该互助会可持续性的预期。

总结上述分析，可以将互助会 i 在第 t 轮聚会时形成的对第 $t+1$ 轮聚会倒会预期表达成以下函数

$$d_{i,t}=d(d_{m_{i,t}},d_{l_{i,t}})=d(n_i,E_{i,t},E_{l_{i,t}},q_i,z) \tag{5.1}$$

其中，$d_{m_{i,t}}$ 表示在 t 时期预期在第 $t+1$ 轮聚会时，由于互助会 i 的会员违约，并且该会会首拒绝实施其"最后贷款人"承诺的概率；$d_{l_{i,t}}$ 表示预期的在第 $t+1$ 轮聚会时会首拒绝缴纳会金的概率；n_i 表示互助会 i 的规模；$E_{i,t}$ 表示在互助会 i 的第 t 轮聚会时，由于其他会首组织的互助会违约而产生的、对在第 $t+1$ 轮聚会时外生违约预期；$E_{l_{i,t}}$ 表示在第 t 轮聚会时，由于互助会 i 的会首在最近轮次的其他互助会作为会员违约或者作为会首违约而产生的、对在第 $t+1$ 轮聚会时外生违约预期；q_i 表示会首质量；z 表示其他因素（包括其他会首质量，外生制度等）。我们将上面讨论的结果总结为以下理论假设。

假设 1(倒会风险预期假设):给定其他条件不变,倒会风险预期是互助会规模的增函数,是外生违约预期的增函数,是会首质量的减函数。

接下来,我们讨论价格折价 $y_{i,t}$ 的决定因素。按照经典的拍卖理论,给定其他条件,参与拍卖的人数越多,拍卖价格 $v_{i,t}$ 相对 v_i 越低,亦即,得会价格折价越低。[1] 所以,当给定其他条件不变时,第一个会员的得会价格折价是会员规模 n_i 的减函数。同理,在第 t 轮聚会中,互助会规模越大,没有得过会的会员越多,中标价格折扣越小,也就是说,中标价格折价 $y_{i,t}$ 也是会员规模 n_i 的减函数。另外,给定没有得过会的会员数量相同,当其他条件不变时,互助会规模越大,已经得过会的会员越多,至少一个已经得过会的与会者违约的概率越大,得会价格折价越低。

显然,违约与倒会风险预期影响中标价格折价。预期的违约与倒会概率越高,本期的得会报价相对 v_i 越低,即报价折价越低。另外,当前发生的倒会信息不仅通过影响违约预期间接影响,而且也可能直接影响下一期的得会报价折价。类似地,会首质量信息不仅通过影响违约预期间接影响,而且也可能直接影响下一期的得会报价折价。

我们将上述讨论的结果写成以下表达式:

$$y_{i,t} = f(n_i, d_{i,t}, E_{I,t}, E_{I_i}, q_i, z) \tag{5.2}$$

并且将上述讨论的结果总结为假设 2。

假设 2(报价策略假设):给定其他条件不变,得会价格折价是互助会规模的减函数,是违约预期的减函数,是外生违约预期的减函数,是会首质量的增函数。

下面考虑潜在会员决定是否接受某个正在召集互助会的会首发出的邀请,参加其召集的互助会。当给定潜在会员在未来可能获得的投资机会和互助会规定缴纳的会金时,本研究讨论潜在会员同时考虑决定是否加入。[2] 显然,潜在会员在 $t=1$ 期加入这个互助会的概率是该会员参与互助会预期可以筹集到的资金额度的增函数。而预期可以筹集到的资金额度受以下因素影响:会首质量、倒会风险和得会报价折价。如果某高质量会首在以前组织过互助会,且他组织的互助会股数比较多或规模比较大,那么当其他条件不变时,参与该会首召集的互助会,预期可以筹集到的资金额度比较大。显然,给定其他条件、预期可以筹集到的资金额度是倒会风险的减函数,是得会报价折价的

---

[1] 参见 Krishna(2009)对第一价格密封拍卖机制及其有效性的讨论。

[2] 会首发出参加互助会的邀请。潜在会员一般不是序贯地,而是同时地依某一概率决定是否加入这一互助会。

增函数,是会首质量的减函数。

因此,给定潜在会员数量不变,互助会预期规模是预期倒会风险的减函数,是预期得会报价折价的增函数,是会首质量的增函数。我们将这一关系表达成如下公式,并总结成假设3:

$$n_i = n(d_{i,t}, y_{i,t}, E_{i,t}, q_i, z) \qquad (5.3)$$

假设3(互助会规模假设):给定其他条件不变,互助会规模是预期得会价格折价的增函数,是违约预期的减函数,是外生违约预期的减函数,是会首质量的增函数。

第四节 经验模型及其估计策略

假设1至假设3给出了互助会围绕互助会特征与会首质量特征的结构模型。本节将讨论这一结构模型的估计策略。值得注意的是,与以前的关于互助会的经验研究文献不同,我们注重讨论会首的价值。因此,在经验研究中,我们不讨论同一互助会不同轮次聚会的得会价格(折价)差异及其原因,而是讨论在相同轮次聚会(例如,简单地考虑第一个会员得会轮次或者第二次聚会),由于会首不同而产生的倒会概率、得会价格折价差异,亦即互助会规模差异。

在我们的样本中,我们不能够观察会首的财富、企业业绩、互助会管理等指标,而只能观察或构造动态的互助会组建、经营互助会业绩这些指标。因此,在下面的经验研究中,我们主要采用动态的互助会组建、经营互助会业绩这些指标。按照假设1至假设3给出的理论,我们可以获得如下由三个线性方程构成的线性结构模型。

$$d_{i,t} = a_1 n_{i,t} + a_0 + a_2 E_{i,t} + a_3 q_i + a_4 z + \varepsilon_d \qquad (5.4)$$

$$y_{i,t} = b_1 n_{i,t} + b_2 d_{i,t} + b_0 + b_3 E_{i,t} + b_4 q_i + b_5 z + \varepsilon_y \qquad (5.5)$$

$$n_{i,t} = c_1 d_{i,t} + c_2 y_{i,t} + c_0 + c_3 E_{i,t} + c_4 q_i + c_5 z + \varepsilon_n \qquad (5.6)$$

其中,式(5.4)、(5.5)、(5.6)分别是式(5.1)、(5.2)、(5.3)的线性模型表示。依据假设1可知,$a_1 > 0, a_2 > 0, a_3 < 0$;依据假设2可知,$b_1 < 0, b_2 < 0, b_3 < 0, b_4 > 0$;依据假设3可知,$c_1 < 0, c_2 > 0, c_3 < 0, c_4 > 0$。

我们将式(5.4)、(5.5)、(5.6)改写成矩阵形式:

$$Y = AY + BX + \varepsilon \qquad (5.7)$$

其中,$Y = (d_{i,t}, y_{i,t}, n_{i,t})$是内生变量向量,$X = (E_{i,t}, q_i, z)$是外生变量向量,$A$和$B$是由式(5.4)、(5.5)、(5.6)决定的待估计系数矩阵。我们将式(5.7)简化成:

$$Y = HX + \eta \qquad (5.8)$$

其中，$H = (I-A)^{-1}B$，$\eta = (I-A)^{-1}\varepsilon$，$I$ 表示单位矩阵。记式(5.8)中内生变量 $d_{i,t}$ 与外生违约预期和会首质量对应的参数分别为 h_{11} 和 h_{12}。如果假设 1 成立，亦即，倒会风险预期是外生违约预期的增函数，是会首质量的减函数，那么 $h_{11} > 0$，$h_{12} < 0$。记式(5.8)中内生变量 $y_{i,t}$ 与外生违约预期和会首质量对应的参数分别为 h_{21} 和 h_{22}。如果假设 2 成立，亦即，得会价格折价是外生违约预期的减函数，是会首质量的增函数，那么，$h_{21} < 0$，$h_{22} > 0$。记式(5.6)中内生变量 $n_{i,t}$ 与外生违约预期和会首质量对应的参数分别为 h_{31} 和 h_{32}。如果假设 3 成立，亦即，互助会规模是外生违约预期的减函数，是会首质量的增函数，那么，$h_{31} < 0$，$h_{32} > 0$。

像式(5.7)这样的联立方程组往往是不可识别的，因此，本文的经验研究试图采用的估计策略是，一方面直接对由式(5.8)表示的简化形式进行估计；另一方面，利用三阶段最小二乘法，对式(5.7)进行联立方程组估计。第六节将给出并分析这些经验结果。

第五节　数据来源与变量指标特征

一、经验研究背景与数据来源

在 20 世纪七八十年代，浙江省温州市平阳县水头镇的居民在盖新房、娶媳妇、做生意时，通常通过互助会筹集资金。到了 90 年代，参加互助会更成为水头镇民间融资活动的主要方式。"商人经商用到会，农民致富想到会，妇女下厨谈到会，急事急办急到会，缓事缓办积累会。"[①]1999 年夏天，以大会首雷雪平(已判刑)为代表的互助会倒会为导火线，互助会大范围内倒会，在水头镇形成民间金融危机。随后，根据平阳县县委、县政府的部署与要求，平阳县清理会案工作组于 1999 年 10 月 31 日进驻水头镇，协助水头镇政府开展清会工作。根据该工作组两个月后的初步清理和汇总统计，水头会案的互助会总数在 10000 个以上，会款发生总额约为 15 亿元，其中当时已经登记的互助会达 7000 多个。这已经登记的 7000 多个互助会中，在溪心办事处登记的互助会就有 2000 多个，涉会人数有 6000 多人。在 12 个居民区和 4 个办事处登记的会首 2300 人，互助会 5000 多个，约占全镇登记的互助会总数的 50% 左右。一

---

① 转引至《水头会案处理工作汇报》。

个会参加人数最多的为 156 人，一个会一次聚集的会金最多的为 215 万元。

　　本研究使用的数据，是来自平阳县水头镇 1999 年倒会危机时清会办收集的这 10000 余份会单中随机抽取的 506 份。每份会单给出了会首、创会日期、参与人数与姓名、得会者在以后各期须支付的金额、每期得会者的竞价价格、倒会日期等。

二、互助会的基本特征描述

　　图 5-1 表明，互助会主要是在 1996 年 1 月至 1998 年 12 月这两年中建立。这段时间里所建立互助会数量占样本比例的 88.1%。在 1999 年 6 月之前，每个月倒会发生的次数非常平稳，倒会次数占样本比例的 36.9%。也就是说，本文在考察 1999 年 6 月之前的互助会各轮次得会者的报价折价时可以这样假设，互助会的参与者在作报价决策时，将未来每期聚会出现倒会的可能性这一随机事件考虑在内，并且可以将这一随机事件设定为平稳随机过程。这与经典的文献假设不同。经典文献一直认为，互助会确实不会出现倒会，从而可持续性不是研究的焦点。

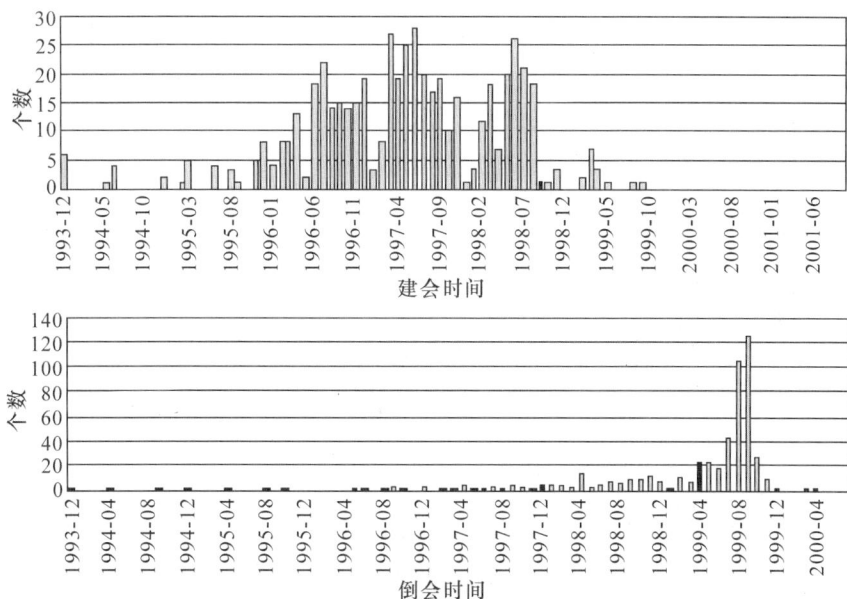

图 5-1　样本的建会时间与倒会时间的频率分布

　　更令人感兴趣的是，在 1999 年 6 月以后的 3 个月中，水头镇的互助会运作出现了完全不同的特征：在这 3 个月中，互助会大规模爆发倒会危机，值得提及的是，我们的经验研究考察上述样本在 1999 年 6 月之前还没有出现大规模倒会时,这些互助会表现的经验特征。我们将在另文讨论大规模倒会问题。

图 5-2 给出了互助会的规模分布:互助会股数主要分布在 20～80 股之间,共有 480 个,占样本总数的 94.9%。其中,在 20～40 股之间的互助会有 207 个,占样本总数的 40.9%;在 41～60 股的互助会有 144 个,占样本总数的 28.5%;在 61～80 股的互助会有 129 个,占样本总数的 25.5%。

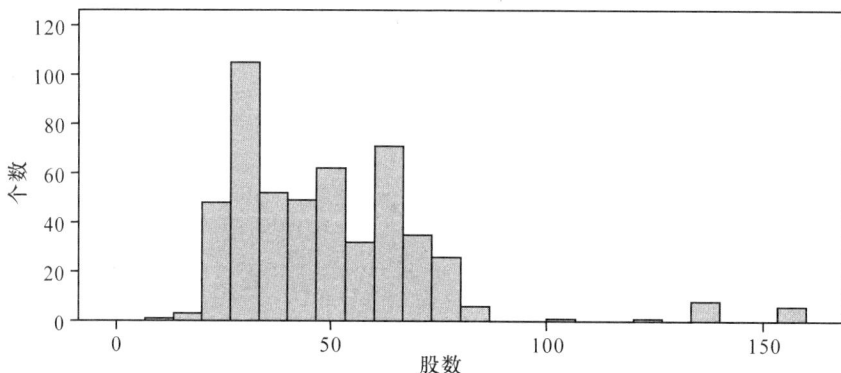

图 5-2　互助会的股数(规模)分布

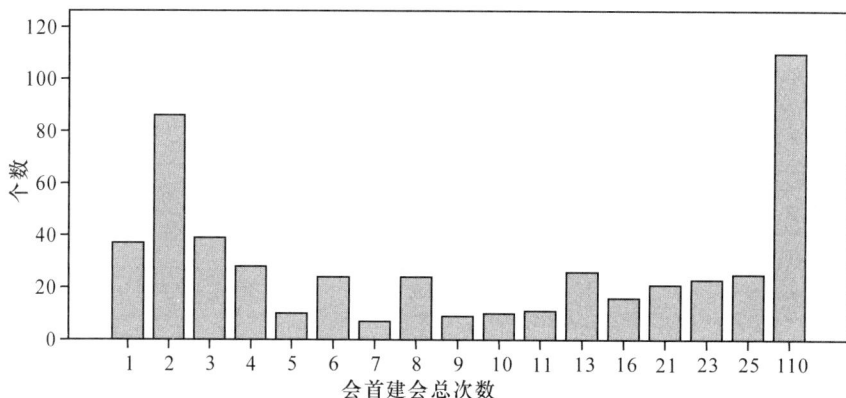

图 5-3　互助会会首建会总次数的分布

图 5-3 给出了互助会会首建会总次数的分布:共有 37 个互助会的会首只在这一个会里当会首,有 86 个互助会的会首共在两个会里当会首,因此共有 43 个不同的会首是总共在两个会里当会首的。以此类推,有一个会首同时在 110 个会里当会首。

如果按照会首召集互助会的次数对会首进行分类:召集互助会次数小于 3 个的会首有 80 个,共召集 3～6 个互助会的会首有 25 个,召集 7～11 个互助会的会首有 6 个,召集 16、21、23、25、110 个互助会会首各 1 个。

图 5-4 给出了互助会轮会周期的分布：互助会大部分都是一月标和二月标的互助会，每月聚会一次的互助会数量最多，共 280 次，占 55.3%；其次是每两个月聚会一次的互助会，共 194 次，占 38.3%。其余轮次（包括半个月、三个月、四个月和六个月聚会一次）的互助会数量很少。

图 5-5 给出了互助会建会年份的分布，即对图 5-1 的建会时间分布按年份进一步分类。互助会大都在 1996 年、1997 年和 1998 年建立。其中 1996 年共有 123 个互助会，占 24.3%；1997 年共有 198 个互助会，占 39.1%；1998 年共有 135 个互助会，占 26.7%；其余年份建立的互助会有 50 个，占 9.9%。

表 5-1 给出了互助会的会金（这里指 v_i）分布。会金为 100 元、200 元、300 元和 500 元的会较多，分别占总互助会个数的 6.5%、7.1%、11.9% 和 13.2%；会金为 1000 元的会最多，有 123 个，占 24.3%；会金为 2000 元和 3000 元的会分别有 77 个和 52 个，分别占 15.2% 和 10.3%。

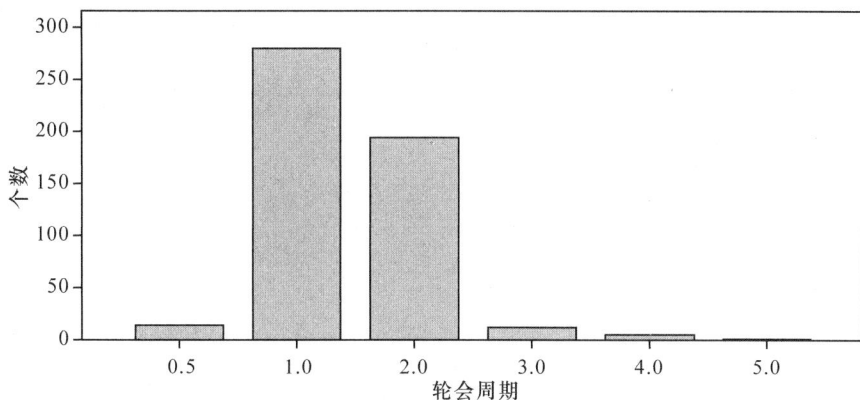

图 5-4　互助会轮会周期的分布

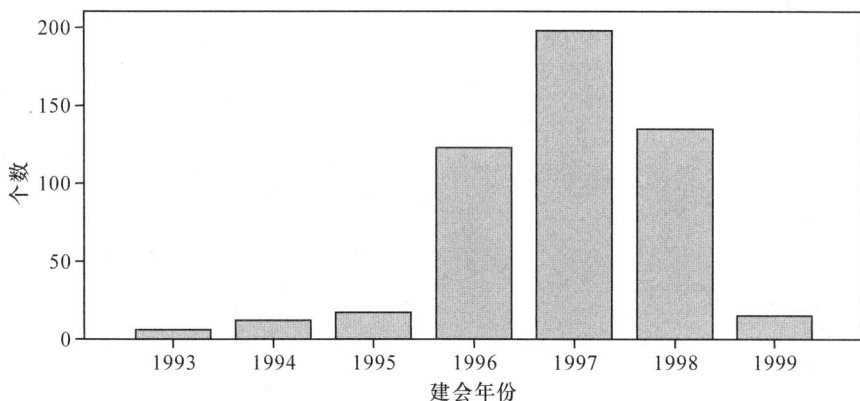

图 5-5　互助会建会年份的分布

表 5-1 互助会会金的分布

会金(百元)	1	2	3	5	6	10	15	20	30	40
数量	33	36	60	67	1	123	2	77	52	1
比例(%)	6.5	7.1	11.9	13.2	0.2	24.3	0.4	15.2	10.3	0.2
会金(百元)	50	100	200	300	320	500	520		3150	
数量	19	14	11	5	2	1	1		1	
比例(%)	3.8	2.8	2.2	1.0	0.4	0.2	0.2		0.2	

三、互助会变量指标的定义与构造

我们讨论在相同轮次聚会(例如,简单地考虑第一个会员得会轮次或者第二次聚会),由于会首不同而产生的得会价格折价差异及其原因。在我们的样本中,我们不能够观察会首的财富、企业业绩等指标,而只能观察或构造动态的互助会组建、经营业绩这些指标。

正如在第三节讨论的,本文试图构建互助会建立与运作的结构模型,并在这个模型框架下讨论,在给定会首的有关制度安排下,违约与倒会风险、相同轮次聚会中得会价格折价、互助会股数或者规模等特征,在互助会之间差异的重要因素。本文用会首年内倒会次数表征倒会风险,并设定倒会风险、相同轮次聚会中得会价格折价、互助会股数或者规模为内生变量。

表 5-2 列出了所有变量指标的定义或者构造方法,以及在特例下的取值。

表 5-2 指标定义

指标名称	定义
股数	参与互助会的成员数量,又称互助会规模
竞价折价	每轮聚会中,没有得过会的会员按照第一价格密封拍卖机制竞标,出价最低者胜出。竞价折价等于得会的出价除以会金(v_i)。本文只有代表性地使用第一个会员的竞价折价
会首年内倒会次数	在某年某月某日,某个会首在召集一个互助会时,根据样本数据,可以统计该会首在建会当年已经倒会的次数。该指标用来度量潜在会员在响应会首召集建会时,可以获得的该会首违约与倒会的信息。如果某会首在某年某月某日召集互助会时,他所建立的互助会在当年还没有出现倒会,那么这个指标等于 0
会首年内建会次数	在某年某月某日,某个会首在召集一个互助会时,根据样本数据,可以统计该会首在建会当年已经召集建会的次数。如果在样本数据中,某会首是在某年第一次召集互助会,那么该指标等于 0

续表

指标名称	定义
会首年前倒会次数	在某年某月某日,某会首在召集一个互助会时,根据样本数据,可以统计该会首在建会当年的以前所有年份中已经倒会的次数。如果在样本数据中,某会首以前年份从来没有出现过倒会,那么该指标等于0
会首年前建会平均股数	等于某会首年前建立的所有互助会的平均股数。如果会首年前建会次数等于0,那么会首年前建会平均股数也等于0
会首年前建会最大股数	等于某会首年前建立的所有互助会中,规模最大的那个互助会的股数。如果会首年前建会次数等于0,那么会首年前建会最大股数也等于0
会首建会平均股数	等于某会首以前所建立的所有互助会的平均股数。如果会首以前所建会次数等于0,那么会首年前建会平均股数也等于0
会首建会最大股数	等于某会首在此之前所建立的所有互助会中,规模最大的那个互助会的股数。如果会首在此之前所建会次数等于0,那么该会首在此之前所建会最大股数也等于0
会首以前总倒会次数	等于会首年内倒会次数与会首年前倒会次数之和
其他会首以前倒会次数	在某年某月某日,某个会首在召集一个互助会时,根据样本数据,可以统计该会首之外的其他会首在当年以及以前各年已经倒会的次数。该指标用来度量潜在会员在响应会首召集建会时,可以获得的其他会首在当年以及以前各年已经违约与倒会的信息。该信息表征了互助会运营中,当地互助会生存的宏观环境
会金	即 v_i。建立互助会时与会成员约定的每人须缴纳的金额。在以后各轮聚会中,已经得过会的会首与会员必须向当前得会会员缴纳规定额度的会金。尚未得过会的会员按照得会竞标价格支付

四、变量指标的初步特征

表5-3列出了这些指标的初步特征。由表中可以看出,样本中互助会的股数分布在11股到160股之间,均值是50股;会金的最大值是315000元,最小值是100元,均值是3100元;竞价折价均值为0.462,最大值达0.967,最小值为0.143;会首建会总次数是指该互助会的会首在所有互助会中做会首的总次数,其均值是31,活动最频繁的会首建立110个会,最少的建1个会;会首年内建会次数如表5-2所述,是指该会首在本年初到建会这一期时期的建会总次数(包括该会本身),会首年前建会次数是指该会首在上年及以前的建会总次数,均值分别为5和11;会首年前建会平均和最大股数是均值分别为31.292和38;会首年内倒会次数和会首年前倒会次数均值均是1;其他会首以前倒会次数均值为32。

表 5-3　与互助会有关各变量的描述性统计

	观察数	均值	标准差	最大值	最小值
股数	506	50	24	160	11
会金（百元）	506	31	150	3150	1
竞价折价	506	0.46	0.10	0.97	0.14
会首建会总次数	506	31	42	110	1
会首年内建会次数	506	5	7	40	1
会首年前建会次数	506	11	22	106	0
会首年会建会平均股数	506	31.29	29.81	83.82	0
会首年前建会最大股数	506	38	52	160	0
会首年内倒会次数	506	1	2	11	0
会首年前倒会次数	506	1	4	35	0
其他会首以前倒会次数	506	32	31	340	0

　　表 5-4 给出了各变量之间的协相关性质。互助会规模（股数）与竞价折价、会首年内倒会次数、会首年前倒会次数、总倒会次数、其他会首倒会次数、会金等指标呈负相关关系；与会首年内建会次数、会首年前建会次数、会首年前建会平均规模、会首年前建会最大规模等指标呈正相关关系。得会价格折价与互助会规模、会首年内倒会次数、会首年前倒会次数、总倒会次数、其他会首倒会次数、会首年内建会次数、会首年前建会次数、会首年前建会平均规模、会首年前建会最大规模、会金等所考察的所有指标呈负相关关系。年内倒会次数与规模、得会价格折价这两个指标呈负相关关系，与其他指标呈正相关关系。值得注意的是，有关会首质量特征、互助会特征、外生风险等的某些指标之间，存在较大的相关关系，这或许是共线性的原因。在后面的简化型模型的估计中，我们试图交互使用这些相关性比较大的指标，以避免共线性。在联立方程组的三阶段最小二乘法中，我们也采取类似的变量选择办法。

表 5-4 各变量之间的协相关系数

	股数	竞价折价	年内倒会次数	年内建会次数	年前建会次数	年前倒会次数	年前建会平均股数	年前建会最大股数	建会平均股数	建会最大股数	总倒会次数	其他会首倒会次数	会金
股数	1												
竞价折价	−0.2755	1											
年内倒会次数	−0.0710	−0.1855	1										
年内建会次数	0.4557	−0.2107	0.4615	1									
年前建会次数	0.0161	−0.2102	0.7918	0.4505	1								
年前倒会次数	−0.0917	−0.1817	0.7027	0.2113	0.8479	1							
年前建会平均股数	0.2360	−0.3547	0.4267	0.4669	0.6294	0.3929	1						
年前建会最大股数	0.1387	−0.2655	0.6385	0.5355	0.8774	0.6333	0.8172	1					
建会平均股数	0.3737	−0.3413	0.3079	0.5358	0.4849	0.2834	0.7400	0.6208	1				
建会最大股数	0.3674	−0.3251	0.5511	0.7107	0.769	0.5232	0.7971	0.8407	0.8855	1			
总倒会次数	−0.0877	−0.2919	0.3165	−0.0722	0.2662	0.3685	0.2498	0.2028	0.1076	0.1441	1		
其他会首倒会次数	−0.0759	−0.2722	0.1787	−0.1326	0.1192	0.2123	0.1849	0.0903	0.0568	0.0484	0.9858	1	
会金	−0.1571	−0.1325	0.0393	−0.0235	0.0197	0.0498	0.0433	0.0476	−0.0006	0.006	0.0525	0.0463	1

第六节　经验研究结果

本节首先给出联立方程的简化形式估计结果,然后给出联立方程的三阶段最小二乘法估计结果。

一、简化形式的估计结果

表 5-5 至表 5-7 分别给出了式(5.4)至式(5.6)这三个联立方程的简化形式,亦即式(5.8)的估计。在我们的样本中,我们不能够观察会首的财富、企业业绩、互助会管理、会员特征等指标,而只能观察会首和会员姓名、会金、规模、建立时间、轮会周期、倒会时间等指标。根据这些指标,我们构造了以前建会总数、年内建会次数、年前建会次数、年前建会平均股数、年前倒会次数、其他会首倒会次数、会首年前倒会次数与其他会首以前倒会次数之和、其他会首建会次数这些表征互助会会首质量特征与相关的其他会首质量特征的指标。

表 5-5 表明,排除多重共线性因素,以前建会总数、年内建会次数、年前建会次数、年前建会平均股数、年前倒会次数、其他会首倒会次数、会首年前倒会次数与其他会首以前倒会次数之和、其他会首建会次数这些表征互助会会首质量特征的指标都与该会首本年倒会次数呈显著正相关关系。也就是说,这个简化形式的回归结果告诉互助会的潜在会员,未来的倒会数量和以前建会总数、年内建会次数、年前建会次数、年前建会平均股数、年前倒会次数、其他会首倒会次数、会首年前倒会次数与其他会首以前倒会次数之和、其他会首建会次数等这些指标可以反映近期该会首的违约与倒会特征。

表 5-6 表明,以前建会总数、年内建会次数、年前建会次数、年前建会平均股数、年前倒会次数、其他会首倒会次数、会首年前倒会次数与其他会首以前倒会次数之和、这些表征互助会会首质量特征的指标都与该互助会第一个会员的得会价格折价呈显著的负正相关关系。也就是说,这个简化形式的回归结果告诉互助会的潜在会员,这些指标可以反映,如果该会首能成功召集一个新的互助会,那么在互助会的后续运作中,每轮聚会的得会价格折扣与这些因素成负的相关关系,从而反映潜在会员在加入该会首组织的互助会后,将实施与这些因素成负相关的出价策略。

表 5-7 表明,以前建会总数、年内建会次数、年前建会次数、年前建会平均股数、年前倒会次数、其他会首倒会次数、会首年前倒会次数与其他会首以前倒会次数之和、其他会首建会次数这些表征互助会会首质量特征的指标都与

该会首新召集的互助会的预期规模有关。其中,该会首的以前建会总数、年内建会次数、年前建会次数、年前建会平均股数、其他会首建会次数等信息与预期互助会规模呈显著正相关关系,而年前倒会次数、其他会首倒会次数、会首年前倒会次数与其他会首以前倒会次数之和、会金等指标与预期互助会规模呈显著负相关关系。这表明,潜在会员可以利用这些信息来估计互助会的规模。

　　总之,对联立方程简化形式的估计,似乎验证了本文的理论观点:给定其他条件不变,倒会风险预期是互助会规模的增函数,是外生违约预期的增函数,是会首质量的减函数;给定其他条件不变,得会价格折价是互助会规模的减函数,是违约预期的减函数,是外生违约预期的减函数,是会首质量的增函数;给定其他条件不变,互助会规模是预期得会价格折价的增函数,是违约预期的减函数,是外生违约预期的减函数,是会首质量的增函数。

二、联立方程的三阶段最小二乘法估计结果

　　表5-8至表5-10分别给出了式(5.4)至式(5.6)这三个联立方程的估计。估计方法为三阶段最小二乘法。

　　考虑对式(5.4)的估计结果。在表5-8中,回归模型(一)至(五)给出的结果基本相同。也就是说,某会首在某年某月某日召集一个互助会时,该会首年内倒会次数与他的以前建会总数、年前倒会次数、其他会首以前倒会次数、会首年前倒会次数与其他会首以前倒会次数之和等这些外生因素呈显著的正相关关系。该会首年内倒会次数与互助会的股数或规模呈正相关关系。这都符合理论的预期。其中,回归模型(五)试图考察会首至少召集两个互助会的情形。不难发现,这与回归模型(一)至(四)的结果相似。

　　在式(5.4)中,理论要求,给定其他条件不变,倒会风险预期不受互助会将来运作中的得会价格折扣影响。但表5-8表明,在联立方程三阶段最小二乘法估计下,倒会风险预期显著地与竞价折价呈正相关关系。这非常令人费解。这可能是由于就目前的数据,我们并不能完全解决联立方程估计中的内生性与识别问题。例如,我们另外做了这样一个回归:在回归模型(六)中不考察互助会的股数这个内生变量,而是将会首年前建会平均股数这个变量作为互助会的股数的代理变量。此时,会首年内倒会次数与会首年前建会平均股数、竞价折价呈负相关关系。这表明,当前的中标价格折价似乎反映了人们对未来违约与倒会风险的预期。

　　考虑对式(5.5)的估计结果。在表5-9中,回归模型(一)至(五)给出的结果基本相同。其中,竞价折价与会首年前倒会次数与其他会首以前倒会次数

之和呈显著的负相关关系,而与其他外生变量,例如,会首年内建会次数,没有显著相关关系。并且,竞价折价与该互助会股数或规模呈非常显著的正相关关系,而与会首年内倒会次数的相关关系并不明显,只是在回归模型(三)中显示出负相关关系。也就是说,这些回归证据表明,人们在考虑倒会风险时,似乎并不在乎会首的违约与倒会记录,而是更关心外在的倒会状况。会员们在竞标获得会金时,似乎对会首很有信心,因此,他并不将会首的倒会记录作为标价的参考,从而显示出对会首的充分信任。人们在进行策略性标价时,更显著地考虑互助会在当地运转的整体违约与倒会信息。这似乎表明,互助会有较好的机制,避免内部因机会主义行为而产生的倒会行为。回归模型(六)也符合上述规则。

考虑对式(5.6)的估计结果。在表 5-10 中,回归模型(一)至(五)给出的结果基本相同。互助会的股数或者规模与会首年内建会次数、会首年前建会平均股数呈显著的正相关关系,与会金呈显著的负相关关系。值得提及的是,互助会规模与会金呈负相关关系。这表明人们在参加互助会时,存在谨慎投资行为:会金较高时,互助会股数较少。互助会的规模与会首年内倒会次数呈非常显著的负相关关系。这表明,潜在会员在选择参加互助会时,会首的行为记录是非常重要的信息。

在式(5.6)中,理论要求,给定其他条件不变,预期的得会价格折价对互助会规模的影响是正的。而表 5-10 表明,在联立方程三阶段最小二乘法估计下,预期的得会价格折价负面影响互助会规模。这也非常令人费解。这可能是由于就目前的数据,我们并不能完全解决联立方程估计中的内生性与识别问题。

总之,模型的简化形式的估计结果是非常令人满意的,三阶段最小二乘法给出的结果也支持了本研究的理论结果。不过,联立方程的内生变量相互作用的关系并没有在经验研究中完全反映出来。

表 5-5 模型的简化形式回归结果:倒会次数

	以前建会总数	年内建会次数	年前建会次数	年前建会平均股数	年前倒会次数(a)	其他会首倒会次数(b)	($a+b$)	其他会首建会次数	会金	调整的 R^2
1	0.059027*** (0.001997)									0.634
2		0.123777*** (0.010599)								0.211
3			0.069496*** (0.002388)							0.626
4				0.027653*** (0.002611)						0.180
5					0.326589*** (0.014731)					0.493
6						0.011026*** (0.002704)				0.030
7							0.015625*** (0.00256)			0.067
8		0.087874*** (0.00777)			0.294408*** (0.01347)					0.595
9	0.046701*** (0.003080)				0.099785*** (0.019314)					0.651
10		0.092612*** (0.00784)			0.283289*** (0.01378)	0.005866*** (0.00180)				0.602
11				0.011541*** (0.002176)	0.294066*** (0.015605)					0.519
12		0.091247*** (0.008883)		0.000827 (0.00225)	0.286903*** (0.01426)			0.001177*** (0.00040)	0.000154 (0.00036)	0.602

注:括号内的数值是标准差。***表示在 1% 上显著,**表示在 5% 上显著,*表示在 10% 上显著。

表5-6 模型的简化形式回归结果：报价折价

	会首以前建会总次数	会首年内建会次数	会首年前建会次数	会首年前建会平均股数	会首年前倒会次数(a)	其他会首倒会次数(b)	(a+b)	其他会首建会次数	会金	调整的 R^2
1	-0.00088*** (0.000162)									0.054
2		-0.00285*** (0.000589)								0.043
3			-0.00093*** (0.00019)							0.042
4				-0.00116*** (0.00014)						0.124
5					-0.00093*** (0.00019)					0.042
6						-0.00085*** (0.00013)				0.072
7							-0.00086*** (0.00013)			0.080
8		-0.00244*** (0.0006)			-0.00336*** (0.00103)					0.064
9		-0.00316*** (0.00058)			-0.00167*** (0.00102)	-0.00090*** (0.00013)				0.136
10				-0.00110*** (0.00015)	-0.00117 (0.00106)					0.125
11		-0.00177*** (0.00064)		-0.00080*** (0.00016)	-0.00074 (0.001029)			-0.00015*** (0.00003)	0.00007*** (0.000027)	0.182

注：括号内的数值是标准差。*** 表示在1%上显著，** 表示在5%上显著，* 表示在10%上显著。

表 5-7　模型的简化形式回归结果：互助会规模

	会首以前建会总数	会首年内建会次数	会首年前建会次数	会首年前建会平均股数	会首年前倒会次数 (a)	其他会首倒会次数 (b)	(a＋b)	其他会首建会次数	会金	调整的 R^2
1	0.12654*** (0.04000)									0.018
2		1.4951*** (0.13010)								0.0206
3			0.017296 (0.0478)							0.001
4				0.18711*** (0.03432)						0.054
5					−0.5215** (0.2522)					0.007
6						−0.05730* (0.03352)				0.004
7							−0.06191* (0.03233)			0.006
8		1.632*** (0.13009)			−1.1190*** (0.22544)					0.242
9		1.6527*** (0.1324)			−1.1684*** (0.23280)	0.02606 (0.03047)				0.241
10		1.4768*** (0.14311)		0.09307** (0.03675)	−1.3246*** (0.2385)					0.251
11		1.4502*** (0.1415)		0.09912*** (0.03634)	−1.2920*** (0.2357)				−0.02223*** (0.00603)	0.269
12		1.4655*** (0.14666)		0.09589*** (0.0372)	−1.3082*** (0.2393)	0.01235 (0.03069)			−0.02228*** (0.00603)	0.277

注：括号内的数值是标准差。***表示在 1% 上显著，**表示在 5% 上显著，*表示在 10% 上显著。

表 5-8　联立方程组的回归结果之式(5.4)

因变量：年内倒会次数	回归模型(一)	回归模型(二)	回归模型(三)	回归模型(四)	回归模型(五)#	回归模型(六)
股数	0.016501*** (0.0061807)	0.0112382** (0.005518)	0.0054685** (0.0025464)	0.0214212*** (0.0061507)	0.0162773*** (0.006272)	−9.768253** (4.563328)
竞价折价	12.63797*** (2.242406)	14.66793*** (2.286206)	15.08317*** (2.286562)	16.66079*** (2.335113)	14.58727*** (2.467197)	
会首以前建会总数	0.058758*** (0.0041441)	0.0665766*** (0.0026504)	0.0667537*** (0.0026505)	0.0577648*** (0.0045664)	0.05976*** (0.0043688)	
会首年内建会次数						0.0397202*** (0.0125557)
会首年前建会次数						0.0731289*** (0.0037322)
会首年前建会平均股数						−0.0225805*** (0.004922)
会首年前倒会次数	0.0666797*** (0.0248177)			0.0818317*** (0.0266135)	0.0615113** (0.0255127)	
其他会首前倒会次数	0.0154584*** (0.0026485)			0.0200737*** (0.0028651)	0.0184701*** (0.0029344)	
会首年前倒会次数与其他会首以前倒会次数和		0.0185454*** (0.0026849)	0.0202782*** (0.0026902)			0.0017833 (0.003913)
调整的 R^2	0.310	0.214	0.199	0.310	0.397	0.483

注：括号内的数值是标准差。***表示在 1%的意义上显著，**表示在 5%的意义上显著，*表示在 10%的意义上显著。

＃ 这个回归报告了一个会首至少召集 2 个以上互助会的情形。

表 5-9　联立方程组的回归结果之式(5.5)

因变量:竞价折价	回归模型(一)	回归模型(二)	回归模型(三)	回归模型(四)	回归模型(五)#	回归模型(六)
股数	-0.0022077*** (0.0008408)	-0.0020666** (0.0008615)	-0.0026038*** (0.0008631)	-0.0018505** (0.0007431)	-0.0014625** (0.0007147)	
会首年内倒会次数	-0.0040195 (0.0051748)	-0.0037578 (0.0053485)	-0.0127035** (0.0054188)	0.0005659 (0.0078584)	-0.0027785 (0.0043607)	0.0054185 (0.0034412)
会首年内建会次数	-0.0014248 (0.0018431)	-0.0013886 (0.0018944)	0.0025684 (0.001933)	-0.0005774 (0.001803)	-0.0013876 (0.0015683)	
会首年前建会平均股数						-0.0008538*** (0.0001614)
会首年前倒会次数				-0.0029509 (0.0018868)		
其他会首以前倒会次数				-0.0007973*** (0.0001233)		
会首年前倒会次数与其他会首以前倒会次数和	-0.0005976*** (0.0001413)	-0.0006468*** (0.0001454)	-0.0007634*** (0.0001458)		-0.0007899*** (0.0001163)	-0.0008137*** (0.0001387)
调整的 R^2	0.100	0.122	0.104	0.183	0.227	0.181

注:括号内的数值是标准差。*** 表示在 1% 的意义上显著,** 表示在 5% 的意义上显著,* 表示在 10% 的意义上显著。
这个回归报告了一个会首至少召集了 2 个以上互助会的情形。

表 5-10　联立方程组的回归结果之式(5.6)

因变量:股数	回归模型(一)	回归模型(二)	回归模型(三)	回归模型(四)	回归模型(五)#	回归模型(六)
竞价折价	−144.2134***	−129.2862***	−51.36813	−135.1635***	−133.2005***	−61.7293*
	(41.28644)	(43.27543)	(36.0558)	(42.99979)	(42.84341)	(36.08585)
会首年内倒会次数	−2.279647***	−2.288419***	−5.399036***	−1.858407**	−2.047802***	−5.09077***
	(0.7398542)	(0.7420097)	(0.6708773)	(0.7285845)	(0.7259023)	(0.6724891)
会首年内建会次数			1.780355***			1.829746***
			(0.1451417)			(0.1453372)
会首年前建会次数			−0.0022398***			
			(0.0007359)			
会首年前建会平均股数	0.1324084**	0.1528036***	0.1108044**	0.0981209*	0.1196203**	0.05543
	(0.0541266)	(0.0574099)	(0.0488602)	(0.0594389)	(0.0585267)	(0.049494)
会金	−0.0179536***	−0.0204221***	−0.0213879***	−0.0257818***	−0.0229055***	−0.0254913***
	(0.0069384)	(0.0070813)	(0.0061268)	(0.0071527)	(0.0070864)	(0.0061935)
样本数量	506	506	506	506	464	506
调整的 R^2	0.055	0.092	0.380	0.142	0.141	0.383

注：括号内的数值是标准差。*** 表示在 1% 的意义上显著，** 表示在 5% 的意义上显著，* 表示在 10% 的意义上显著。

这个回归报告了一个会首至一个会首至少召集 2 个以上互助会的情形。

第七节　本章小结

本研究试图构建互助会建立与运作的结构模型来研究在给定有关会首的制度安排下，会首特征、投资风险等对互助会的倒会风险、相同轮次的得会价格折价及规模等的影响。在此基础上，我们利用温州市平阳县 1999 年 6—10 月的大规模倒会与局部民间金融危机时收集到的互助会数据对上述模型进行经验检验。

结构模型的简化形式估计似乎很好地验证了我们提出的理论：会首特征、投资风险等特征确实显著地影响了互助会的倒会风险、相同轮次的得会价格折价及规模。联立方程估计也给出了类似的结论。这表明，会首制度安排与会首特征显著地影响了互助会的运作和组织。

但是，联立方程三阶段最小二乘法估计关于内生变量的相互作用关系，并非完全支持本文的理论。例如，在式(5.4)中，理论要求，给定其他条件不变，倒会风险预期不受互助会将来运作中的得会价格折扣影响。但表 5-8 表明，在联立方程三阶段最小二乘法估计下，倒会风险预期显著地受互助会将来运作中的得会价格折扣影响。又如，在式(5.6)中，理论要求，给定其他条件不变，预期的得会价格折扣对互助会规模的影响是正的。而表 5-10 表明，在联立方程三阶段最小二乘法估计下，预期的得会价格折价负面影响互助会规模。

或许，就我们目前拥有的样本数据，我们还是不能很好地处理内生性问题。也就是说，有关会首和会员的其他信息是非常重要的。因此，将会首和会员的其他信息纳入经验研究，是非常值得努力的一个研究方向。

在温州、泉州等这些互助会比较活跃的地方，已经多次在非常短的时间内出现大规模倒会。互助会可持续性问题可能不仅是由本文讨论的会首特征决定的。为什么互助会在运作中可能在短期内出现大规模的倒会？一旦短期内出现大规模倒会，该地区众多会首和会员将通过怎样的制度安排，在事后进行妥善处理，以免出现社会动荡和混乱？地方政府在出现这样的大规模倒会后，又应该采取怎样的策略？从理论和经验上研究这些问题，对促进我们对互助会的理解是非常有价值的。

参考文献

[1] Anderson，S. and Baland，J. The economics of roscas and intra-household resource allocation [J]. Quarterly Journal of Economics, 2002, 117:

963-995.

[2] Anderson, S. , Baland, J. and Moene, K. Sustainability and organizational design in informal groups, with some evidence from Kenyan Roscas. Department of Economics, University of British Columbia, Canada, 2003.

[3] Ardener, S. The comparative study of rotating credit associations[J]. Royal Anthropological Institute of Great Britain and Ireland, 1964, 94 (2): 201-229.

[4] Banerjee, A. , Besley, T. and Guinnane, T. The neighbor's keeper: The design of a credit cooperative with theory and a test[J]. Quarterly Journal of Economics, 1994, 109(2):491-515.

[5] Besley, T. , Coate, S. and Loury, G. On the allocation of rotating saving and credit associations[R]. Research Program in Development Studies at Princeton University Discussion Paper, 1992.

[6] Besley, T. , Coate, S. and Loury, G. The economics of rotating savings and credit associations[J]. American Economic Review. 1993, 83 (4): 792-810.

[7] Besley, T. , Coate, S. and Loury, G. Rotating savings and credit associations, credit market and efficiency[J]. Review of Economic Studies,1994, 61(4):701-719.

[8] Besley, T. , Jain, S. and Tsangarides,C. Household participation in formal and informal institutions in rural credit markets in developing countries:Evidence from Nepal[R]. Working Paper, Department of Economics, London School of Economics, 2001.

[9] Besley, T. and Levenson, A. The role of informal finance in household capital accumulation evidence from Taiwan[J]. Economic Journal, 1996, 106(434):39-59.

[10] Calomiris,C. and Rajaraman, I. The role of ROSCAs:Lumpy durables or event insurance? [J]. Journal of Development Economics,1998, 56(1): 207-216.

[11] Gugerty, M. You can't save alone:Testing theories of rotating saving and credit associations[R]. mimeo, Harvard University, 2000.

[12] Handa, S. and Kirton,C. The economics of rotating savings and credit associations:Evidence from the Jamaican "Partner"[J]. Journal of Development Economics. 1999, 60(1):173-194.

[13] Klonner, S. Rotating savings and credit organizations as insurance[R].

Working Paper，Südasien Institut der Universität Heidelberg Im Neuenheimer，2002a.

[14] Klonner，S. How Roscas Perform as Insurance［R］. Working Paper，Südasien Institut der Universität Heidelberg Im Neuenheimer，2002b.

[15] Klonner，S. Buying fields and marring daughters:An empirical analysis of ROSCA auctions in a South Indian Village［R］. Working Papers，Yale University，2003.

[16] Kovsted，J. and Lyk-Jensen，P. Rotating savings and credit associations: The choice between random and bidding allocation of funds［J］. Journal of Development Economics，1999，60(1):143-172.

[17] Krishna，V. Auction Theory［M］. Academic Press，2009.

[18] Kuo，P. Loans，bidding strategies and equilibrium in the discount-bid rotating credit association［J］. Academia Economic Papers，1993，21:261-303.

[19] Stiglitz，J. Peer monitoring and credit markets［J］. World Bank Economic，1990，4(3):351-366.

[20] 柯荣住. 作为保险机制的互助会:标会、摇会及其效率比较——完全和不完全借贷市场［J］. 中国社会科学季刊，2003(2):308—349.

[21] 李金铮. 借贷关系与乡村变动——民国时期华北乡村借贷之研究［M］. 保定:河北大学出版社，2000.

[22] 李元华. 温州民间融资及开放性资本市场研究［M］. 北京:中国经济出版社，2002.

第六章　私募基金激励制度与业绩[①]

第一节　引　言

私募基金是一种面向特定对象募集资金的投资基金,可以理解为通过非公开方式向少数投资者(包括个人和机构)募集资金而设立的基金。近些年来私募基金受到各方越来越多的关注,主要是因为随着中国经济的不断发展和人民财富的稳步提高,中国出现了一大批富裕阶层。普通的公募基金已无法满足他们私人定制的特殊要求,也就造就了私募基金近些年来的飞速发展。

根据晨星中国研究中心发布的《2013 年私募证券投资基金年度报告》,截止到 2013 年底,市场上尚在运行的阳光私募总数达到 1345 只,2013 年新成立的阳光私募产品数量达到 158 只,平均每月成立 13 只。目前市场上所有私募基金管理的阳光私募类产品总规模已经超过 3000 亿元人民币,发展速度十分迅猛。

伴随着 2006 年私募基金业绩的辉煌,大量公募基金优秀的基金经理纷纷转入私募基金。原因有二:第一,公募基金经理的年收入一般在几十万元和数百万元的区间,而私募基金经理的年收入动辄上千万元。只要业绩达标,私募基金经理就可以提取额外的浮动激励费用,并且一般私募经理都会投资自己管理的基金,加之基金本身的增值,使公募基金经理与私募基金经理的身价相差迥异。第二,私募基金行业的持仓限制相较于公募基金较松,基金经理可以更加放开地施展拳脚。但同时由于私募基金的不透明,使信息不对称更加严重,可能会给投资人带来巨大的损失。

[①]　本章作者罗德明、蒋雯夏。

　　因此近些年来学界对私募基金的委托代理机制进行了逐渐深入的研究。将契约理论、委托代理理论与中国阳光私募基金现状相结合的理论框架已经基本完善,在理论上证明了私募基金的激励制度,即基金管理人享受激励报酬是优于公募基金固定管理费的激励制度。但正是由于私募基金的信息不透明性,国内对私募基金管理费率与业绩的实证研究非常少。而这两者的实证关系对我国私募基金行业的发展有着重要的意义,能够帮助投资人减少信息不对称下的道德风险。

　　私募基金激励制度对基金业绩的影响对中国私募基金行业的健康发展具有重要意义。本章将私募基金管理费结构作为变量引入实证分析,得到管理费结构与基金业绩的相关关系。最终对我国私募基金行业管理费的设定提出相关建议。

　　本章共分五节。第一节为引言。第二节是文献综述,首先回顾了我国对私募基金的研究历程,接着将国内外文献分为对公募基金行业的综述和对私募基金行业的综述,在综述中又按照研究方法将相关研究分为理论模型研究和经验研究。在总结的基础上梳理了国内外学者对基金行业激励制度对基金经理激励效果的研究成果。第三节首先对私募行业的组织形式和我国私募基金的激励现状进行分析。其次对被解释变量和解释变量的选取进行讨论。经过研究对比,我们主要选取其中夏普指数和詹森指数作为代表基金业绩的被解释变量。同时,我们还探究了其他可能影响基金业绩的因素,如基金规模、基金经理工作年限、基金公司成立年限、基金固定管理费率等。然后,本节将介绍样本选取的原则和及样本数据来源。然后,对变量进行描述性统计,直观地展示了公募基金和私募基金在业绩指标等变量上的不同。最后,根据经济理论对自变量对基金业绩的影响作出了相关假设,并在假设的基础上逐渐引入不同的变量,建立一组回归方程回归模型。第四节是回归结果及其讨论。实证结果表明,浮动管理费率与基金的业绩存在显著的正向关系。这证明了浮动管理费能够更好地激励基金经理的努力程度,进而为投资者带来更好的基金业绩回报。第五节是本章结论。

第二节　文献综述

　　本节首先回顾我国对私募基金的研究历程,主要分为了三个阶段进行了详述,其中每一阶段研究的侧重点有所不同,而激励制度对业绩的研究正是当下国内研究的重点。由于探讨基金激励制度的文献对本研究也有很强的参考作用,故本节第二部分分析了基金的激励制度在国内外的研究现状。这一部分将相关研究分为本节理论模型研究和实证研究。本节第三部分分析了私募股权基金的激励制度对其业绩影响的相关文献。这一部分也将分为理论模型研究和实证研究两部分。

一、我国对私募型基金的研究回顾

私募基金发源于美国,美国在相关的研究上也比较成熟。而中国由于金融开发起步晚,政策制约等原因,对私募基金的引入比较晚,所以国内的相关研究也起步较晚。

国内最早的研究起步与 21 世纪初。早期研究的重点主要在于私募基金的定义、相关制度和法律法规的建立等。李安方(2001)较早地对美国私募基金的类型、运作方法、风险等作了详细的介绍,让学界对私募基金有了基本的了解,也为我国私募基金制度的建立提供了参考。夏斌(2001)调研了国内的私募基金,并对国外私募基金进行了详细考察,为"私募基金"作出了界定。他得出私募基金的是一国经济发展的产物,有利于资产价格的合理定价、证券市场的稳定。文中还对我国私募基金的监管制度等提出了建议。

2006 年之前,我国的私募型基金还没有相关的法律法规,私募基金多为民间金融的产物。由于市场系统性风险过大,大部分私募基金严重亏损。当时,私募基金的非法性使得投资人无法追究私募公司的责任。于是学界对私募基金的理论基础及其合法性进行了大讨论。尤丽屏(2006)运用委托代理模型分析了在信息不对称的条件下,私募基金存在的道德风险及逆向选择问题。并针对我国当时私募基金组织形式混乱、风险控制缺失的现象提出了防范的对策。她提出必须建立起基金投资人、基金管理人、基金托管人等利益主体之间的相关监督、相互制约关系,以克服由信息不对称带来的委托代理问题。鲍伦树(2007)运用声誉机制模型分析了私募基金的委托代理问题,提出基金管理人参与利润分成对委托代理问题解决有一定程度的缓解。由于大型私募基金比较规范,能够较好地解决由信息不对称带来的逆向选择和委托代理问题。中小型私募基金由于监督机制和风险控制不规范,不利于私募行业在我国的健康发展。由于有限合伙人制在激励制度上的优势,好的私募基金经理更倾向于有限合伙制,这种形式也具有较好的监督机制,有利于私募基金的发展。赵忠辉(2008)提出了私募基金可以按照三个要素分为不同的发展模式。三个要素为基金的组织模式、利益分配方式和法律监管。通过分析委托代理模型在不同形式下不同利益主体效用函数的最优解,他认为有限合伙制和利益分成是解决委托代理问题最有效的方法。同时有限合伙制可以制约基金管理人的风险承担行为,是我国私募基金发展组织形式的最优选择。

2007 年以来,我国基金行业出现了大量公募基金经理跳槽到私募基金行业的现象,进而引发了学界对于公募基金和私募基金不同激励制度对基金经理的激励效果的思考。大量学者通过契约设计理论模型或实证研究对这两种激励制度的效果进行了分析,下文将对这些文献进行具体梳理。

二、基金激励制度对其业绩影响的国内外研究综述

(一)理论研究模型研究

国外关于激励制度的分析最早来源于合同理论。早期研究此课题的学者包括 Coase(1937),Jensen 和 Meckling(1976),Klein 等(1978),Williamson(1985)等。Ross(1973),Grossman 和 Hart(1983),Holmstrom 和 Milgrom(1991)等学者开创了委托代理理论和模型,用于分析委托代理关系中存在的信息不对称问题。Carpenter (2000),Das 和 Sundaram(2000)等学者在前人的基础上建立了激励佣金影响理论,认为收取激励佣金的共同基金相较于没有激励佣金的共同基金有更好的业绩,证明激励佣金对基金管理人的激励作用。Beckers 和 Vaughan(2001)认为,资产规模是影响基金管理着和投资人关系的重要因素。资产规模的变化会改变最优报酬契约。Das 和 Sundaram(2002)还指出更高的浮动业绩提成比例应该会导致更好的业绩。

我国利用模型推导激励制度效果的研究比较晚,基本沿用了委托代理理论、契约设计理论等方法,研究方向主要集中在优化激励机制和考核机制方面。刘建香、钱省三(2000)运用委托代理理论分析了风险投资基金的最优激励合同,提出了以基金业绩作为唯一可观测变量激励管理人。同时,他们在合同设计中加入了相对业绩标准,认为相对业绩指标可以降低代理成本。李建国(2002)对基金管理人报酬激励模型进行了分析,指出应该在考核基金管理人时加入相对业绩指标。激励性报酬理应以基金管理人的业绩作为评价标准,而不是以基金管理人的努力程度作为标准。刘煜辉、欧明刚(2003)证明了基金管理者与投资者之间存在最优报酬契约,最大化双方的效用函数。同时他也提出将相对业绩指标加入业绩考核范围以对基金经理进行监督。张永鹏、陈华(2004)对绝对收益(业绩)和相对收益(业绩)的基金激励合同的激励效果进行了研究,并分析了绝对业绩、相对业绩、"绝对业绩+相对业绩"三种激励模式。他提出绝对业绩和相对业绩都应作为考核基金经理整体业绩的指标。武凯(2005)运用委托代理理论框架,研究了"强代理人 vs 弱委托人"特征下中国基金公司的激励制度作用。他证明了固定管理费模式的低效率,提出了结合固定管理费和浮动管理费的混合管理费收入制度,并认为混合管理费

制度是未来制度改革的方向。

（二）经验研究

Volkman(1995)研究了基金规模、基金目标、基金管理者的努力程度和基金管理费率与基金长期业绩之间的关系。他指出基金规模和目标与基金业绩没有稳定的关系，而基金管理费低的基金有明显较高的业绩，而管理费高的基金业绩不佳。Edwin、Martin 和 Christopher(2003)发现，激励合同中包含激励业绩报酬的基金比不包含激励业绩报酬的基金表现出更好的选股能力，但承担着更大的风险。同意这一观点的还有 Gil-Bazo 和 Ruiz-VerDu(2009)，他们的经验研究证实了基金收取的管理费越高，扣除费用前的业绩越差，即管理费和基金业绩之间存在负向相关性。Chen 和 Jiang(2006)指出，就业风险对激励因素的替代性可以弱化，甚至反向。当基金经理考虑他们的声誉水平和波动性时，报酬—绩效的最优表现会有所提升。

国内关于基金业绩与激励制度关系的文献大部分是参考国外的模型，套用我国公募基金的数据进行分析的。韩德宗、宋红雨(2002)运用相对业绩排序法对国内基金的激励机制作用进行了经验研究。他们指出，业绩较差的基金管理人并不倾向于在下一期加大风险调整比率，而业绩较好的基金管理人却倾向于在下一期加大风险调整比率。因此，我国基金公司的激励制度是否有效值得进一步考察。曾德明、刘颖和龚红(2005)对截至 2004 年 3 月 30 日的共 54 只封闭式基金的激励机制与基金业绩的关系进行了实证检验，指出基金管理费与投资组合的收益无相关性，而与投资组合的系统风险及总风险正相关，因此管理费模式的激励制度不是完全有效的。夏斌(2005)对 2003 年之前成立超过一年的 16 家基金公司共 69 只基金进行了实证研究，对基金管理人的报酬与基金规模、基金年净值增长率分别作相关性检验，发现管理费与基金净值增长率之间没有线性关系，而与规模高度相关，因此他指出固定费率下基金管理人更倾向于扩大规模。肖奎喜(2007)分析了 2004 年前上市的 38 只股票型开放式基金的年度数据，研究时期为 2003 年 1 月 1 日到 2004 年 12 月 31 日。他认为开放式基金的总费用率与其业绩呈正相关，体现出基金激励制度存在一定的激励作用。李豫湘、刘栋鑫(2009)以 2006 年至 2008 年上半年固定费率为 1.5% 的 559 只开放式基金为样本，对基金年度管理费与基金经营业绩、基金规模之间的关系进行了实证研究。他们发现，当前的基金管理费激励制度对基金业绩激励作用有限，基金管理人更愿意扩大基金规模以获取更高的管理费收入。

以上文献表明，国内公募基金或开放式基金通常收取固定费率的管理费，这种激励制度对基金管理人的激励效果有限。国内大部分实证研究结果表明,管理费率与基金业绩没有显著的相关性,而基金业绩与基金规模线性相关。同时,许多学者指出基金业绩考察体系中应加入相对业绩排名。

三、私募行业国内外研究综述

(一)理论模型研究

宋永辉、尤丽屏(2006)运用委托代理模型分析了如何降低中国私募基金行业存在的道德风险。他们推导并比较分析了私募基金投资者与基金管理人的效用函数,得到基金管理人应当投入比例为3%～5%的资金进入自己管理的私募基金,这样可以有效地减少道德风险。项海容、刘星(2008)运用合同经济学的分析方法对私募股权投资基金的薪酬合约进行了研究,得出在信息不对称的条件下基金管理人的道德风险会造成代理成本。同时他们提出在私募股权投资基金的薪酬合约中加入创业板市场的景气指数作为业绩参考的基准之一,可以显著提高基金管理人的努力程度,并显著降低私募股权投资基金管理的代理成本。肖欣荣、田存志(2011)运用Tirole(2006)的公司融资分析框架和思想,研究了私募基金管理者与基金投资人之间的委托代理关系,求解出私募基金的最优管理规模和分成比例,并利用数值方法对理论结果进行了讨论。两种方法都证明了私募基金的最优管理规模和分成比例是存在的。只有在某些特定的参数组合下,现实中广泛使用的2-20的激励合同才具有其合理性,但并非最优解。倪进峰(2012)运用合同理论对比了私募基金的两种组织形式,即公司制私募基金和有限合伙人制私募基金的利益分配效率,得出有限合伙制私募基金对基金管理人更有效的结论。

(二)经验研究

国内外关于基金激励制度的实证分析大多是以国外的共同基金或国内的公募基金为样本的,针对私募基金的激励制度与其业绩相关关系的经验研究较少,原因可能在于数据获得难度大。因为私募基金与公募基金不同,私募基金很多信息不透明,导致很难获取大量数据进行实证分析。

在私募股权(PE)行业中,Gompers和Lerner(1999)指出,基金经理业绩分成比例与其业绩表现没有显著的相关性。由于对冲基金大部分情况下以私募的形式募集资金,因此对冲基金的激励制度与私募基金的激励制度存在相似性。Do、Robert和Wickramanayake(2005)发现,澳大利亚的对冲基金业绩与业绩报酬显著正相关,与固定管理费负相关。Agarwal等(2009)从实证角度证明了在对冲基金行业,更高的管理激励与更多的自主权和更好的业绩存在正相关关系。Metrick和Yasuda对小样本的私募基金合约进行了实证研究,认为私募基金或分享投资基金的激励管理费非常高,至少 20％的投资回报分给了基金管理人。他们发现每 100 美元的风险投资基金中就有 23 美元是付给有限合伙人的。Chung 等(2011)指出,大量有限合伙人的绩效报酬是通过不断扩大基金规模达到的。基金规模是由现在基金的业绩表现所决定的。Ang 和 Sorensen(2012)对研究私募基金的风险与回报、最优私募基金利益分成比例和最优激励合同的相关文献进行了整理。他们指出,研究监督机制或激励机制的文献大部分认为,由于道德风险和信息不对称的存在,基金管理人收取业绩管理费是合理的。

根据我们所了解的范围,国内目前还没有针对私募基金的激励制度与基金业绩关系进行实证研究的文献。但已有少数学者通过对比公募基金利益分成结构和私募基金利益分成结构,将基金费率结构的不同模型作为虚拟变量进行回归分析。彭振中、谭小芬和严立业(2010)对基金费率结构与基金业绩关系作出了实证研究,引入基金费率结构为虚拟变量后得出基金费率结构对基金业绩有显著的正相关关系。私募基金的费率模式,即固定管理费加浮动激励费的激励效果更高。

通过整理我国有关私募基金研究的历史、国内外关于基金激励制度对基金业绩影响及国内外关于私募基金激励制度对其业绩影响的相关文献,我们可以发现,由于近些年公募基金经理跳槽私募基金经理的现象频频出现,两种形式的基金的激励效率得到了国内的广泛研究。国外对此课题的研究较早,而国内是近几年才开始兴起。但从国内外的文献中可以看出,对私募基金激励制度的研究相对较少。

第三节　私募基金行业激励现状分析

一、私募基金的组织形式

国际上私募基金主要分为三种形式:公司型私募基金、有限合伙人制私募基金和信托型私募基金。

(一)公司型私募基金

公司型私募基金是指根据公司法律制度,以公司形式和治理结构来安排和管理的私募基金。投资人在认购基金份额后成为基金的股东,基金的重大事项和投资决策由公司董事会决定。这种形式在美国较多,我国目前公司型私募基金较少。公司型私募基金有较完整的公司架构,运作比较规范。但是公司型私募基金的重要缺点是存在双重征税。一般公司型私募公司会选择三种方式克服这一缺点：(1)将公司注册在避税天堂，如开曼、百慕大等地；(2)将私募基金注册为高科技企业(可享受诸多优惠)，并注册于税收比较优惠的地方；(3)借壳，即在基金的设立运作中联合或收购一家可以享受税收优惠的企业，以享受税收优惠的企业作为载体。

(二)有限合伙人制私募基金

有限合伙人制是国外最常见的私募基金组织形式。由发起人担任一般合伙人(GP)，投资人担任有限合伙人(LP)。一般合伙人须承担无限法律责任，有限合伙人承担以认缴的基金份额为限的有限法律责任。一般合伙人也是基金的实际管理人，除了收取管理费外，依据有限合伙的合同享受一定比例的利润分成。2007年6月1日我国开始正式实施《合伙企业法》后，已允许出现有限合伙的形式。私募机构在信托产品中充当一般受益人的角色，并按照一定比例投入资金作为保底资金，同时在获得超额收益时一般受益人也可以获取超出预期部分一定比例的收益。

(三)信托型私募基金

信托型私募基金一般是由投资者、信托公司和基金管理人三方共同设立，通过建立信托关系而设立的一种集合投资组织形式。它是在新《合伙企业法》实施以前，我国私募基金阳光化的唯一合法方式。目前，信托制是我国私募基金唯一的合法形式，这一形式在平衡投资者和基金管理人的权利和义务上具有一定优势，能够防范基金管理人的道德风险，降低代理成本。

信托型私募基金是我国阳光私募的主要组织形式，一般为有限责任公司和合伙制企业，核心负责人为公司发起人或合伙人，享有对企业利润的剩余索取权。基金经理大部分会投资一部分自有资金到自己管理的基金中，一方面可以获得基金带来的收益，另一方面能够表明自己和投资人立场的一致性，降低代理成本。因此，这是对基金经理一种有效的激励手段，也有利于保障投资者的合法权益。除此之外，基金经理的薪酬按照基金的超额收益的一定比例计算，与基金的业绩直接挂钩。

二、国内外基金公司的激励现状

(一)美国基金激励现状

私募基金起源于美国，兴盛于美国。因此，美国凭借着自己完备的额法律体系，长期占有私募基金市场大部分的份额。此处，我们也以激励制度最成熟的美国为例介绍国际上私募基金的激励现状。

美国的共同基金一般只收取固定管理费率,目前固定管理费率维持在1%左右,而且基金规模越大,管理费率越低。这主要是因为规模庞大的公募基金中,投资顾问机构拥有较大的主动权,浮动激励费用有一定的惩戒作用,会增加基金管理者的压力。而私募基金广泛采用浮动激励费制度,此处浮动激励费是指基金业绩在超过某个基准比较之后,从超额利润中提取一定比例的激励费支付给基金管理者。当基金业绩超过业绩基准时,基金管理者提取正的激励费;当基金业绩低于业绩基准时,基金管理者提取负的激励费,但基金管理者收取的固定管理费和浮动激励费之和不得为负。美国《1940 年投资公司法》以及 1970 年的修正案中明确指出,基金公司必须明确列出激励费用提取的上下限。

美国的学者对激励费的有效性也进行了一些相关研究。其中 Elton,Gruber 和 Blake(2001)发现,激励费在基金的运作中发挥了一定作用,其结果是显著的。2003 年,他们又发现,有激励费的基金比没有激励费的基金业绩表现更优异,基金管理者表现出更好的选股能力和择时能力。但他们也指出有激励费的基金公司的投资组合往往会有更高的风险。

(二)我国基金激励现状

目前我国的公募基金普遍只收取固定比例的管理费作为基金管理人的报酬。不同的基金类型,管理费的比例也不尽相同。一般 QDII 基金管理费约1.8%,是公募基金投资类型中最高的。次之是股票型和混合型基金(约1.5%),指数型基金较低,一般为 1%~0.5%。债券型基金与货币型基金因为收益一般较低,收取的管理费比率也最低,债券型基金约为 0.7%,货币型基金约为 0.33%。

信托型私募基金的管理费分为两个部分:固定管理费和浮动管理费。其中固定管理费以基金净资产为计算基础,提取净资产的 1.5%作为基金管理人的报酬。这部分费用主要支付给基金的受托人,即信托公司。而私募管理团队的报酬主要来源于浮动管理费,与基金业绩挂钩,提取的比例一般为20%,按月计提。部分私募基金的提取原则是当基金净值创出历史新高时,针对创新高的超额收益收取激励费,以往的收益不再计提。也有私募公司规定当基金业绩超过某一业绩基准指标后,可以提取超额收益 20%的费用作为激励费。

阳光私募根据投资人和管理人权利义务的不同,将基金划分为结构化私募基金和非结构化私募基金,二者在激励利润的提取方式上有些许不同。结构化私募基金中私募基金管理人是普通受益人,需要向资金池中投入一定的保底资金,当发生资产损失时需要优先垫付保底资金。投资人是优先受益人,当基金有盈余时享有优先提取利润的权利。普通受益人，即基金管理人可以在投资者获取固定收益（预期收益率乘以投资金额）后，获取超额收益的一部分。而当基金发生亏损时，基金投资人在基金管理人之后有偿付的义务。非结构化私募基金中，投资人与基金管理人不存在权利义务上的优先关系。基金管理人只是以投资顾问的角色参与到基金的管理中。当基金获得盈余时基金管理人可以提取全部收益的 20％左右作为激励报酬，并同时提取 1.5％左右的固定管理费。当基金亏损时，基金管理人不承担投资风险。

对比国内外公募基金（在美国为共同基金）和私募基金的激励制度后，我们发现公募基金或共同基金的激励制度可以概括为"高固定收入，低业绩费收入"，而私募基金的激励制度可以概括为"低固定收入，高业绩费收入"。本研究的目的就在于比较这两种不同的激励模式，判断学界普遍认可的"固定管理费＋激励管理费"模式在我国是否对基金管理人的行为起到了正向的激励作用。

第四节　变量定义、数据来源与描述性统计

一、被解释变量：基金业绩指标

目前学界对基金业绩的评价方法有许多种，大致可以分为以下三类：一是未经风险调整的收益，包括基金累计收益率、基金净值收益率等。二是经过风险调整的方法，包括夏普指数、特雷纳指数和詹森指数；以及改进后的风险调整方法，包括估价比率、M2 测度、业绩指数、效用指数、多因素模型等。三是无基准的业绩评价方法，主要有 PCW 法、ESM 法等。我们发现，国内学者大多采用的是经过风险调整的经典方法，包括詹森指数、特雷纳指数、夏普比率等方法来对基金业绩进行实证研究。此外，也有部分学者采用多因素模型和DEA 方法对基金业绩进行评价。我们采用最常用的夏普指数和詹森指数作为被解释变量代表基金的业绩。下面我们对夏普指数和詹森指数的理论依据进行简要的介绍。

（一）夏普指数

夏普指数由诺贝尔经济学奖得主 William Sharpe 提出，是以资本资产定价模型（CAPM）为理论依据，以资本市场线（CML）为基点，经过风险调整的金融资产业绩评价指标。夏普指标反映了单位基金净值的增长率超过无风险收益率的程度。其计算公式如下：

$$S=\frac{E(R_p)-R_f}{\sigma} \qquad (6.1)$$

其中,$E(R_p)$为投资组合预期报酬率,R_f为无风险利率,σ为投资组合的标准差。在本研究中无风险利率以央行一年期定存利率为准,投资组合的标准差以基金月度收益率的平均标准差表示。

当夏普指数为正时,基金的单位风险所获得的风险回报越高,基金的业绩越好;当夏普指数为负时,基金的单位风险收益低于无风险利率。本研究中,夏普指数为负意味着基金收益率低于银行一年期定存利率。只有当基金的夏普指数为正时,对基金的夏普指数进行排序才具有经济意义。

(二)詹森指数

詹森指数是由美国经济学家 Michael C. Jensen 在 1968 年提出的以 CAPM 理论为基础的金融资产业绩衡量指标。詹森指数通过比较考察期内基金收益率与由 CAPM 得出的预期收益率的差值,也即基金的实际收益率超过所承受的风险对应的预期收益率的部分来评价金融资产的收益率。詹森指数综合考虑了基金的收益率和风险因素,比未经风险调整的单纯比较基金收益率更科学。詹森指数的计算公式如下:

$$Jensen=R_{t,t}-[R_{f,t}+\beta_i(R_{m,t}-1)] \qquad (2)$$

其中,$R_{m,t}$为市场基准组合在 t 期的收益率,$R_{i,t}$为 i 基金在 t 期的收益率,$R_{f,t}$为 t 期的无风险收益率,β_i 为基金投资组合的系统风险系数。当詹森指数为正时,表明基金业绩表现优于市场基准组合,大得越多,业绩越好;反之,当詹森指数为负时,表明基金业绩不如市场基准组合。

二、解释变量

我们选取基金的浮动激励费率为核心解释变量,同时选取基金规模、基金经理工作年限、基金公司成立年限、基金固定管理费率等作为其他待选解释变量,对表示基金业绩的夏普指数和詹森指数进行多元回归分析。各解释变量的定义如表 6-1 所示。

表 6-1 解释变量及其定义

解释变量	变量名称	定义
Pfmfee	浮动激励费率	公募基金全部为 0,私募基金浮动管理费率以去年基金公司年报中的公开数据为准

解释变量	变量名称	定义
Fixfee	固定管理费率	以基金公司去年公开年报中的数据为准
Size	基金规模	公募基金取样本区间基金的平均规模,私募基金取基金的实际发行规模
Time	基金成立时间	基金自成立之日起至 2014 年 4 月,单位为年
Time1	基金公司成立时间	基金公司成立的年限
Experience	基金经理从业时间	基金经理从事证券行业的工作年限

三、数据来源

（一）私募基金样本选取

私募基金的备选样本为 2007 年 1 月 1 日至 2013 年 9 月 30 日之间成立的,且成立时间在半年以上的拥有完整资料的阳光私募。根据这样的筛选条件,我们选择了 29 个私募基金样本用于实证研究。由于这样选取的样本较少,为了增加研究结果的准确性,在不同的研究目的下我们选取不同的样本。

（二）公募基金样本选取

公募基金的备选样本为 2007 年 1 月 1 日至 2013 年 9 月 30 日之间成立的成立时间超过半年的公募基金。之所以采用 2007 年之后成立的公募基金,是因为这样能够与私募基金样本的成立时间取得最大的重叠,以使公募基金和私募基金的宏观经理环境具有可比性。接着我们从样本中提取了开放式混合型基金,剔除了货币型基金、债券型基金、股票型基金和其他风格基金。本研究中对公募基金投资风格的划分是根据《证券投资基金运作管理办法》确定的。该办法自 2004 年 7 月 1 日起施行,其中第四章第二十九条规定:

"基金合同和基金招募说明书应当按照下列规定载明基金的类别:

（一）百分之六十以上的基金资产投资于股票的,为股票型基金;

（二）百分之八十以上的基金资产投资于债券的,为债券型基金;

（三）仅投资于货币市场工具的,为货币市场基金;

（四）投资于股票、债券和货币市场工具,并且股票投资和债券投资的比例不符合第（一）项、第（二）项规定的,为混合基金;

（五）中国证监会规定的其他基金类别。"

之所以选择开放式混合型基金,是因为我国混合型基金对股票仓位都有明确的上下限限制。在 2007 年之前,混合型公募基金对股票类投资的上限多为 95%,2007 年后基金公司普遍将股票投资的上限调整为 80%,下限一般为

20%，以在获得一定风险报酬的同时降低风险。一般而言，混合型基金股票最低仓位不能低于60%，债券最高仓位不能高于80%，只要基金设计的投资比例范围与这两条不相抵触，就可以作为混合型基金看待。按照这样的筛选标准，我们选择了166只开放式混合型公募基金最为实证研究样本。

（三）其他数据来源

本研究以一年期定期存款利率作为无风险收益指标，其数据来源于中国人民银行网站。阳光私募和开放式混合型公募基金的数据来自 Wind 资讯客户端，Wind 资讯对公募基金投资风格的划分以上文中证监会 2007 年发布的《证券投资基金运作管理办法》为准。由于阳光私募信息的不完全公开性，部分数据如基金经理的工作年限和学历等 Wind 资讯中也未收录。基金经理的工作年限和学历的数据主要来自好买基金网和私募排排网上对私募基金经理的介绍。

四、变量的描述性统计

因为研究目的不同，以下对样本基金所作的描述性统计中所取样本有所不同。针对不同研究目的选取样本的标准会在下文中分别指出。

（一）基金成立时间比较

表 6-2 是对样本基金的成立时间的描述性统计，所取样本为 2007 年至 2013 年底期间成立的拥有明确成立时间的开放式混合型公募基金和阳光私募。从中我们可以看出，公募基金的数量总体来说远远超过私募基金。从基金公司成立的年份分布来看，公募基金的成立时间比较平均，私募基金的成立时间波动性很大。

表 6-2　基金成立时间比较

样本基金 成立时间	公募基金		阳光私募	
	基金数量	占比（%）	基金数量	占比（%）
2007	16	9.64	10	34.48
2008	19	11.45	2	6.90
2009	20	12.05	1	3.45
2010	8	4.82	0	0.00
2011	25	15.06	10	34.48
2012	27	16.27	5	17.24
2013	51	30.72	1	3.45
总计	166	100.00	29	100.00

资料来源：Wind 资讯。

（二）基金经理经验比较

公募基金选取了 2001 年成立至今历任时间最长的基金经理进行统计,私募基金选取了 2007 年以来基金经理中历任时间最长者进行统计。

从表 6-3 中我们可以看出,公募基金的基金经理中硕士占到绝大多数,比例超过 80%,而在私募基金中硕士虽然也为主流,本科和博士学历也都超过 10% 的比例。从表 6-4 中我们可以看出,私募基金经理的平均从业年限远远高于公募基金。这说明私募基金对基金经理投资从业经验的要求更高,同时也说明私募基金更能吸引到从业时间长、投资经验丰富的基金经理。

表 6-3　基金经理学历比较

基金经理学历	开放式混合型公募基金		阳光私募	
	数量	占比(%)	数量	占比(%)
本科	13	3.96	160	11.51
硕士	276	84.15	1045	75.18
博士	39	11.89	185	13.31
总计	328	100.00	1390	100.00

数据来源:Wind 资讯、私募排排网、好买基金网。

表 6-4　基金经理工作年限比较

基金经理工作年限	开放式混合型公募基金		阳光私募	
	数量	占比(%)	数量	占比(%)
<1	29	9.93	29	8.48
1—3	88	30.14	12	3.51
3—5	83	28.42	40	11.70
5—7	54	18.49	10	2.92
7—9	30	10.27	13	3.80
>9	8	2.74	238	69.59
总计	292	100.00	342	100.00

数据来源:Wind 资讯、私募排排网、好买基金网。

（三）基金规模比较

从表 6-5 中我们可以看出,开放式混合型公募基金的规模远远超过私募基金的规模。公募基金的平均资产规模达到 11.20 亿元,而阳光私募的平均资产规模只有 0.82 亿元,两者差异悬殊。而且从标准差也可以看出公募基金的规模相差很大,而私募基金的规模比较平均。

表 6-5 基金规模比较

基金规模(亿元)	公募基金	阳光私募	全部基金样本
均值	11.20	0.82	9.66
中位数	4.89	0.56	3.83
最大值	159.02	4.83	159.02
最小值	0.075	0.06	0.06
标准差	18.88	0.93	17.81

数据来源:Wind 资讯。

(四)基金业绩比较

从表 6-6 中我们可以看出 2007 年至 2013 年底阳光私募经风险调整后的两个业绩指标——夏普指数和詹森指数,无论从平均值还是中位数来看都明显优于公募基金。但从最大值来看,公募基金中也有一些黑马业绩卓越。从基金业绩的标准差来看,私募基金业绩的标准差明显高于公募基金,说明私募基金的总体风险水平高于公募基金。

表 6-6 基金业绩比较

描述性指标	夏普指数		詹森指数	
	公募基金	阳光私募	公募基金	阳光私募
均值	0.01	0.31	0.07	0.131
中位数	0.11	0.67	0.03	0.08
最大值	2.71	2.41	0.52	0.44
最小值	−3.58	−1.62	−0.24	−0.24
标准差	0.88	0.97	0.13	0.22

数据来源:Wind 资讯。

(五)基金固定管理费率比较

表 6-7 展示了混合型公募基金和阳光私募固定管理费率的描述性统计。从中我们可以看出,公募基金的平均固定管理费率为 1.5% 左右,而阳光私募的固定管理费率相对较低,平均值为 0.9%。这说明了公募基金的激励制度偏向于"高固定—低浮动"模式,而私募基金偏向于"低固定—高浮动"模式。

表 6-7　基金固定管理费率比较

固定管理费率(%)	公募基金	阳光私募	全部基金样本
均值	1.39	0.91	1.32
中位数	1.50	1	1.50
最大值	1.5	1.25	1.50
最小值	0.60	0.22	0.22
标准差	0.17	0.23	0.25

数据来源：Wind 资讯。

第五节　研究假设与回归分析

一、研究假设

基于国内外的相关研究，本研究对于解释变量对被解释变量的假设如下：

假设 1：基金规模和基金业绩之间存在倒 U 形的非线性关系。因为随着基金规模的扩大，规模效应会导致基金的单位费用下降，但达到一定规模后基金经理会失去灵活性，使他们很难在期望价格实现自由的证券买卖。另外大规模的资金可能会使基金经理加大投资风险，投资于次优股票。因此，超过最优基金规模后，基金业绩会出现下降。

假设 2：基金经理证券业工作年限与基金的业绩呈正相关关系。基金经理的工作年限越久，越能积累足够的证券业经验，拥有更好的选股能力和择时能力，基金业绩也会相对更好。

假设 3：基金公司的成立年限与基金的业绩呈正相关关系。基金公司成立的时间越长，发行的基金产品数量越多，积累的基金管理经验越多，公司治理结构越完善，越能吸引到优秀的基金经理，进而带来更优异的基金业绩。

假设 4：基金的浮动管理费率与基金的业绩呈正相关关系。基金的浮动管理费率直接影响了基金经理可以得到的浮动激励报酬。越高的业绩激励比例越能激励基金经理努力工作，进而带来更高的基金业绩。

假设 5：基金的固定管理费率与基金的业绩呈负相关关系。不论基金业绩好坏，基金经理都能得到基金净值乘以固定管理费率的报酬，越高的固定报酬意味着基金经理不用非常努力也可以拿到高额的利润，这会降低基金经理的积极性，导致基金业绩下降。

二、实证结果与回归分析

(一)实证结果

我们首先选取浮动管理费率作为唯一的解释变量,对基金的夏普指数进行回归得到方程 1;接着我们引入固定管理费率作为解释变量,得到方程 2;接下去我们依次引入了基金经理的工作年限、基金成立年限、基金规模及其平方、基金公司成立年限作为解释变量。当引入的变量使所有解释变量系数显著并且 R^2 有明显提高时,我们保留该解释变量至下一个方程;当解释变量改变了原本显著的解释变量的系数正负号,或使原本显著的解释变量不显著,或降低了 R^2,我们将舍弃该解释变量。最后我们尝试引入一些符合经济原理的解释变量,例如 Time Exp(基金成立年限和基金经理工作年限的交叉项)、Time1Exp(基金公司年限和基金经理工作年限的交叉项)等加入到模型中进行回归,最终挑选出符合上述规则的解释变量。按照这样的顺序,我们分别对夏普指数和詹森指数两个代表基金业绩表现的指标进行了回归,得到的结果分别如表 6-8 和表 6-9 所示。

表 6-8 以夏普指数为被解释变量的实证结果

解释变量	方程 1	方程 2	方程 3	方程 4	方程 5	方程 6	方程 7
Pfmfee	2.984*** (0.0054)	5.230*** (0.0001)	5.664*** (0.0000)	4.793*** (0.0003)	5.214*** (0.0001)	4.885*** (0.0003)	5.427*** (0.0001)
Fixfee		0.933*** (0.0030)	0.880*** (0.0058)	0.780** (0.0156)	0.812** (0.0117)	0.776** (0.0168)	0.631* (0.0550)
Experience			−0.015 (0.3397)				
Time				0.054* (0.0707)	0.056* (0.0599)	0.054* (0.0881)	0.102*** (0.0088)
Size						0.004 (0.6033)	
Size2						−4.61E-09 (0.481)	
Time1					−0.0007 (0.1113)		
Time Exp							−0.0068* (0.0546)
R^2	0.039	0.083	0.087	0.098	0.110	0.101	0.116

注:参数下括号中数据为显著水平的概率值(p 值);*,**,*** 分别代表在 10%,5%,1%水平下显著性。

表 6-9　以詹森指数为被解释变量的实证结果

解释变量	方程 1	方程 2	方程 3	方程 4	方程 5	方程 6	方程 7
Pfmfee	0.693*** (0.0001)	1.310*** (0.0000)	1.436*** (0.0000)	1.386*** (0.0000)	1.491*** (0.0000)	1.486*** (0.0001)	1.485*** (0.0000)
Fixfee		0.256*** (0.0000)	0.241*** (0.0000)	0.195*** (0.0001)	0.213*** (0.0000)	0.215*** (0.0000)	0.211*** (0.0000)
Experi-ence			−0.0043** (0.0647)	−0.0065*** (0.0080)	−0.0049** (0.0386)	−0.0049** (0.0408)	−0.0012* (0.7941)
Time				0.0135*** (0.0036)	0.0133*** (0.0030)	0.0143*** (0.0026)	0.0179*** (0.0068)
Size						0.000123 (0.9116)	
Size2						−5.56E-10 (0.5514)	
Time1					−0.000236*** (0.0003)	−0.000237*** (0.0003)	−0.000228*** (0.0005)
Time-Exp							−0.000949 (0.3407)
R^2	0.081150	0.205497	0.219607	0.253685	0.303720	0.307630	0.307083

注:参数下括号中数据为显著水平的概率值(p 值);*,**,*** 分别代表在 10%,5%,1%水平下显著性。

(二)回归分析

1. 浮动管理费率系数在以夏普指数和詹森指数为被解释变量的方程中系数始终为正,且在 5%的置信水平下保持显著。这意味着浮动激励费率与基金的业绩表现存在显著的正相关关系,即浮动管理费率越高,基金经理工作越努力,则基金的业绩越好。浮动激励费用对基金经理起到了有效的激励作用。

2. 在以夏普指数为被解释变量的方程组中,固定管理费率的系数随着其他变量的加入逐步下降,且显著性水平也有所下降,但其显著性水平一直维持在 10%以上。在以詹森指数为被解释变量的方程组中,固定管理费率的系数显著为正。因此,我们判断固定管理费率与基金的业绩表现呈显著的正相关关系。假设中我们认为固定管理费率越高,不论基金盈亏,基金经理都能获得固定的收益。但在现实生活中可能存在只有基金业绩好的基金经理才有机会管理固定管理费率较高的基金。

3. 基金经理的工作年限在以夏普指数为被解释变量的方程组中不显著,因此被剔除。但在以詹森指数为被解释变量的方程组中,基金经理的工作年限与詹森指数呈显著的正相关关系。夏普指数和詹森指数的区别在于：詹森指数假设投资者充分分散了非系统风险，即只考虑了超额收益率的大小；夏普指数分母为基金的全部风险，因此在考虑超额收益大小的基础上同时考虑了基金投资组合对风险的分散程度。在这种情况下我们倾向于认为基金经理的工作年限与基金的业绩关系不显著。同时，由于基金经理的工作年限很难统计，不同的网站对此的统计标准有所不同，该数据的准确性也有待商榷。

4. 基金的成立时间的系数与基金的业绩表现在以夏普指数和詹森指数为被解释变量的方程组中都是显著为正的。这意味着基金的成立时间越长，基金的业绩表现就越好。可能的解释是基金成立时间越长，基金经理对此类基金规模的投资组合操盘方式研究越深，基金的业绩表现就越好。

5. 在以夏普指数和詹森指数为被解释变量的方程组中基金的规模与业绩都并不是假设中的倒 U 形关系。基金的规模和基金规模的平方项在两个回归结果中都不显著。可能的解释是规模小的基金和规模大的基金有不同的投资策略。规模小的基金投资仓位变动更灵活，而规模大的基金虽然三十了一定的流动性，但存在规模效应。

6. 在以夏普指数为被解释变量的方程组中基金公司的成立时间与基金的业绩关系不显著；但在以詹森指数为被解释变量的方程组中，基金公司的成立时间与基金的业绩呈显著的正相关关系。一般认为基金公司成立的时间越长，发行的基金产品数量越多，积累的基金管理经验越多，公司治理结构越完善，越能吸引到优秀的基金经理，进而带来更优异的基金业绩。

7. 在两个方程组中我们都尝试加入了一些符合经济意义的交叉项，最终只有基金成立时间和基金经理的工作经验两个变量的交叉项在以夏普指数为被解释变量的方程中通过了显著性检验，但其在以詹森指数为被解释变量的方程中与詹森指数的关系不显著。因此，我们还是剔除了这一变量。

第六节　本章小结

从上述分析和实证研究中我们可以得到以下结论：

1. 在样本选取区间内开放式混合型公募基金的业绩表现平均低于阳光私募的业绩表现，但同时混合型公募基金业绩的标准差也小于阳光私募的业绩标准差，表明阳光私募的投资风险高于混合型公募基金。

2. 公募基金"高固定—低浮动"激励模式和私募基金"低固定—高浮动"激励模式的不同是导致结论一的原因之一。第一，较高的浮动管理费率可以更好地激励基金经理提高其努力程度,使其业绩更优异;第二,高浮动管理费模式的私募基金更容易吸引到投资经验丰富又有进取心,同时希望满足声誉和个人报酬的基金经理。从基金经理的描述性分析中我们可以看到,公募基金经理的工作经验和学历普遍弱于私募基金经理。

3. 激励制度不同并不是导致私募基金业绩优于公募基金业绩的唯一原因,还有很多因素在实证研究中无法量化,而这些变量也会对基金业绩产生影响。比如我国公募基金经过十几年的发展,有一套比较完善的基金经理监督机制和公司治理机制,为了规避基金经理的道德风险,一般会对投资组合设置仓位的上下限,这在一定程度上限制了公募基金经理的业绩表现。当基金经理判断未来市场呈下跌趋势时,可能因为仓位限制错失规避全部风险的机会;或当基金经理判断市场走高时,却无法将仓位提到足够高以获得更好的业绩。此外,结构化私募需要向资金池中投入一定的保底资金,当发生资产损失时需要优先垫付保底资金。这也使基金管理人有更努力工作的动力,能够更好地激励基金经理。

参考文献

[1] Agarwal, V., Daniel, N. and Naik, N. Y. Role of managerial incentives and discretion in hedge fund performance[J]. The Journal of Finance, 2009,64(5):2221-2256.

[2] Ang, A. and Sorensen, M. Risks, returns, and optimal holdings of private equity: A survey of existing approaches[J]. The Quarterly Journal of Finance, 2012,2(3).

[3] Carpenter, J. N. Does option compensation increase managerial risk appetite? [J]. The Journal of Finance, 2000, 55(5):2311-2331.

[4] Chen, Q. and Jiang, W. Career concerns and the optimal pay-for-performance sensitivity[R]. Working Paper,2006.

[5] Chung, J. et al. Incentives of private equity general partners from future fundraising. Unpublished Working Paper, Ohio State University,2010.

[6] Chung, K. H. and Zhang, H. Corporate governance and institutional ownership [J]. Journal of Financial and Quantitative Analysis, 2011,46(1): 247-273.

[7] Coase, R. H. The nature of the firm [J]. Economica, 1937,4(16): 386-405.

[8] Das, S. and Sundaram, R. Fee speech: Signaling, risk-sharing, and the

impact of fee structures on investor welfare[J]. Review of Financial Studies, 2002,15(5):1465-1497.

[9] Das, S. and Sundaram, R. A discrete-time approach to arbitrage-free pricing of credit derivatives[J]. Management Science, 2000,46(1):46-62.

[10] Do, V. , Faff, R. and Wickramanayake, J. An empirical analysis of hedge fund performance: The case of Australian hedge funds industry[J]. Journal of Multinational Financial Management, 2005,15(4):377-393.

[11] Elton, E. , Gruber, M. and Blake,C. Incentive fees and mutual funds[J]. The Journal of Finance, 2003,58(2):779-804.

[12] Gilbazo, J. and Ruizverdu, P. The relation between price and performance in the mutual fund industry[J]. The Journal of Finance, 2009,64(5):2153-2183.

[14] Gompers, P. and Lerner, J. An analysis of compensation in the US venture capital partnership[J]. Journal of Financial Economics, 1999,51(1):3-44.

[15] Grossman, S. J. and Hart, O. D. An analysis of the principal-agent's problem[J]. Econometrica: Journal of the Econometric Society, 1983:7-45.

[16] Holmstrom,B. and Milgrom, P. Multitask principal-agent analyses: Incentive contracts, asset ownership, and job design[J]. JL & Econ, 1991, 7:24.

[17] Jensen, M. and Meckling, W. Theory of the firm: Managerial behavior, agency costs and ownership structure[J]. Journal of financial economics, 1976,3(4):305-360.

[18] Klein, B. , Crawford, R. and Alchian, A. Vertical integration, appropriable rents, and the competitive contracting process[J]. JL & Econ. , 1978, 21:297.

[19] Metrick, A. and Yasuda, A. The economics of private equity funds[J]. Review of Financial Studies, 2010,23(6):2303-2341.

[20] Nanda, V. , Narayanan, M. and Warther, V. Liquidity, investment ability, and mutual fund structure[J]. Journal of Financial Economics, 2000, 57(3):417-443.

[21] Volkman,D. and Wohar, M. Determinants of persistence in relative performance of mutual funds[J]. Journal of Financial Research, 1995,18(4):415-430.

[22] Williamson，O. The economic institutions of capitalism[M]. Simon and Schuster，1985.

[23] 鲍伦树.我国私募基金的委托代理问题研究[D]. 华东师范大学学位论文,2007.

[24] 韩德宗,宋红雨.证券投资基金激励约束机制的实证研究[J]. 数量经济技术经济研究，2002(4):110—113.

[25] 李安方.美国私募基金的运作机制[J].证券市场导报，2001(5):22—26.

[26] 李豫湘,刘栋鑫. 开放式基金管理费与基金业绩、规模间的关系研究[J].财会月刊，2009(21): 78—80.

[27] 刘建香,钱省三.风险基金管理中的最优激励合同研究[J].上海理工大学学报，2001(1):39—42.

[28] 刘煜辉,欧明刚.基金激励合约的经济学分析[J].数量经济技术经济研究，2003(3):19—24.

[29] 倪进峰.从契约设计角度看中国私募证券基金企业创新发展的路径选择——通过比较分析公司制与有限合伙制私募企业的激励机制[J].经济研究导刊，2012(30):91—94.

[30] 彭振中，谭小芬,严立业.基金费率结构与基金业绩——理论模型及基于中国的实证研究[J].山西财经大学学报，2010(1):30—35.

[31] 武凯.基金管理费制度安排的激励效应与优化选择[J].证券市场导报，2005(8):33—37.

[32] 项海容与刘星.私募股权投资基金薪酬合约的激励机制研究[J].经济经纬，2009(1):146—149.

[33] 肖奎喜.开放式基金的费用率与其业绩关系实证分析[J].价格月刊，2007(8): 28—30.

[34] 肖欣荣,田存志.私募基金的管理规模与最优激励契约[J].经济研究，2011(3):119—130.

[35] 曾德明,刘颖,龚红.管理费激励与基金绩效:对中国基金的实证研究[J].湖南大学学报(社会科学版)，2005(2):35—38.

[36] 赵忠辉.我国的私募证券投资基金的发展模式选择研究[D].复旦大学学位论文,2008.

第二部分

金融约束与企业金融困境

第七章 融资约束与金融困境的衡量指标[①]

第一节 引 言

根据 MM 理论,若存在完美资本市场,公司的投资决策是不受融资决策影响的,公司的内部融资成本也与外部融资成本一致。这就决定了,融资约束在完美的资本市场条件下是不存在的。然而,在现实情况下,资本市场是不完美的,由于存在信息不对称、委托代理和交易成本等等问题,融资约束广泛存在,任何处于不完美资本市场的公司都有可能受到大小不同的融资约束。

公司面临的融资约束程度是不能直接观察的。因此,在融资约束理论的实证研究中,我们必须首先解决的重要问题是——是否存在一个能够较好反映公司融资约束程度的度量指标,以及如何构造融资约束指标的问题。有不少学者针对这个问题进行了一系列研究。一方面,一部分学者借助于一些间接的单变量度量指标进行实证研究。例如:Fazzari、Hubbard 和 Petersen(以下简称 FHP)(1988)首先提出使用股利支付率作为衡量融资约束的代理变量;一些学者以公司规模作为融资约束的替代指标(Ritter,1987;Titman and Wessels,1998);Altman,Haldeman 和 Narayanan(1977)指出,利息保障倍数是公司流动性的直接代理变量;Whited(1992)、Gilchrist 等(1995)、Erickson 等(2000)使用债券等级作为融资约束的代理变量,等等。另一方面,也有一些学者采用多元财务指标构建了融资约束指数,为融资约束理论的发展提供了一个比较好的思路。例如,Cleary(1999)选取流动比率(Current)、固定利息保障倍数(FCCov)、财务松弛(Slack/K)、净利润率(NI%)、主营业务收入增长率

---

① 本章作者罗德明、朱敏。

(Sgrowth)和资产负债率(Debt)这些财务变量作为影响公司融资约束波动的相关变量,利用多元判别分析方法构造判别模型,从而得到 Z_{FC} 指数;Lamont、Polk 和 Saa-Requejo(2001)在考察融资约束与股票收益时,按照 Kaplan 和 Zingales(以下简称 KZ)(1997)的研究思路,构造了反映公司融资约束程度的KZ 指数;Whited 和 Wu(2006)在考察融资约束风险与股票收益时,通过对欧拉投资方程进行估计,构建了一个公司外部融资约束指数——WW 指数,等等。

对于现阶段可以用于我国实践的融资约束指标的研究来说,我国的融资约束相关研究大多采用的是单变量指标。例如:冯巍(1999)以股利支付率作为衡量融资约束的替代变量;姜秀珍、全林和陈俊芳(2003)以公司规模作为衡量融资约束的替代变量;李胜楠、牛建波(2005)以负债水平作为衡量融资约束的变量;郑江淮、何旭强、王华(2001)从股权结构角度出发,研究第一大股东持股比例与投资—现金流敏感性之间的关系。使用单变量融资约束指数进行实证研究,优点十分明显——实证方法较为便捷。但缺点也十分显著——影响上市公司融资约束的变量是多种多样的,如果我们使用不同的变量作为衡量融资约束大小的指标,那么经过划分后的样本分组也会有所改变,进而可能会造成一定的误差。因此,也有一些学者采用多元财务指标构建了融资约束指数,这些指数多建立在国外资本市场的基础之上。我国的资本市场有其特殊性,若直接采用西方的经验研究,未必适用。为了使得研究成果更为准确,本章试图以我国上市公司为样本,参考国外学者构造多变量指数的方法,构建一个适用于我国的融资约束指数,并将该指数进行实证的应用。

基于以上考虑,本章研究目的主要有:第一,在对融资约束指标的相关文献进行归纳和总结的基础上,利用我国资本市场的数据,借鉴国内外学者在构建相关指数指标时的计量方法,构建反映我国上市公司外部融资约束程度的融资约束指标。以此试图为国内的后续研究提供可行的研究工具。第二,将构建好的融资约束指标,应用于公司金融研究中的投资—现金流敏感性问题,以此间接对本章所构建的融资约束指标进行评价。

本章利用我国资本市场的数据,试图寻找一个适合于我国上市公司的融资约束的指数,为国内的后续研究提供一个基础性的研究工具和方法。造成公司融资约束的因素,诸如资本市场中市场参与者之间的信息不对称、代理问题和逆向选择等等,很难进行准确的量化。然而我们知道,若要进行实证研究,就必须有一个较为准确的融资约束替代指标,而现有的融资约束的衡量指标多由国外的学者设计,其基于的是西方较为成熟的市场,未必适合中国市场的情况。因此,本章在已有文献的基础上,结合我国上市公司的实际情况,利用我国资本市场的数据,试图寻求一个较好的融资约束综合指数,可以为国内的研究提出一个较为可靠的研究工具。

本章结构安排如下。第二节是文献综述,是对国内外相关文献进行一个回顾。首先讨论融资约束的成因方面的文献,通过对信息不对称、委托代理问题和外部交易成本问题三个方面的阐述,指出融资约束的存在性,以及对产生原理做出概括性的介绍。接着讨论国内外融资约束衡量指标的相关文献。考虑到融资约束的存在对公司的投资行为有着重要的影响作用,我们接下来围绕融资约束的存在对公司投资的关系,对该领域的经验研究文献进行了回顾。

第三节通过借鉴以往国内外的经验,进行方法设计并构建模型。首先,进行样本筛选和数据处理;其次,通过对以往文献的总结,对本章进行实证研究所选用的变量进行选择,同时进行样本的预分组;接着,确立了 Logistic 回归模型作为构建融资约束指数的模型基础;最后,运用前文中选择的财务指标样本,进行 Logistic 回归,最终得到了一个可以描述我国上市公司融资约束的指标,并在这一部分中通过对回归总体显著性的检验。

第四节是融资约束指标的应用与评价。本节运用第三节中构造出来的融资约束衡量指数,应用于公司财务理论研究的投资—现金流敏感性的实证分析,同时也进行了常用指数的比较,间接地对我们所构建的融资约束指数进行评价。

最后,第五节总结了全文:提出了一个适用于中国市场的衡量融资约束的可行模型,并借助这个指数应用于融资约束和公司投资关系的实证研究。我们也阐述了本章存在的一些缺点和不足,同时对于本章可以发展的方向进行了展望。

第二节　文献综述

融资约束是公司金融研究的核心问题,国内外诸多学者针对该主题进行了研究。本章的文献综述主要分四个部分:第一部分介绍融资约束的成因;第二部分涉及融资约束衡量指标的相关文献;第三部分简要概括公司投资的融资约束理论研究的发展;第四部分是对文献综述的评述。

一、融资约束的定义和成因

(一)融资约束的定义

FHP(1988)在其具有开创性的研究中,将融资约束作了以下定义:融资约束是,在资本市场不完善的情况下,由于公司内外部融资成本存在较大差异,导致内外融资具有不完全替代性,并由此产生投资低于最优水平、投资决策过于依赖公司内部资金的问题。

融资约束的产生有其内在的理论基础。根据 MM 理论,在完美的金融市场上,一个公司的内部资金和外部资金可以无差别替代,上市公司内部融资成本和外部融资成本一致,因此公司的投资行为不会受到该公司财务状况的影响,上市公司的股价可以完全反映公司本身的价值,也就不存在融资约束。然而在现实的条件下,完美金融市场的条件是无法达到的。由于信息不对称(Myers and Majluf,1984)、委托代理问题(Jensen and Mecking,1976;Gertler,1992)和外部交易成本问题(Stiglitz and Weiss,1981)的存在,内部融资的成本相较于外部融资成本而言,要低廉得多,所以,公司都会偏向于进行内部融资。在公司有意向进行投资行为时,鉴于外部融资成本较高,公司具有内部融资偏好。换句话来说,当公司的外部融资发生困难时,公司会倾向于进行内部融资而非外部融资,融资约束的问题就产生了。

(二)融资约束的成因

融资约束的产生主要源于资本市场实际存在的以下因素:

(1)融资约束的产生首先是由于信息不对称问题。信息不对称理论是指,各类人员在市场经济活动中对有关信息的了解和掌握是有差别的:掌握信息比较充分的个人或群体,经常处于比较有利的地位;而相反地,信息匮乏的个人或群体,则处于比较不利的地位。信息不对称问题会对处于信息劣势人的决策造成负面的影响。在现实的不完美的市场中,信息不对称理论是产生融资约束问题的理论基础之一。相对于银行等金融机构,上市公司占有相对的信息优势。Myers 和 Majluf(1984)指出,正是因为信息不对称问题的存在,外部融资约束的成本会增加,最终导致内外部融资约束的成本产生差异,从而导致投资人对高成本的外部融资产生依赖。FHP(1988)指出,内部融资和外部融资不能替代的原因来自于信息不对称,当外部融资成本高于内部融资成本时,公司会不得不倾向于使用成本较低的内部融资进行投资,内部融资成本与外部融资成本的差异便形成了融资约束问题。Bond 和 Meghir(1994)运用多种不同的融资约束衡量方式,研究投资—现金流关系,结论支持了信息不对称理论。

（2）融资约束问题产生的另一个原因是委托代理问题，它的存在使得资本市场的情况更加复杂。Jensen 和 Meckling(1976)指出，代理人相较于委托人而言，拥有更多的信息，这种信息不对称的现象会产生"逆向选择"。正是由于"逆向选择"的存在，代理人可能会选择其他方式进行谋利，影响委托人对其的监控，继而导致外部融资成本高于内部融资成本，产生融资约束问题。Bernanke、Gertler(1989)，Gertler(1992)都认为代理成本会导致内外部融资成本差异。信息不对称理论，以及由此衍生出来的委托代理、逆向选择、道德风险等理论都是解释融资约束的存在性的理论基础。

（3）融资约束的产生也是因为交易成本的存在。我们知道，在金融市场中，股票或者债券的发行都会产生交易成本，多种多样的费用的存在会导致内外部融资成本有差异。公司进行投资行为时，若选择内部资金，就可以避免支付相应的交易费用。因此，当公司面临内部融资和外部融资的选择时，会考虑使用成本相对低的资金，即内部资金。这个过程也导致了融资约束的产生。

二、融资约束的衡量指标

对于融资约束问题的研究，必须首先要解决的重要问题是：我们如何去找到一个可以衡量其大小的指标。不同指标的选取，可能会导致不同的实证结果。到目前为止，国内外学者也对如何衡量融资约束进行了一系列的研究，方法和指标众多，但在该领域还没有得到一个具有普遍性和广泛适用性的，能够衡量融资约束大小的指数。大多数学者是根据本国资本市场的具体情况，选择适合于本国背景的融资约束指数。而中国在此方面的研究可能有所欠缺。

根据以往国内外学者的研究方法，构建融资约束指数的方法主要分为两大类：单变量融资约束指数（比如股利支付率、公司规模、利息保障倍数等）和多元变量融资约束指数（由多个与融资约束程度相关的变量构建而成）。

（一）单变量的衡量指数

1. 股利支付率

FHP(1988)在他们的研究中，首先提出了使用股利支付率作为衡量融资约束的替代变量。原因是：股利支付率可以反映上市公司留存收益的多少，进而反映上市公司内部资本的多少。具体可以分为两个情况进行分析：当公司面临的内部融资成本和外部融资成本相差不大时，公司不会保留太多的内部留存收益，而选择支付较高的股利；内部资本不够时，直接使用外部融资就可以满足投资的要求，这时候股利支付率也较高。相反地，当公司面临的外部融资成本明显要高于内部融资成本时，公司会保留大部分的现金以满足新投资的需求,而减少股利的发放,这时候股利支付率就较低。因此,公司股利支付率的高低能够衡量公司所受融资约束程度:股利支付率越高,表明公司有较高的内部现金流或外部融资难度较低,公司受到的融资约束较小;股利支付率越低,表明公司受到的融资约束较大。Gilchrist(1990)以一个实证研究表明:公司最优投资行为的欧拉方程在股利支付率较低时,会被拒绝,在股利支付率较高时则不会。因此,Gilchrist(1990)的结果可以进一步支持股利支付率作为公司融资约束程度衡量指数的结论。

不少国内学者也以股利支付率作为衡量融资约束的替代变量。冯巍(1999)对融资约束下公司投资与现金流关系的实证研究在国内是具有开创性的。冯巍(1999)考虑的是在沪深两股的135家制造业上市公司1995—1997年的样本数据,沿袭了FHP(1988)的研究思路和方法,以股利支付的情况为指标,将样本分为存在融资约束以及不存在融资约束两大组,考察现金流对这高低两组公司投资水平会产生的影响。

除此以外,Fazzari和Petersen(1993),Vogt(1994),刘俏、戚戎(2003),Almeida、Campello和Weisbach(2004),魏锋、刘星(2004),以及魏锋、孔煜(2005)等均采用股利支付率作为融资约束的度量指标,将研究样本划分为高融资约束组和低融资约束组,并进行了相关的实证研究。

2. 利息保障倍数

利息保障倍数能够衡量上市公司利息支付的能力。具体来说,它是生产所得的息税前利润EBIT和利息费用的比例。Altman、Haldeman和Narayanan(1977)提出,上市公司的流动性可以通过利息保障倍数直接替代表示,它能够反映上市公司的债务资本获利能力以及整体的财务情况,与其他反映公司财务健康的变量存在高度相关性(Gertler and Gilchrist,1994;Bernanke and Gertler,1995)。Guariglia(1999)指出,外部融资成本与利息保障倍数之间呈递减的关系。综上所述,利息保障倍数可以作为衡量上市公司外部融资约束大小的替代性变量:公司的利息保障倍数越低,所受到的融资约束可能性越大。

此外,许多学者,诸如Whited(1992),Gertler和Gilchrist(1994),Hu和Schiantarelli(1998),Guariglia和Schiantarelli(1998),Guariglia(1999,2000),Basu和Guariglia(2002),Aggarwal和Zong(2003),Bates(2005),Carpenter和Guariglia(2008)在进行融资约束决策时,都使用了利息保障倍数来衡量融资约束的大小,进而将样本划分为高融资约束组和低融资约束组。

3. 公司规模

一些学者以公司规模作为融资约束的替代指标。选择公司规模的原因主要是：小规模公司的信息较难获得，造成了较为严重的信息不对称，由此会产生逆向选择或道德风险等问题。按照前文的论述，信息不对称及相应产生的逆向选择或道德风险问题均有可能造成融资约束的产生。由于规模效应的存在，小规模公司在发行证券时，有可能要承担大于大规模公司的融资成本（Ritter，1987）。小规模公司多元化程度不高、盈余波动性较大、破产可能性较高，较难或根本不能获得外部资金（Titman、Wessels，1988）。综上所述，公司规模可以用来衡量融资约束的大小，小规模公司更容易受到融资约束，大规模公司受到的融资约束可能较小。

同样地，也有一部分我国学者借鉴国外的经验，以公司规模为指标来划分上市公司的融资约束大小。比如姜秀珍、全林和陈俊芳（2003）运用横截面数据（2000年和2001年的沪市上市公司），分析了不同公司规模大小的上市公司投资与现金流的关系。

Gertler和Hubbard（1988），Devereux和Schiantarelli（1990），Whited（1992），Oliner和Rudebusch（1992），Fazzari和Petersen（1993），Gilchrist和Himmelberg（1995），Almeida、Campello和Weisbach（2004），以及李延喜等（2005）等在研究融资约束和公司投资时均将公司规模作为融资约束程度的度量指标进行分组研究。

4. 其他指标

在替代变量的选择上，也有不少学者使用了其他指标。Chirinko和Schaller（1995）使用的是成熟度、股权集中度等指标。Whited（1992），Gilchrist等（1995），Erickson等（2000）使用的是债券等级指标。Calomiris和Hubbard（1995），以及Almeida等（2004）使用的是商业票据指标。

（二）多变量的衡量指数

KZ（1997）在衡量融资约束大小程度时，综合了定性的信息和定量的信息，构造了一个可以反映综合财务情况的指数。在划分样本观察值时，KZ（1997）划分的组别一共有五组，非融资约束组（NFC）、可能非融资约束组（LNFC）、或许融资约束组（PFC）、可能融资约束组（LFC）和融资约束组（FC）。将可以反映融资约束大小的信息汇总，进而确定样本公司受到的融资约束程度的大小。Lamont、Polk和Saa-Requejo（2001）在考察融资约束与股票收益的关系时，沿袭了KZ（1997）的模型，进行次序逻辑（Ordered Logit）回归分析，并利用估计系数构造KZ指数：

$$KZ = -1.002Cashflow + 0.283Q + 3.139Lev + 39.367Div - 1.315Cashholding$$

$$(7.1)$$

Cleary（1999）运用的是多元判别分析方法，在融资约束指数构造过程中，选取流动比率(Current)、固定利息保障倍数(FCCov)、财务松弛(Slack/K)、净利润率(NI%)、主营业务收入增长率(Sgrowth)和资产负债率(Debt)等财务变量,从而得到融资约束指数。指数的大小与融资约束指数大小呈现负向的关系,融资约束指数高的公司表明公司受到的融资约束程度较低;判别值低的公司表明公司受到的融资约束程度较高。Cleary(1999)构造的指数结构如下:

$$ZFC = \beta_1 Current + \beta_2 FCCov + \beta_3 \frac{Slack}{K}$$
$$+ \beta_4 NI\% + \beta_5 Sgrowth + \beta_6 Debt \qquad (7.2)$$

Whited 和 Wu(2006)构造了 WW 指数,以此来考察融资约束风险与股票收益的关系。他们选取销售收入增长率(SG)、长期负债与资产比率(LDebt)、总资产的自然对数(LNTA)、股利支付率(Div)、行业销售增长率(ISG)以及现金流与总资产比率(CF)等指标,利用 GMM 方法进行估计,所得到的 WW 指数为:

$$WW = 0.091CF - 0.062Div + 0.021LDebt$$
$$- 0.044LNTA + 0.102ISG - 0.035SG \qquad (7.3)$$

汪强等(2008)的实证研究参照了 Cleary(1999)的 ZFC 指数,反映融资约束程度的变量。汪强等(2008)根据我国金融市场的实际情况,另外加入了经营活动产生的现金流量净额(Cf)、松弛变量(Slack)、现金存量(Cs)、现金股利(Dividend)4 个变量,运用逐步判别分析法(Fisher 判别函数)对变量进行筛选,最终得到含 7 个变量的 ZFC 指数。

Polk(2008)模仿了 KZ(1997)的方法,选取现金流、成长机会、资产负债率等相关指标构建了衡量融资约束的 KZ 函数。KZ 指数的构造计算比较精确,对融资约束的分析具有指导的意义。

$$KZ = \beta_1 Cashflow + \beta_2 Q + \beta_3 Lev + \beta_4 Div - \beta_5 Cashholding \qquad (7.4)$$

Hadlock 和 Pierce(2010)收集了 1995 年到 2004 年之间的随机样本,通过实证检验反驳了 KZ 指数在衡量融资约束方面的有效性。Hadlock 和 Pierce(2010)发现,企业的规模(Size)和企业的年龄(Age)是衡量融资约束水平有效指标,且构造了 SA 指标:

$$SA = -0.7375Size + 0.043Size^2 - 0.040Age \qquad (7.5)$$

三、公司投资的融资约束

公司投资的融资约束理论脉络中,Fazzari、Hubbard 和 Petersen(1988,2000),Kaplan 和 Zingales(1997,2000),以及 Cleary(1999)之间的争论最为精

彩,他们的文章也成为研究融资约束下的企业投资理论的经典文献。自此国内外学者对该领域进行了广泛的研究,虽然结论有所不同,但这些研究成果,对于本章的实证研究,仍然具有相当大的参考意义。本章在以下部分,对公司投资的融资约束理论发展的脉络进行整理。

（一）国外相关文献

Fazzari、Hubbard 和 Petersen(1988)以 1970—1984 年 421 家制造业公司作为样本数据,使用了股利支付率作为替代变量来解释融资约束,按照受融资约束的可能性从高到低把样本公司分为三类,即低股利支付公司、一般股利支付公司和高股利支付公司。FHP(1988)通过对多种模型进行验证,得出了如下结论:现金流量的系数为正值,并且随着股利占收入的比率的降低而增大。这表明低股利支付率的公司,投资—现金流敏感性比高股利支付率的公司高。

继 FHP 的研究之后,学术界涌现了大量关于投资—现金流敏感性的研究,且大都以 FHP 的研究为基础。Hoshi、Kashyap 和 Scharfstein(1991)的研究发现,非集团成员公司的现金流对投资的影响更大。公司规模大的公司集团比较容易获得外部融资,因此相比独立公司而言,受到的融资约束较小,而且投资—现金流敏感性关系较弱。

Whited(1992),Bond 和 Meghir(1994)运用欧拉方程(不需要衡量托宾Q),建立内外部融资模型,测试融资约束是否与一组特定的公司有关。Whited(1992)选用了从 1972 年到 1986 年期间的 325 家美国制造业公司作为样本,Bond 和 Meghir(1994)选用了 626 家英国制造业公司 1974 年到 1986 年的非平衡面板数据作为样本。这些研究都支持了 FHP(1988)的基本结论。同时,Aggarwal 和 Zong(2006)以美国、日本、英国、德国的共 3072 家公司为研究样本,验证了投资与现金流的正向关系,同样支持 FHP(1988)的结论。

然而,也有些学者对 FHP(1988)提出的融资约束与上市公司投资—现金流敏感性单调关系的结论进行了批判。KZ(1997)就是进行批判的先驱者,他们利用公司年报中各种定量和定性信息相结合评价出的综合财务状况来度量公司的融资约束程度。在分组方面,KZ(1997)将样本公司的观察值划分为五个组:非融资约束组(NFC)、可能非融资约束组(LNFC)、或许融资约束组(PFC)、可能融资约束组(LFC)和融资约束组(FC)。所用的数据信息来自于对公众和公司股东的调查、对公司运作水平和流动性的讨论以及公司财务报表所反映的公司年度财务状况(如包括现金流、增长率、股利、利息保障倍数和债务等在内的财务指标数据),他们将这些信息汇总成总测量指标,以确定每家公司受融资约束的程度。最后,KZ(1997)通过对样本中 49 家股利支付率较低的公司进行了重新检验,得出了与 FHP(1988)相反的结论。KZ(1997)

进一步指出,融资约束程度与投资—现金流敏感性之间并不存在必然的单调关系,FHP(1988)所得到的投资—现金流敏感性差异不能作为融资约束存在的依据。

　　FHP与KZ双方的争论引起了很多学者对此的兴趣。Cleary(1999)运用KZ指数度量金融约束,支持了KZ(1997)的结论。Moyen(2004)指出,FHP(1988)与KZ(1997)研究的差别在于衡量公司是否受到融资约束的标准不同。Cleary、Povel和Raith(2004)使用相同的数据进行了两组回归,分别得到了FHP(1988)与KZ(1997)的结果,因此下结论说二者之间并不矛盾。得到两种不同结果的关键是,前者使用了信息不对称的程度来衡量融资约束的大小,后者使用了与公司内部资金有关的指标作为公司受到融资约束的判断标准。Vogt(2005)试图对上述两种截然不同的观点作出解释。他发现,上市公司受到的融资约束比较小时,投资—现金流敏感性还是处在一个比较高的水平。当企业缺乏较好的投资机会时,面临的融资约束较小,但是因为委托代理的存在,管理者可能会出于对个人利益的驱使,将公司内部多余的资金用到一些高风险的投资项目内,以期获得个人收益。这种行为往往导致企业投资过度,而投资—现金流敏感性仍较高的反常现象。

(二)国内相关文献

　　国内学者也对公司投资的融资约束问题进行了一系列的讨论,针对融资约束及其对投资行为的影响也进行了一定的研究。国内学者在沿袭FHP(1988)的模式进行研究的基础上,同时也考虑到中国的资本市场与西方资本市场有较大的差异性,进行了针对我国市场的特点的研究。

　　冯巍(1999)是最早对该领域进行研究的中国学者。他参照FHP(1988)的研究方法,以股利支付率作为衡量公司融资约束大小的单变量指标,研究得出了股利支付率较低的上市公司面临融资约束的结论。俞乔、陈剑波(2001)将研究范围浓缩到大、中型乡镇公司。该文发现,在资金的供应方面,非国有公司受到的外部融资约束较大。国有银行在信贷控制方面对非国有企业存在一定的偏见,并不倾向于给他们提供信贷资金,因此非国有公司会受到较大的融资约束。郑江淮等(2001)发现,国家股比重越低,上市公司受到外源融资约束越小;国家股比重较高的上市公司受到的外部融资约束较为严重。何金耿、丁加华(2001)发现,投资水平与内部现金流之间呈现很强的正相关关系,上市公司的股利支付率越低,投资对内部现金流的依赖性就越强。何金耿(2002)认为,上市公司由国有股控股时,投资与现金流之间存在显著的依赖性;上市公司由法人控股时,投资与现金流量存在显著的相关性,上市公司的股权分散时,具有较高的公司价值和投资机会。魏锋等(2004)认为,金融市场不确定性的增加会加剧融资约束对公司投资行为的影响。饶育蕾、汪玉英(2006)发现第一大股东持股比例与投资—现金流敏感性之间呈显著的负相关关系。汪强(2008)发现,融资约束较高的企业比融资约束较低的企业有更高的投资—现金流敏感性。公司治理比较好的情况下,融资约束程度越高的企业有更高的投资—现金流敏感性;公司治理比较差的情况下,中等融资约束企业的投资—现金流敏感性比高、低融资约束企业低,融资约束程度与投资—现金流敏感性呈 U 形。曹书军(2010)认为,现金流的波动性能够在一定程度影响上市公司的外部融资约束程度,较低的现金流和较高的现金流波动性水平都会提高公司的融资约束的大小,继而导致公司过度投资或者投资不足。

四、文献总结与评述

1. 文献综述部分首先简要解释了融资约束存在的成因。由于信息不对称(Myers and Majluf,1984)、委托代理问题(Jensen and Mecking,1976;Gertler,1992)和外部交易成本问题(Stiglitz and Weiss,1981)的存在,相对于公司外部融资,公司内部现金流的成本更为低廉。融资约束的问题由此产生。

2. 文献综述部分针对国内外学者在融资约束指标的选择上进行了回顾。由于不存在一个现有的财务指标来有效地度量融资约束的大小,因此寻找一个有效的替代变量显得十分重要。建立融资约束指数的方法主要分为两大类:单变量融资约束指数(比如股利支付率、公司规模、利息保障倍数等)和多元变量融资约束指数(由多个与融资约束程度相关的变量构建而成)。

3. 关于公司投资的融资约束的理论,国外的主要观点由 FHP(1988、2000)与 KZ(1997、2000)以及 Cleary(1999)提出,自此国内外学者对该领域进行了广泛的研究。尽管研究结论不同,但正因为如此,也令此领域的研究更加富有现实意义。

第三节　融资约束指标的构建

本节借鉴以往文献的经验,使用在构建财务类指数中十分常用的 Logistic 模型方法,运用 1999—2010 年沪深两股上市公司的数据,进行融资约束指数的构建。并在构建完融资约束指数后,对该指数的分布进行描述性的统计。

一、指标构建

（一）样本选择和数据来源

本研究选取 1999—2010 年沪深两市 A 股非 ST 上市公司为研究样本。我们经过了如下的筛选：

（1）研究对象为 A 股，而非 B 股上市公司。因此删去样本中的 B 股上市公司。

（2）剔除母样本中被 ST、PT 以及 ＊ST 的 T 类公司，以求避免异常值的影响。

（3）剔除金融类公司。

（4）剔除一些财务数据缺失的年数据。

（5）剔除一些财务数据异常的年数据。

对于异常值（outlier）的处理，在以往文献中通常有两种校正方法：截尾拇指规则和极值推压法（winsorization）。最常见的截尾拇指规则是指主观地去掉一些极端的数值。另一种方法是极值推压法，即不将首尾 0.5％或 1％内的极端值删除，而是替换为剩下数值中的极大值或极小值。也就是说，将极端值都推压到"边界"上。与截尾拇指规则相比，这一方法更具有系统性，而且容易统一。因此，本章采用了首尾 1％的极值推压法，以消除可能的异常值给实证分析带来的误差。

这样，经过筛选，最终我们得到 8004 个公司年度样本，文中所有的财务数据均来自国泰安 CSMAR 数据库。

（二）预分组

根据过往学者的研究经验，在进行 Logistic 回归之前，我们需要根据一定的标准，对研究样本进行分组，将整个样本划分为高融资约束组别和低融资约束组别。在进行分类之后，将高融资约束指数赋值为 1，将低融资约束指数赋值为 0。Cleary（1999）在进行预分组的时候，使用的是股利支付率，而后也有不少学者借鉴了 Cleary（1999）的方法进行融资约束指数的构建。然而，他们在选择股利支付率作为预分组指标时，存在着较大程度的纰漏，且并不适合我国的国情，其缺陷主要是：

（1）股利支付率的变化，不一定能够充分表现融资约束的大小。Bhattacharya（1979）指出，在公司受到的融资约束时间较短时，公司并不会改变股利支付率的大小，这时候股利支付率就无法表示融资约束的大小。

（2）股利支付率不变，有两方面的内涵。一种指的是公司连续两年支付了同样数额的股利；另一种指的是该公司连续两年没有支付股利。这两种公司，虽然都属于"股利支付率不变"，但在融资约束程度上有可能天差地别。

（3）我国上市公司股利政策长期以来连续性较差、随意性较大，因此，在这种情况下，公司股利政策较难正确地反映和度量上市公司所受到的融资约束程度（魏锋等，2004）。

Bhattacharya（1979）认为，利息保障倍数能更好地度量金融约束大小。Altman、Haldeman 和 Narayanan（1977）指出，利息保障倍数是公司流动性的代理变量，能够反映公司总体财务状况和获取债务资本的能力，与其他能够反映公司财务健康的变量存在高度的相关性（Gertler and Gilchrist，1994；Bernanke and Gertler，1995）。外部融资成本是利息保障倍数的递减函数（Guariglia，1999）。因此，利息保障倍数可以作为公司外部融资成本溢价的代理变量。

为了避免单一的预分组指标可能造成的分组局限性，除了利息保障倍数以外，本研究同时选用了股权账面价值，作为公司受融资约束程度的分类标准。主要借鉴的是 Athey 和 Laumas（1994）考察印度市场时的经验结果。上市公司的股权账面价值是指某科目（通常是资产类科目）的账面余额减去相关备抵项目后的净额，融资约束与股权账面价值呈负相关关系。

综上所述，本研究同时选取利息保障倍数和账面价值作为划分高低融资约束程度的标准，具体的变量定义如表 7-1 所示（其中利息保障倍数和股权资本账面值均与上市公司的融资约束呈负相关关系）。

表 7-1 预分组指标

变量名称	变量	变量定义及计算公式
FCCov	利息保障倍数	（利润总额＋利息费用）/利息费用
BValue	股权资本账面值	资产账面余额－资产折旧或摊销－资产减值准备

在确定了预分组指标后，我们对样本进行分组：

（1）将样本公司以利息保障倍数为指标从小到大排列之后，分为 3 组——高融资约束组、中融资约束组和低融资约束组。

（2）将样本公司以账面价值为指标从小到大排列之后，分为 3 组——高融资约束组、中融资约束组和低融资约束组。

（3）在分别进行了两个指标的排列之后，都能进入某一组别的，我们将之作为研究样本。

总而言之，按照上述预分组指标和具体做法，最终我们得到 2208 个低融资约束的观察值和 2184 个高融资约束的观察值。

（三）回归方法

总结以往的国内外文献，在构造上市公司融资约束指数的时候，大多数学者选用了 Logistic 回归分析法和多元判别分析法（Fisher 判别法）。二元分析法和多元判别分析法的原理相似，共同点是，总结分类的规律，以样本作为基础进行分类，然后总结出判别的规律，建立判别的模型，最后用此模型对新的样本从属的类别进行判断。当个体所属的群体数为 2 时，该分析法是二元判别法；如果个体所属的群体总数大于 2，则为多元判别分析法。从根本上来说二元 Logistic 回归分析法与多元判别分析法，在判别个体从属于哪个总体上，非常有效。

我们由二元 Logistic 回归方法的推导原理，以及总结国内外学者的实证研究结果，可以看出，相比多元判别分析法，二元 Logistic 回归分析法有一定优势，具体在于：

（1）Logistic 方法，对假设条件的要求比较宽松。它不需要判别的变量满足多元正态分布，也不需要各个组别之间的协方差矩阵相等。多元判别分析方法就要求满足比较严格的限制条件。这个就决定了 Logistic 方法在筛选相关变量时拥有较高的便捷性。

（2）Logistic 方法对样本的预分组较为简便，因为只要满足 0/1 二值品质型变量的要求，我们在分组上只要将样本分为高融资约束组和低融资约束组两组即可，较为便捷。

（3）Logistic 回归方法与直接的统计检验回归相似，并且能够具体化变量间的非线性效应，因此 Logistic 模型回归方法比多元判别分析方法更常得到使用（魏锋等，2004）。

（4）参考相关文献及以往经验，Logistic 回归方法相较于多元回归分析方法，有着更高的预测准确率。况学文（2010）针对相同的样本和变量，分别使用多元判别分析法和二元 Logistic 回归分析法，得出两个模型均具有较高的判别能力，Logistic 回归模型的判别正确率为 94.90%，多元判别模型的判别正确率为 90.00%。结果显示 Logistic 回归模型在判别准确率上更胜一等。

Logistic 回归是多元线性回归方法的一种特例。它本身与多重线性回归有很多相同之处，最大的区别就在于它们的因变量不同，而其余差异不大。正因为如此，这两种回归可以归于同一个家族，即广义线性模型（generalized linear model）。这一家族中的模型形式基本上都差不多，所不同的就是因变量不同，如果是连续的，就是多元线性回归；如果是二项分布，就是 Logistic 回归；如果是泊松分布，就是泊松回归；如果是负二项分布，就是负二项回归；等等。二项 Logistic 回归模型最大的特点在于——模型具有 0/1 二值品质型变量,也就是说,被解释变量仅有 0 和 1 两个取值。这个时候模型残差不再满足 $E(\varepsilon)=0$ 且 $Aar(\varepsilon)=\sigma^2$ 的假设条件,且残差不再服从正态分布。

Logistic 方程的推导原理如下:

设定被解释变量取值为 1 的概率为 p,p 的取值范围在 0 到 1 之间。我们把 p 看作自变量 x_1 的线性函数,利用一般线性多元回归模型建模,即 $p_{y=1}=\beta_0+\beta_{1x}$。然而在实际的应用中,因为 p 的值是在区间 $[0,1]$ 内,而且当 p 接近于 0 或 1 时,自变量即使有很大变化,p 的值也不可能有很大变化,所以对上式直接用普通最小二乘法进行估计是行不通的。所以我们对概率 p 的转换处理采用非线性转化的方式,称之为 p 的 Logistic 变换(或者 p 的 Logit 变换),过程如下(其中 $\ln\Omega$ 称为 $LogitF$):

首先,将 p 转换为 Ω:

$$\Omega=\frac{p}{1-p} \tag{7.6}$$

$$\ln\Omega=\ln(\frac{p}{1-p}) \tag{7.7}$$

然后,可用一般线性回归模型建立被解释变量与解释变量之间的相关关系模型,即 Logistic 回归模型,如下式:

$$\mathrm{LogitP}=\ln(\frac{p}{1-p})=\beta_0+\beta_i X_i \tag{7.8}$$

由式(7.8),最终有:

$$p=\exp(\beta_0+\beta_i X_i)/1+\exp[-(\beta_0+\beta_i X_i)] \tag{7.9}$$

该模型即为 Logistic 函数,体现了概率 p 与解释变量之间的非线性关系。由于 Logistic 回归模型中随机扰动项并不满足经典假设,因此,我们需要使用极大似然法进行估计。

(四)变量选择

在这一部分中,我们将对控制变量的具体定义加以说明。与此同时,还将考察以往的理论研究和经验研究,说明融资约束与各个变量之间关系的实证结果,以及理论研究对这些实证结果的解释。

我们主要参照了 KZ(1997),Cleary(1999),Lamont、Polk 和 Saa-Requejo (2001),Whited 和 Wu(2006),魏锋、刘星(2004)等相关文献,综合考虑了可以反映上市公司规模、盈利能力、现金能力、发展能力等多方面因素的财务指标,并考虑到了在国泰安数据库中数据的可获取性,最终选取了较为合适的解释变量。我们对在本章中所用到的解释变量在下表中进行了总结(见表7-2)。

表 7-2　融资约束解释变量

变量名称	变量	变量定义及计算公式
Div	股利分配率	每股现金股利/每股收益额
Size	公司规模	总资产自然对数
CF	经营活动产生的现金流	经营活动产生的现金流/总资产
CS	现金存量	(货币资金＋交易性金融资产)/总资产
Slack	财务松弛	(货币资金＋短期投资净额＋0.5×存货净额 ＋0.7×应收账款净额－短期借款)/总资产
Lev	资产负债率	负债总额/总资产
SG	收入增长率	主营收入增长率

　　股利分配率是指普通股每股现金股利与每股收益额的比率。它是反映公司的股利政策的指标,表示公司分派的股利在净收益中所占的比重。不同的公司股利分配率会有所不同,具有成长潜力的企业会将利润的较大部分留存下来,而股利分配率却较低;相反,处于成熟期的企业则将利润的较大部分派发给股东,因而股利分配率较高。此外,行业的特点也会影响股利分派率,例如公用事业收入稳定,举债容易,能获得低息举债经营的利益,所以股利分派率通常较高。股利分配率的高低反映公司留存收益的多少,进而影响公司内部资金的多少。

　　财务松弛(Financial slack,也可以称为财务冗余)作为组织冗余资源的重要组成,最早由 Myers 和 Majluf(1984)提出,财务松弛政策由现金松弛政策和负债松弛政策组成,体现为现金持有和负债冗余二者的合力。财务松弛程度反映了公司低风险地满足资金需求的能力,是公司财务灵活性的直接体现。

　　公司规模也能作为较好地反映融资约束大小的指标。一般来说,规模较大的公司,破产可能性较小,因此更容易获得贷款。大公司往往是多元化企业,破产风险低,比较成熟而且具有较高声望,因而更容易获得贷款;然而,对于小规模公司来说,信息较难获得,因此造成了较为严重的信息不对称,继而会产生逆向选择或道德风险等问题。由于规模效应的存在,小规模公司在发行证券时,有可能要承担大于大规模公司的融资成本(Ritter,1987)。不少学者以公司规模作为划分融资约束高低的指标,研究的结论均表明:大规模公司相对于小规模公司具有较低的投资—现金流敏感性。公司规模可以用来衡量融资约束的大小,小规模公司更容易受到融资约束,大规模公司受到的融资约束可能较小。

　　现金流量(Cash flow)指的是,公司在投资项目投入使用后,在其寿命周期内由于生产经营所带来的现金流入和流出的数量。它包括了年营业净利润和年折旧等等。现金流量是反映内部资金充裕程度的直观指标之一,也是公司投资项目的最主要的现金流。如果一个公司没有现金流量作保证,公司的现金流迟早要枯竭。同时,现金流量最能体现公司持续经营能力和未来发展前景。因此,如何能够使公司现金流量达到最大,是公司投资决策过程中要重点把握的。

另外现金持有量也是我们在考察融资约束时经常考虑的因素。KZ(1997),Whited 和 Wu(2006),Cleary(1999)均在构造融资约束指标时加入了现金存量作为反映内部资金的充裕程度以及外部融资难度的依据,我们还需要考虑到的是现金持有量的因素。

资产负债率指的是公司年末的负债总额同资产总额的比率。资产负债率这个指标可以表明公司总资产中有多少是通过负债所得,同时也是评价公司负债水平的综合指标,是一项衡量公司利用债权人资金进行经营活动能力的指标,也反映债权人发放贷款的安全程度。从债权人的立场看,他们最关心的是贷给公司的款项的安全程度,也就是能否按期收回本金和利息。如果股东提供的资本与公司资本总额相比,只占较小的比例,则公司的风险将主要由债权人负担,这对债权人来讲是不利的。因此,他们希望债务比例越低越好,公司偿债有保证,则贷款给公司不会有太大的风险。KZ(1997),Whited 和 Wu(2006),Cleary(1999)均在构造融资约束指标时加入了资产负债率,作为反映内部资金的充裕程度以及外部融资难度的依据。

根据 Cleary(1999),我们在研究中选用了主营业务收入增长率(Sgrowth)来判定公司的发展能力水平。主营业收入增长率,是公司本年营业收入增长额与上年营业收入总额的比率,反映公司营业收入的增减变动情况。净利润率又称销售净利率,是反映公司盈利能力的一项重要指标,是扣除所有成本、费用和公司所得税后的利润率。营业收入增长率大于零,表明公司本年营业收入有所增长。该指标值越高,表明公司营业收入的增长速度越快,公司市场前景越好。

(五)变量的统计与检验

首先,我们先对选择的变量——股利分配率(Div)、公司规模(Size)、现金流量(CF)、现金持有量(CS)、资产负债率(Lev)、营业收入增长率(SG)、财务松弛(Slack)——进行描述性统计。以此对解释变量的情况有一个大致的了解。结果如表 7-3 所示。

表 7-3　变量的描述性统计分析

变量名称	最小值	最大值	均值	标准差
Div	0.000	1.789	0.467	0.344
Size	18.625	26.145	21.463	1.054
CF	−3.878	3.745	0.067	0.314
CS	0.002	1.895	0.153	0.182
Lev	0.062	0.988	0.261	0.185
Slack	0.628	6.632	3.678	0.705
SG	0.106	0.986	0.287	1.334

接着,我们要对高融资约束组与低融资约束组之间的平均水平进行比较,也就是进行均值差异检验。我们根据以往的文献,先作出初步假设。我们假设,融资约束较小的上市公司资产规模较大,经常分配股利,有较多的经营现金流和较多的现金存量,财务松弛较小,负债比率小,主营业务收入增长较快。

在进行 Logistic 回归之前我们需要对变量进行相关性检验和多重共线性检验,结果如表 7-4、表 7-5 所示。

表 7-4　变量的 Pearson 相关性分析

	Div	Size	CF	CS	Lev	Slack	SG
Div	1.0						
Size	0.1	1.0					
CF	0.2	0.0	1.0				
CS	0.0	0.3	0.4	1.0			
Lev	0.0	0.0	0.1	0.2	1.0		
Slack	0.1	0.2	0.0	0.3	0.2	1.0	
SG	0.1	0.1	0.0	0.0	0.1	0.2	1.0

表 7-5　变量的多重共线性检验

变量名称	Sig.	Tolerance	VIF
Div	0.001	0.55	2.01
Size	0.000	0.67	1.31
CF	0.000	0.81	1.72
CS	0.002	0.51	1.67
Lev	0.000	0.46	2.05
Slack	0.002	0.78	1.39
SG	0.000	0.62	1.54

如表 7-4 所示,经过 Pearson 相关性分析,各个变量之间的相关系数均在 0.0～0.4 之间,相关性很弱或者不存在相关性。如表 7-5 所示,通过多重共线性检验,我们可以发现,所有变量的方差膨胀因子(VIF)大多在 1～2 之间,容忍度(Tolerance)都大于 0.2,基本上可以认为变量间不存在多重共线性。

表 7-6 给出了各个变量在高融资约束组和低融资约束组之间的均值差异检验结果。从表 7-6 所示均值检验结果中我们可以看出,现金存量(CS)的均值差检验结果不显著,即不能拒绝融资约束高组和低组现金存量均值相等的假设。说明现金存量在这个模型中不适合作为判断融资约束大小的依据,因此我们将这个变量删除。而其他变量其均值在两组之间均存在显著差异,且显著性水平均达到 1% 以上,表明剩余的这 6 个变量指标能够较好地区分不同的样本组别,均满足均值检验。同时低融资约束组相比高融资约束组,公司规模(Size)、股权支付率(Div)、现金流量(CF)、营业收入增长率(SG)的均值均比较大,资产负债率(Lev)和财务松弛(Slack)的均值比较小,除了现金存量比较小之外,其他均符合我们之前的假设。融资约束较小的上市公司资产规模较大,经常分配股利,有较多的经营现金流和较多的现金存量,财务松弛较大;融资约束较大的上市公司有较大的负债比率。

表 7-6 融资约束高组与低组的均值差异检验

变量名称	融资约束	均值	均值差	观察值
Div	高融资约束组	0.21	0.70***	2184
	低融资约束组	0.92	(−31.41)	2208
Size	高融资约束组	20.36	2.22***	2184
	低融资约束组	22.58	(−24.35)	2208
CF	高融资约束组	0.04	0.05***	2184
	低融资约束组	0.08	(−15.13)	2208
CS	高融资约束组	0.16	−0.00	2184
	低融资约束组	0.16	(0.26)	2208
Slack	高融资约束组	4.63	−2.58***	2184
	低融资约束组	2.06	(5.32)	2208
Lev	高融资约束组	0.26	−0.09***	2184
	低融资约束组	0.18	(11.62)	2208

续表

变量名称	融资约束	均值	均值差	观察值
SG	高融资约束组	0.11	0.15***	2184
	低融资约束组	0.26	(−6.67)	2208

注：*** 表示 1% 显著性；** 表示 5% 显著性；* 表示 10% 显著性。

综上所述，我们将通过均值差异检验的 6 个变量——股利分配率（Div）、公司规模（Size）、现金流量（CF）、资产负债率（Lev）、营业收入增长率（SG）和财务松弛（Slack）——纳入 Logistic 回归模型中，具体的回归结果将在下部分进行分析。

（六）回归结果

首先，由于前文均值方差检验的结果，现金存量（CS）不满足假设条件，所以将这个变量去掉，再对剩余的其他所有的变量进行回归。因为我们要逐个检验模型中各个解释变量与融资约束指数之间是否存在显著的线性关系，需采用 Wald 统计量及其对应的概率 p 进行检验。假设 $H_0: \beta_l = 0$，即解释变量 x_l 的回归系数与 0 无显著差异，x_l 与融资约束指数之间的线性关系不显著。得到结果如表 7-7 所示。从表中我们可以看到，各回归变量的 p 值均等于 0，说明在 1% 的置信区间均显著。从结果中我们可以看到，融资约束与股权分配率（Div）、资产负债率（Lev）、公司规模（Size）呈负相关关系，与财务松弛（Slack）、现金流量（CF）呈正相关性关系。

表 7-7　Logistic 模型回归结果

变量	系数	标准差	Wald 统计量	概率 p 值
C	3.757	2.312	21.651	0.000
Div	−4.181	0.115	16.212	0.000
Lev	3.516	0.365	35.651	0.000
Size	−0.511	0.115	21.301	0.000
Slack	3.725	0.452	51.147	0.000
CF	−2.678	1.561	15.371	0.000
SG	−0.104	0.676	13.724	0.000

根据表 7-7 中的回归结果，我们可以得到融资约束指数暂定如下：

$$FC = 3.757 + 3.725 \text{Slack}_{i,t} - 0.511 \text{Size}_{i,t} - 4.181 \text{Div}_{i,t}$$
$$+ 3.516 \text{Lev}_{i,t} - 2.678 \text{CF}_{i,t} + 0.104 \text{SG}_{i,t} \tag{7.10}$$

接着,为了体现模型的整体判断是否有效,我们对回归方程的总体显著性进行检验。Logistic 回归方程总体的显著性检验的目的在于验证融资约束指数与全体解释变量之间的线性关系是否显著。

原假设 H_0:全体解释变量的系数均为 0,即全体解释变量与融资约束指数的线性关系不显著。

从表 7-8 中我们可以看到,前文所得模型的似然比卡方观测值为595.114;这个数字要远远超过 1,融资约束指数中全体解释变量与融资约束指数之间的线性关系整体显著。

表 7-8 二元 Logistic 模型第一步回归方程总体显著性检验

Step 1	似然比卡方观察值	自由度	概率 p 值
Step	595.114	6	0.000
Block	595.114	6	0.000
Model	595.114	6	0.000

最后,我们对拟合优度也进行观察。如表 7-9 所示,我们可以看出,在1999—2010 年度的融资约束指数模型的 $\text{Nagelkerke}R^2$ 值为 0.871,这个拟合优度在比较高的水平,说明我们构建的 Logistic 回归模型有一定的解释效力。

表 7-9 Logistic 模型的拟合优度指标

Step 1	-2Log likelihood	$\text{Cox\&Snell}R^2$	$\text{Nagelkerke}R^2$
1999—2010	323.727	0.715	0.871

表 7-10 模型的错判矩阵

1999—2010		高组	低组	合计	正确率(%)
	高组	2111	73	2184	96.67
	低组	11	2156	2208	97.64
	合计正确率		97.16		

为了评价融资约束指数的优劣,本章要通过错判矩阵。错判矩阵中的整体正确率可以表示 Logistic 融资约束指数预测值与实际观测值的吻合程度。表 7-10 给出了模型的结果。从中可以看到,对于 1999—2010 年度来说,整体正确率有 97.16%,说明 Logistic 回归模型的判别准确率能够达到较高的水准。

综上所述,根据解释变量的显著性的检验、总体显著性的检验、拟合优度指标,以及错判矩阵的分析,说明式(7.10)得到的融资约束指数 FC 能够较好地对样本的融资约束进行衡量,并且可用于进一步的实证分析中。

二、指标的分布特征

我们采用前文中所构造的 FC 指数,对我国上市公司的融资约束进行描述性分析,以此来对中国上市公司融资约束的现状有一个全面的了解。主要考虑的有年度的分布情况、公司规模的分布情况,以及股权性质的分布情况。

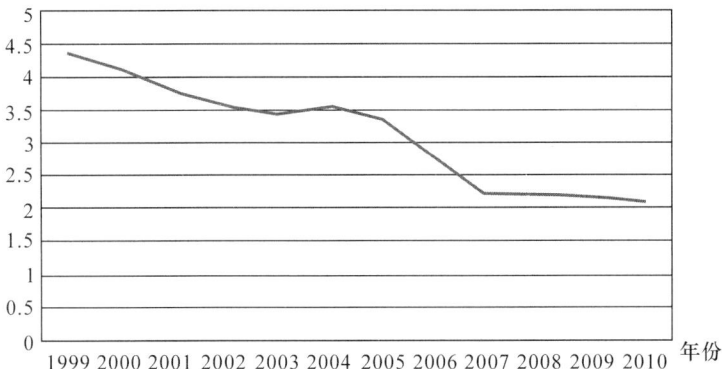

图 7-1   我国上市公司 1999—2010 年度融资约束指数年度分布

图 7-1 表明了我国上市公司融资约束的年度分布特征。首先从总体上来看,我国上市公司融资约束的大小随着时间的变化而逐渐降低。特别的是,图 7-1 表明了 2005 年、2006 年以及 2007 年,我国上市公司融资约束指数呈现了一个较大程度的下降,这可能是由于 2005 年我国开始的股权分置改革为上市公司提供了更多平等竞争的机会的原因。说明了随着改革的深入、经济的发展,我国上市公司面临的融资约束也越来越小,这有助于公司投资的活动。

接着,我们加入公司规模的因素,对我国上市公司的融资约束进行描述性的分析。其中,公司规模是总资产的自然对数,我们以 21 为临界点,将其分类为大规模上市公司和中小规模上市公司。结果如图 7-2 所示。最终我们可以归纳出两个结论:

第一,对我国大规模上市公司来说,其融资约束的大小要普遍小于中小规模上市公司,这个结论符合以往多数的理论和实证经验。究其原因,主要是中小规模公司在进行投资行为时,有可能会面临更严重的信息不对称问题,也有可能需要支付更多的交易成本,会面临较为严重的融资约束。且中小规模公司往往盈余波动性较大、多元化程度不高、破产可能性较高(Titman and Wessels,1998)。因此,中小规模的上市公司有可能会面临比较大的融资约束。

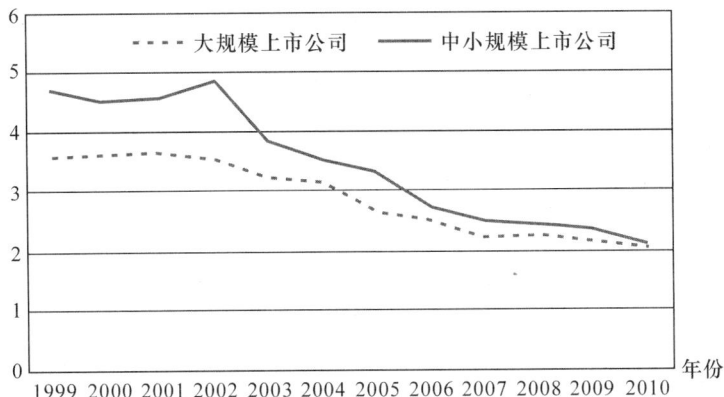

图 7-2　我国上市公司 1999—2010 年度融资约束指数公司分布

第二，从图 7-2 中我们可以看到，2005—2006 年之间，大规模上市公司与中小规模上市公司之间的融资约束差异有一个较大程度的下降。并且这个差距随着时间的推移呈现越来越小的态势。这有可能是因为 2005 年的股权分置改革的作用，由于股改的实现，中小规模公司也拥有了更多与大规模公司公平竞争的机会，在进行投资行为时面临的融资约束也越来越小。

按照上市公司的实际控制人性质，上市公司可以分为民营上市公司和国有上市公司。图 7-3 针对这个特点，给出了中国上市公司融资约束的有关股权性质的分布特征。从图中我们可以看到，民营上市公司所面临的融资约束程度显著高于国有上市公司。导致这种现象的原因可能是因为"软预算约束"的存在。"软预算约束"是指，向公司提供资金的机构（政府或银行）未能坚持原先的商业约定，使公司的资金运用超过了它的当期收益的范围（Kornai，1986）。

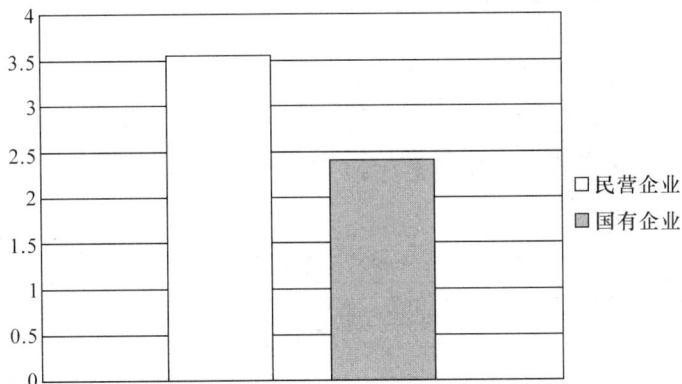

图 7-3　我国上市公司 1999—2010 年度融资约束指数股权性质分布

第四节 融资约束指标的应用与评价

对于指标的构建来说,一个较难解决的问题是,如何对所构建的指数作出恰当的评价。当指数所反映的标的不能直接观测到时,指数的评价就不能通过可观测的现象或事实进行直接验证。参考以往有关融资约束理论研究的文献,FHP(1998、2000)指出,融资约束程度与投资—现金流敏感性之间呈单调递增的线性关系,投资—现金流敏感性可以作为一个有效的融资约束程度的衡量指标。此后,许多国内研究(冯巍,1999;郑江淮等,2001;何金耿、丁加华,2001;赵晨,2008;汪强等,2008)采用不同的融资约束度量指标或不同的投资模型和研究样本进一步验证了 FHP(1998、2000)的经验结论。因此,在本节中我们通过将所构建的融资约束指数应用到投资—现金流敏感性模型中,根据其是否符合以往文献的经验,来评价该指数是否能够较好地反映中国上市公司融资约束程度的差异。具体分以下两个步骤:一是借助财务理论研究中广泛应用的投资—现金流敏感性这一工具,对我们所构建的融资约束指标进行实证的应用;二是将前文构建的融资约束衡量指标与其他常用的指标分别用于回归,并对不同回归结果进行比较。

一、指标的应用

(一)样本的选取和分组

首先,我们先进行样本的选取。选取的是 1999—2010 年上市公司的数据。与前文中的处理过程类似,最终得到 6816 个样本数据。

接着,我们运用式(7.10)构造的 Logistic FC 指数,计算出各个样本公司的融资约束值,并按照样本公司融资约束指数取值,将每年的指数对样本观察值从大到小进行排序,划分为高融资约束、中融资约束和低融资约束三组。分别取前 33% 的观察值为高融资约束组和后的 33% 观察值为低融资约束组。分组的情况如表 7-11 所示。

表 7-11 样本融资约束程度分组标准

低融资约束组	中融资约束组	高融资约束组
FC≤1.345	1.345<FC≤3.557	FC>3.557

(二)模型和变量定义

在本章中,我们考察以下这两个回归模型:

$$\text{lnv}_{i,t} = \alpha + \beta \text{CF}_{i,t} + \gamma_1 \text{CS}_{i,t} + \gamma_2 \text{TQ}_{i,t} + \gamma_4 \text{Sale}_{i,t} + \varepsilon_{i,t} \tag{7.11}$$

式(7.11)是基于 FHP(1988)研究的模型,在 Q 投资模型的基础上加入可以反映上司公司内部资本的变量。

$$\text{lnv}_{i,t} = \alpha + \beta_2 \text{CF}_{i,t} + \beta_2 \text{D}_{fc} \times \text{CF}_{i,t} + \gamma_2 \text{CS}_{i,t} + \gamma_2 \text{TQ}_{i,t} + \gamma_4 \text{Sale}_{i,t} + \varepsilon_{i,t}$$
$$\tag{7.12}$$

式(7.12)为现金流与融资约束虚拟变量交乘项的投资模型,其中,D_{fc} 为融资约束虚拟变量,且滞后一期,当观察值在前文所构造的 FC 指数所界定的高融资约束组时,其值等于 1,反则等于 0。

表 7-12 列出了本实证研究中上市公司投资行为回归模型的全部相关变量。被解释变量是公司的投资水平,解释变量是现金流,控制变量是现今存量、托宾 Q 和销售收入。

表 7-12　上市公司投资—现金流敏感性模型相关变量

	变量名称	变量	表达式
被解释变量	Inv	投资水平	(当前固定资产存量＋当期折旧－前期固定资产存量)/当期总资产
解释变量	CF	现金流量	现金流量/当期总资产
控制变量	TQ	托宾 Q	(股价×流通股股数＋当期总负债)/当期总资产
	CS	公司前期现金存量	(当期货币资金＋前期短期投资)/前期总资产
	Sale	销售收入	主营业务收入净额/当期总资产

我们先对变量进行描述性统计分析。表 7-13 的描述性统计分析结果显示了我国上市公司的投资水平、现金流量、现金存量、主营业务收入和托宾 Q 的基本情况。

接着我们对全样本进行相关性分析,以此来检验上述变量的影响是否会对上市公司的投资产生显著的影响。结果如表 7-14 所示。

表 7-13　变量的描述性统计分析

变量名称	最小值	最大值	均值	标准差
Inv	0.959	9.789	1.267	0.364
CF	-5.873	3.745	0.087	0.413
CS	0.001	1.895	0.183	0.173
TQ	0.148	16.632	1.668	0.785
Sale	0.006	18.986	2.887	2.334

表 7-14 各变量的相关性分析结果

	Inv	CF	CS	Sale	TQ
Inv	1				
CF	0.164***	1			
CS	0.198***	0.178*	1		
Sale	0.056***	0.042***	0.345***	1	
TQ	−0.108***	0.087***	0.112***	0.087***	1

注：***表示 1%显著性；**表示 5%显著性；*表示 10%显著性。

从表 7-14 可以看出，托宾 Q、现金流量、期初现金持有量、销售收入与投资支出都显著相关，说明上市公司的投资决策显著依赖于上述解释变量，它们对样本公司的投资都有显著影响。

借助融资约束理论文献中的投资—现金流敏感性这一广泛被应用于公司财务理论研究中的工具，对前文中我们所构建的融资约束指数进行评价。根据式(7.11)可知，β 反映了上市公司的投资—现金流敏感性。我们首先进行全样本回归，如表 7-15 所示。得到的结论有：

(1)现金流变量的回归系数显著为正，且显著性水平为 1%，说明公司投资—现金流敏感性显著为正，若公司现金流较高，则可能倾向于进行更多的投资。

(2)我们将年份虚拟变量加入模型后，模型的拟合优度进一步得到了提高，且现金流的显著性水平仍然保持在 1%，说明公司投资并不因时间的变化而影响到现金流的变化。

表 7-15 上市公司融资约束与投资的模型回归结果

变量	全样本	
CF	0.278***	0.295***
	(5.312)	(6.132)
CS	0.191*	0.164
	(1.683)	(0.342)
TQ	0.132**	0.162*
	(−3.321)	(−1.612)
Sale	0.074**	0.073
	(−2.053)	(−1.032)

续表

变量	全样本	
C	0.186**	0.196*
	(1.881)	(1.752)
年份虚拟变量	无	有
调整 R^2	0.168	0.231
F 值	15.613	13.312

注：*** 表示 1% 显著性；** 表示 5% 显著性；* 表示 10% 显著性。

接着，我们进行分组回归，应用前文中所构建的反映融资约束大小的 FC 指数，将样本分为高融资约束组、中融资约束组和低融资约束组。通过比较不同融资约束组上市公司系数 β 的差异，对公司融资约束程度与投资行为之间的相关关系作出推论和比较。结果如表 7-16 所示。得到的结论有：

(1)高、中、低融资约束三组的 β 系数均为正，说明在 1999—2010 年度范围内，公司现金流与公司投资呈正相关关系，若公司现金流较高，则可能倾向于进行更多的投资。

(2)随着融资约束程度的增加，现金流的 β 系数随之增加。在没有加入年份虚拟变量的情况下，低、中、高融资约束组 β 系数值分别为 0.238、0.280 和 0.316；在加入年份虚拟变量的情况下，低、中、高融资约束组 β 系数值分别为 0.245、0.297 和 0.339。说明公司融资约束程度与投资——现金流敏感性呈正相关关系。这些实证研究结果与 FHP(1988)的研究结论是一致的。

(3)当我们将年份虚拟变量加入模型后，模型的拟合优度进一步得到了提高，且现金流的显著性水平仍然保持在 1%，说明公司投资并不因时间的变化而影响到现金流的变化。

在回归模型整体的显著性检验中，整体性检验 F 值都比较大。尽管调整 R^2 不是很大(大约在 0.2 左右)，仍然有一定的解释效力。

表 7-16　上市公司融资约束与投资的模型回归结果

变量	低融资约束组		中融资约束组		高融资约束组	
CF	0.238***	0.245***	0.280***	0.297***	0.316***	0.339***
	(6.493)	(6.502)	(3.219)	(4.201)	(2.317)	(3.515)
CS	0.185	0.189	0.283	0.286	0.228	0.236*
	(1.473)	(1.491)	(0.782)	(0.542)	(1.247)	(1.765)

续表

变量	低融资约束组		中融资约束组		高融资约束组	
TQ	-0.171^{***}	-0.182^{*}	0.178^{**}	0.119^{**}	0.156^{**}	0.116^{*}
	(-4.192)	(-1.601)	(-2.015)	(-2.355)	(-1.984)	(-1.184)
Sale	0.064^{***}	0.104^{**}	-0.059	-0.053^{**}	-0.031^{*}	-0.021^{**}
	(-3.763)	(-1.963)	(1.238)	(1.738)	(1.744)	(1.964)
C	-0.261^{**}	0.186	0.176^{*}	-0.698^{***}	-0.723^{***}	-0.235^{*}
	(0.551)	(1.761)	(-2.742)	(-3.722)	(1.721)	(1.832)
年份虚拟变量	无	有	无	有	无	有
调整 R^2	0.176	0.189	0.255	0.282	0.262	0.271
F 值	13.593	16.321	8.417	7.321	16.591	15.523

注：$***$ 表示 1% 显著性；$**$ 表示 5% 显著性；$*$ 表示 10% 显著性。

最后，为了确定上述模型中，高融资约束组和融资约束的差异是否有统计意义，我们采用交乘项回归模型式(7.12)进行回归分析。将前文中划分后的高融资约束指数赋值为 1，将低融资约束指数赋值为 0。表 7-17 给出了两样本交乘项回归模型的回归结果。得到的结论有：

（1）现金流变量与融资约束虚拟变量的交乘项回归系数显著为正，说明高融资约束公司的投资—现金流敏感性要高于低融资约束的公司，且关系显著。

（2）融资约束虚拟变量的回归系数均显著为负，且显著性水平为 1，说明融资约束导致了公司的投资不足。

（3）当我们将年份虚拟变量加入模型后，拟合优度有所提高，现金流变量与融资约束虚拟变量的交乘项，融资约束虚拟变量的回归系数显著，说明这两者的显著关系不因时间的影响而变化。

表 7-17　现金流与融资约束虚拟变量交乘项的回归结果

变量	系数	t 值	系数	t 值
CF	0.273^{***}	(4.323)	0.298^{***}	(6.116)
$D_{fc} \times CF$	0.045^{***}	(7.223)	0.055^{***}	(4.987)
CS	0.163	(0.958)	0.176	(1.298)
TQ	0.174^{*}	(1.765)	0.094	(1.345)
Sale	0.101^{**}	(1.951)	0.123^{*}	(1.803)
D_{fc}	-0.158^{***}	(2.556)	-0.178^{***}	(2.832)

续表

变量	系数	t 值	系数	t 值
C	0.267***	(2.221)	0.267**	(1.928)
年份虚拟变量	无		有	
调整 R^2	0.219		0.256	
F 值	11.513		17.412	

注：*** 表示 1% 显著性；** 表示 5% 显著性；* 表示 10% 显著性。

通过将前文构造的 FC 指数应用到融资约束与投资行为相关性的实证研究，可以发现高融资约束组样本公司的投资—现金流敏感性高于低融资约束组的样本公司。现金流变量与融资约束虚拟变量的交乘项回归系数显著为正，说明高融资约束公司的投资—现金流敏感性显著高于低融资约束的公司，这进一步验证了 FHP(1988)的实证研究结论。

二、构建的指标与其他衡量指标的比较

这一部分主要比较了以往研究中最具代表性的几个衡量融资约束的指标。包括有 FHP(1988)、冯巍(1999)等使用的股权支付率，KZ(1997)，Lamont、Polk 和 Saa-Requejo(2001)使用的 KZ 指数，以及本章使用 Logistic 回归模型构造的 FC 指数。考虑到 Cleary(1999)指数在进行检验时存在多重共线性的情况，我们不将此指数加入比较的范围内。如表 7-18 所示，不同的分类标准所得到的融资约束程度与公司投资—现金流敏感性之间关系的结果也有所不同。

表 7-18　融资约束衡量指标比较

	股利支付率			KZ 指数			FC 指数		
	低	中	高	低	中	高	低	中	高
CF	0.329**	0.231**	0.184	0.387***	0.211***	0.318***	0.238***	0.280***	0.316***
	(11.312)	(4.229)	(1.416)	(11.492)	(6.219)	(4.312)	(6.493)	(3.219)	(2.317)
CS	−0.097*	0.184**	0.231	−0.177	0.089*	0.183**	0.185	0.283	0.228
	(1.812)	(2.081)	(0.148)	(0.987)	(1.702)	(1.977)	(1.473)	(0.782)	(1.247)
TQ	0.171	0.178*	0.356*	0.171	−0.259	0.079	−0.171***	0.178*	0.156**
	(−4.192)	(−2.015)	(−1.984)	(0.293)	(1.014)	(1.033)	(−4.192)	(−2.015)	(−1.984)

续表

	股利支付率			KZ 指数			FC 指数		
	低	中	高	低	中	高	低	中	高
Sale	0.074	−0.011	0.035***	0.026***	−0.069*	−0.062*	0.064***	−0.059	−0.031*
	(0.871)	(0.123)	(−3.663)	(3.134)	(1.638)	(1.787)	(−3.763)	(1.238)	(1.744)
C	−0.205	−0.356**	0.136***	0.276*	0.357**	−0.162	0.186	−0.698***	−0.235*
	(1.551)	(−1.921)	(2.112)	(1.651)	(2.616)	(1.211)	(0.551)	(−2.742)	(1.721)
调整 R^2	0.135	0.205	0.203	0.216	0.185	0.121	0.176	0.255	0.262
F 值	8.132	8.891	13.531	12.112	13.237	21.321	13.593	8.417	16.591

注：*** 表示 1% 显著性；** 表示 5% 显著性；* 表示 10% 显著性。

（一）股利支付率

股利支付率可以作为衡量剩余内部资金的指标，进而衡量公司融资约束的程度：股利支付率越高，表明公司内部资金充裕或外部融资难度较低，公司受融资约束程度较轻；反之公司受融资约束程度较重。当以股利支付率来作为融资约束分组的衡量标准时，低融资约束组 β 系数值为 0.329，中融资约束组 β 系数值为 0.231，且相关关系显著。低股息组、中股息组公司投资与当前现金流具有显著的正向相关关系，随着股利支付率的降低，融资约束程度的增加，企业的投资—现金流敏感性提高。高股利支付率组中投资与现金流不存在显著的相关关系，而与投资机会显著相关。从整体来看，实证研究结果与FHP(1988)的研究结论较为一致。

（二）KZ 指数

当以 KZ 指数来作为融资约束分组的衡量标准时，高、中、低融资约束三组系数均为正，企业投资水平与经营现金流量呈正相关关系，内部现金流充裕的企业倾向于作出更多的投资活动。低融资约束组 β 系数值为 0.387，中融资约束组 β 系数值为 0.211，高融资约束组 β 为 0.318，随融资约束程度的增加，企业的投资—现金流敏感性呈 U 形变化情况。

（三）FC 指数

当以 FC 指数来作为融资约束分组的衡量标准时，高、中、低融资约束三组系数均为正，企业投资水平与经营现金流量呈正相关关系，内部现金流充裕的企业倾向于作出更多的投资活动。而随着融资约束程度的增加，系数亦增加，说明企业融资约束程度与投资—现金流敏感性呈正相关关系。

三、指标评价

首先,在 FC 作为衡量指数的条件下,通过投资—现金流敏感性模型和现金流与融资约束虚拟变量交乘项的回归,公司融资约束程度与投资—现金流敏感性呈正相关关系。这些实证研究结果与 FHP(1988)的研究结论是一致的。

其次,通过指数的比较,在 FC 指数和股权支付率作为衡量指标的条件下,随着融资约束程度的增加,现金流系数增加,相较之下 FC 指数解释力更强一些。而用 KZ 指数衡量我国上市公司融资约束大小不符合大多数国内学者的以往经验,可能是由于该指数构造基于西方资本市场的经验。

第五节 本章小结

本章主要利用中国上市公司 1999—2010 年的财务数据,采用融资约束理论文献中常用的构建融资约束指数的计量方法——Logistic 回归模型分析方法,进行指数的构造,以此来衡量公司外部融资约束程度。且从指数本身的判别能力看,Logistic 指数的判别正确率都具有较高的水平。

在构建融资约束指数的基础上,将这个指数应用到融资约束与投资行为关系的实证研究中,借助融资约束理论文献中的投资—现金流敏感性这一工具,间接地对前文中我们所构建的融资约束指数进行评价。通过实证检验,我们发现,高融资约束组样本公司的投资—现金流敏感性均显著高于低融资约束组样本公司。说明公司融资约束程度与投资—现金流敏感性呈正相关关系。这些实证研究结果与 FHP(1988)的研究结论是一致的。通过这个实证研究我们认为,本章所构建的融资约束指数能够较好地反映中国上市公司融资约束程度的差异。

值得指出的是,融资约束指数的评价是一个很难解决的问题。由于上市公司所面临的外部融资约束不能直接观测到,我们所得到的衡量融资约束的指数也同样不能通过可观测的其他现象、财务指标或者事实来进行评价。因此,本章将所构造的融资约束指数应用到该模型中,借助融资约束理论文献中的投资—现金流敏感性这一广泛被应用于公司财务理论研究中的工具,以此来判断该指数是否可以有效反映我国上市公司融资约束大小。但这种做法很可能会存在互相验证的计量问题。

本章主要考虑的问题集中于构建一个适合描述我国上市公司融资约束大

小的指数。然而,本章没有对融资约束领域的更多问题进行讨论。在找到合适的衡量我国上市公司融资约束大小的指标之后,可以对融资约束与公司现金持有政策、现金持有量价值、我国金融发展、市场化进程等关系进行进一步的、更深层次的实证研究,以此来发现一些启示和提出建议。

参考文献

[1] Aggarwal,R. and Zong,S. The cash flow-investment relationship: International evidence of limited access to external finance[J]. Journal of Multinational Financial Management,2006,16(1):89-104.

[2] Allayannis,G. and Mozumdar,A. The impact of negative cash flow and influential observations on investment-cash flow sensitivity estimates[J]. Journal of Banking and Finance,2004,28(5):58-90.

[3] Almeida,H. and Campello,M. Financial constraints,asset tangibility,and corporate investment[J]. Review of Financial Studies,2007,20:1429-1460.

[4] Almeida,H.,Campello,M. and Weisbach,M. The cash flow sensitivity of cash[J]. Journal of Finance,2004,59(4):1777-1804.

[5] Altman,E.,Haldeman,R. and Narayanan,P. ZETA analysis:A new model to identify bankruptcy risk of corporations[J]. Journal of Banking and Finance,1977,1(1):29-54.

[6] Basu,P. and Guariglia,A. Liquidity constraints and firms investment return behavior[J]. Economica,2002,69:563-581.

[7] Bates,T.,Kahle,K. and Stulz,R. Why do U.S. firms hold so much more cash than they used to?[J]. Journal of Finance,2009,64:1985-2021.

[8] Battacharya,S. Imperfect information,dividend policy,and the bird in the hand fallacy[J]. Bell Journal of Economics,1979,12:259-270.

[9] Bernanke,B. and Gertler,M. Agency costs,net worth and business fluctuations[J]. American Economic Review,1989,79:4-31.

[10] Bernanke,B. and Gertler,M. Inside the Black Box:The credit channel of monetary policy transmission[J]. Journal of Economic Perspectives,1995,25:27-48.

[11] Bernanke,B. and Gertler,M. Financial fragility and economic performance[J]. Quarterly Journal of Economics,1990,105:87-114.

[12] Bond,S. and Meghir,C. Financial constraints and company investment[J]. Fiscal Studies,Institute for Fiscal Studies,1994,15(2):1-18.

[13] Bolton, P. ,Chen, H. and Wang, N. A unified theory of Tobin's Q, corporate investment, financing, and risk management[J]. Journal of Finance,2011, 66(5):1545-1578.

[14] Calomiris,C. and Hubbard, R. Internal finance and investment: Evidence from the undistributed profits tax of 1936-1937[J]. Journal of Business, 1995, 68(4): 443-482.

[15] Campello, M. Internal capital markets in financial conglomerates: Evidence from small bank responses to monetary policy[J]. Journal of Finance,2002, 57: 2773-2805.

[16] Campello,G. and Harvey,C. The real effects of financial constrains: Evidence from a financial crisis[J]. Journal of Financial Economics,2010,15: 470-487.

[17] Carpenter, R. and Guariglia, A. Cash flow, investment, and investment opportunities: New tests using UK panel data[J]. Journal of Banking and Finance,2008,32:389-398.

[18] Chirinko, R. S. and Schaller, H. Why does liquidity matter in investment equations? [J]. Journal of Money, Credit, and Banking, 1995, 27: 527-548.

[19] Cleary, S. The relationship between firm investment and financial status [J]. Journal of Finance, 1999, 54 (2): 673-692.

[20] Cohn, J. Investment, cash flow, and financial market conditions: Evidence from tax loss carry forwards[J]. Working Paper: University of Texas ,2008.

[21] Devereux and Schianterelli. Investment, financial factors and cash flow: Evidence from U. K. panel data. In R. G Hubbard, ed. Asymmetric Information, corporate finance and investment[M]. Chicago: University of Chicago Press, 1990.

[22] Erickson, T. and Whited, T. Measurement error and the relationship between Investment[J]. Journal of Political Economy, 2000, 108 (5): 1027-1057.

[23] Fazzari,S. , Hubbard, G. and Petersen,B. Financing constraints and corporate investment[J]. Brookings Paper on Economic Activity, 1988, 19 (1): 141-195.

[24] Fazzari, S. and Petersen,B. Working capital and fixed investment: New evidence on financing constraints [J]. Journal of Economics, 1993, 24:328.

[25] Fazzari, S., Hubbard, R. and Petersen, B. Investment-cash flow sensitivities are useful: A comment on Kaplan and Zingales[J]. Quarterly Journal of Economics, 2000, 115: 695-705.

[26] Fee, C., Hadlock, C. and Pierce, J. Investment, financing constraints, and internal capital markets: Evidence from the advertising expenditures of multinational firms[J]. Review of Financial Studies, 2009, 22: 2361-2392.

[27] Gilchrist, S. and Himmelberg, C. Evidence on the role of cash flow in reduced-form investment equations[J]. Journal of Monetary Economics, 1995, 36(3): 541-572.

[28] Gilchrist, S. An empirical analysis of corporate investment and financing hierarchies using firm level panel date. Board of Governors of the Federal Reserve System, 1990.

[29] Gertler, M. and Hubbard, R. Financial factors in business fluctuations, financial market volatility: cause and consequences. Kansas City: Federal Reserve Bank, 1988.

[30] Gertler, M. and Gilchrist, S. Monetary policy, business cycles, and the behavior of small manufacturing firms[J]. Quarterly Journal of Economics, 1994, 109 (2): 309-340.

[31] Gomes, J. Financing investment[J]. American Economic Review, 2001, 91: 1263-1285.

[32] Guariglia, A. The Effects of financial constraints on Inventory Investment: Evidence from a panel of UK firms[J]. Economica, 1999, 66: 43-62.

[33] Guariglia, A. and Schiantarelli, F. Production smoothing, firms heterogeneity and financial constraints: Evidence from a panel of UK firms[J]. Oxford Economic Papers, 1998, 50: 63-78.

[34] Hadlock, J. and Pierce, J. New evidence on measuring financial constraints: Moving beyond the KZ Index[J]. Review of Finance Study, 2010, 23(5): 1909-1940.

[35] Hoshi, T., Kashyap, A. and Scharfstein, D. Corporate structure, liquidity, and investment: Evidence from Japanese Industrial groups[J]. Quarterly Journal of Economics, 1991, 106 (1): 33-60.

[36] Hu, X. and Schiantarelli, F. Investment and capital market imperfections: A switching regression approach using U. S. firm panel data[J]. Review of Economics and Statistics, 1998, 79: 466-479.

[37] Jensen, M. Agency cost of free cash flow, corporate finance, and takeover

[J]. American Economic Review, 1986, 76(2):323-329.

[38] Kaplan,S. and Zingales, L. Do investment-cash flow sensitivities provide useful measures of financing constraints[J]. Quarterly Journal of Economics, 1997, 112 (1): 169-215.

[39] Kaplan,S. and Zingales, L. Investment-cash flow sensitivities are not valid measures of financial constraints[J]. Quarterly Journal of Economics, 2000, 115: 707-712.

[40] Kumar,M. , Bhole, L. M. and Saudagaran,M. Investment-cash flow sensitivity and access to foreign capital of overseas listed Indian firms[J]. The Journal for Decision Maker,2003,12:47-59.

[41] Lamont, O. , Polk,C. and Saa-Requejo, J. Financial constraints and stock returns[J]. Review of Financial Studies, 2001, 14(2): 529-554.

[42] Myers, S. and Majluf, N. Corporate financing and investment decisions when firms have information that investors do not have[J]. Journal of Financial Economics, 1984, 13 (1): 28-57.

[43] Moyen, N. Investment-cash flow sensitivity: Constrained versus unconstrained firms[J]. Journal of Finance, 2004, 59: 2061-2092.

[44] Opler, T. , Pinkowitz, L. , Stulz, R. and Williamson, R. The determinants and implications of corporate cash holdings[J]. Journal of Financial Economics,1999, 52: 3-46.

[45] Oliner,S. D. and Rudebusch,D. Sources of the financing hierarchy for business investment and investment-cash flow sensitivities: Constrained versus unconstrained firms[J].Journal of Finance,2004,21:2061-2092.

[46] Rauh, J. Investment and financing constraints: Evidence from the funding of corporate pension plans [J]. Journal of Finance, 2006, 61: 33-72.

[47] Ritter, J. The costs of going public[J]. Journal of Financial Economics, 1987, 19 (2): 269-281.

[48] Stiglitz, J. Credit markets and the control of capital[J]. Journal of Money, Credit and Banking, 1985, 17:133-152.

[49] Stiglitz,J. and Weiss,A. Credit rationing in markets with imperfect information[J]. American Economic Review,1981, 71:393-410.

[50] Titman,S. and Wessels, R. The determinants of capital structure choice [J]. Journal of Finance, 1988, 43 (1): 1-19.

[51] Tobin, J. Liquidity preference as behavior towards risk [J]. Review of Economic Studies, 1958, 25: 1-32.

[52] Vogt，S. The cash flow/investment relationship：Evidence from U. S. manufacturing firm [J]. Financial Management，1994，23：3-20.

[53] Vogt，S. Is investment-cash flow sensitivity caused by the agency costs or asymmetric information? Evidence from the UK [J]. Social Science Research Network，2005 (2).

[54] Whited，T. Debt，liquidity constraints，and corporate investment：Evidence from panel data [J]. Journal of Finance，1992，47 (4)：1425-1460.

[55] Whited，T. and Wu，G. Financial constraints risk [J]. Review of Financial Studies，2006，19 (2)：531-559.

[56] 樊纲，王小鲁. 中国市场化指数——各地区市场化相对进程 2006 年报告 [M].北京:经济科学出版社,2007.

[57] 冯巍. 内部现金流与公司投资[J].经济科学,1999(1):51—57.

[58] 冯巍,方向阳. 公司投资理论最新发展及其启示[J]. 经济学动态,1998(8): 56—78.

[59] 郭丽虹. 融资方式对企业投资的影响:基于中国上市公司的实证分析. 当代财经,2006(8):38—43.

[60] 郭洪涛. 融资约束条件下民营企业财务风险分析[J]. 财会通讯,2010(8): 142—143.

[61] 何金耿. 股权控制、现金流量与公司投资[J]. 经济管理,2002(22):59—64.

[62] 何金耿,丁加华. 上市公司投资决策行为的实证分析[J]. 证券市场导报, 2001 (9):59—63.

[63] 姜秀珍,全林,陈俊芳. 现金流量与公司投资决策——从公司规模角度的实证研究 [J]. 工业工程与管理,2003(5):30—34.

[64] 李胜楠,牛建波. 上市公司负债水平与投资支出关系的实证研究[J]. 证券市场导报,2005(3):37—48.

[65] 李辰,张冀. 股权结构、现金流量与资本投资[J]. 中国经济学(季刊),2005, 5(1):1—2.

[66] 李延喜,刘巍.融资约束与公司投资关系研究综述[J].价值工程 2005(6): 105—109.

[67] 刘俏,戚戎.信息、现金流和企业投资,中国金融学,2003(1):73—89.

[68] 卢峰,姚洋. 金融压抑下的法治、金融发展和经济增长[J]. 中国社会科学, 2004(1):42—55.

[69] 况学文. 中国上市公司融资约束指数设计与评价[J]. 陕西科技大学学报, 2010(5):45—49.

[70] 饶育蕾,汪玉英.中国上市公司大股东对投资影响的实证研究[J].南开商业

评论,2006(9):67—73.

[71] 沈艺峰,许年行,杨熠.我国中小投资者法律保护历史实践的实证检验[J].
经济研究,2004,65(9):90—100.

[72] 汪强,林晨,吴世农.融资约束、公司治理与投资—现金流敏感性——基于中
国上市公司的实证研究[J].当代财经,2008(12):104—109.

[73] 魏锋,刘星.融资约束、不确定性对公司投资行为的影响[J].经济科学,
2004,19(2):35—43.

[74] 魏锋,孔煜.融资约束、不确定性与公司投资行为——基于我国制造业上市
公司的实证分析[J].中国软科学,2005(3):12—15.

[75] 谢平,陆磊.中国金融腐败指数:方法论与设计[J].金融研究,2003,24(8):
3—20.

[76] 杨睿.公司融资约束理论研究综述[J].市场研究,2008(7):15—20.

[77] 赵剑锋,尹航.沪市公司内部融资约束、现金流与投资行为分析[J].生产力
研究,2006(8):66—68.

[78] 张杰.民营经济的金融困境与融资次序[J].经济研究,2000(4):3—10.

[79] 张瑞.我国上市公司融资约束与股票收益的实证研究[J].陕西科技大学学
报,2011(6):45—51.

[80] 郑江淮,何旭强,王华.上市公司投资的融资约束:从股权结构角度的实证
分析[J].金融研究,2001(11):92—99.

[81] 邹港永,宋敏,王杰邦.中国上市公司投资决策与软预算约束[J].中国金融
学,2003(1):59—72.

第八章　金融约束、政企关系与企业投资[①]

第一节　引　言

　　企业面临金融约束时,其投资行为将会因此受到影响吗? 所谓金融约束,是指企业不能从外部投资者那里获得足够的资金,从而在后续的项目投资中遇到困难:在面临一个质量较高的项目时,企业将没有足够的资金。例如,企业信贷受到限制、不能在资本市场发行股票、过度地依赖银行贷款等。[②]从 FHP(1988)的开创性研究开始,公司金融领域对于公司投资问题的研究,就逐渐偏离了 MM 定理的无摩擦市场假设,而回归到早期研究投资行为的传统,强调金融约束对于投资的重要影响。

　　此后大量的研究工作都遵循 FHP(1988)的方法论,以不对称信息为理论基础——由于资本市场存在信息不对称,外源融资的供给者需要花费成本,才能评估企业的投资机会,因此内外源融资在使用成本上有差异——检验金融约束假设。[③]与经典的 Q 模型的代表性企业假设不同,这些文献都按照某个度量金融约束的先验标准,将样本企业划分为金融约束程度不同的几组。如果金融约束程度强的那些企业确实表现出了更高的投资—现金流敏感性,那么金融约束假设就被认为是得到了验证。

　　然而,这些先验的划分标准,从理论上说是模糊的,不能保证金融约束程

---

　　① 本章作者:罗德明、奚锡灿。

　　② 值得注意的是,金融约束并不指金融危机、经济危机和破产风险,尽管这些因素确实对企业金融约束产生影响(参见 Lamont et al, 2001)。

　　③ 参见 Hubbard(1998)对这一研究传统的讨论。

度的单调性,并且在使用上,也经常自相矛盾。KZ(1997)正是充分注意到了这些事实,从理论上和经验上都对 FHP(1988)提出了严峻挑战。从此,人们在研究金融约束下的企业行为时,都沿着 KZ(1997)的传统,构造 KZ 指数以度量企业金融约束程度。

本研究沿着这一传统,试图考察在一定的金融约束(按照 KZ 指标)下,我国上市公司的投资行为。首先,上市公司投资行为是否符合 KZ(1997)给出的经验规则。自 KZ 的研究以来,人们对公司投资—现金流敏感性的关系一直争论不休。本研究试图为这一问题提供经验证据。

其次,本研究试图在经验上理解地方政府与其管辖范围内的上市公司间的关系。本研究的经验研究表明,在企业受到较强的金融约束时,无论地方政府与其管辖范围内的上市公司间关系如何,地方政府都会对上市公司伸出援助之手,帮助企业避免金融约束的影响;在企业没有受到金融约束时,地方政府将更有机会对在其管辖范围内与其关系更密切的上市公司进行掠夺。从而,在我们看来,政府对企业的态度:帮助或掠夺,是相机的。这丰富了人们对政企关系的理解。例如,Shleifer 和 Vishny(1999)强调了掠夺之手。而早期的文献,包括宏观经济学的基本观念,都强调政府的社会福利优化的角色。

本章的结构安排如下。第二节考察与本研究相关的文献。第三节给出数据处理的方法论,并对数据进行直观描述。值得注意的是,这样的直观描述可能产生误导。图形中给出的描述,由于只是简单的单变量 OLS,可能与后面的精确计量结论冲突。不过,这样做仍然是值得的。这将让读者明白,简单的不具有结构含义的回归分析,可能是错的。第四节给出本文试图验证的基本观念,以及实现研究目标要用到的计量方法。第五节讨论经验研究结果。第六节是结论。

第二节　文献综述

早期研究投资行为的文献强调融资因素对于投资的重要影响(例如,Meyer and Kuh,1957)。然而,从 20 世纪 60 年代中期开始,大部分研究工作都将纯粹的融资因素从投资决策中剥离开来。著名的 MM 定理为这一研究方法提供了理论基础。它表明,在无摩擦的市场环境下,企业的市场价值与它的资本结构无关。这个无摩擦的市场环境,包括了资本市场是完善的,并且没有交易成本。如果这一假设成立,显然,公司使用内部资金和从外部融资,其成本是一样的,外部融资只是内部资金的一个完全替代品。那么,一个直接的推论就是,公司的投资决策与公司的融资状况无关。

FHP(1988)的开创性研究,就是从放松完善资本市场这一条件开始的。由于资本市场存在摩擦,尤其是不对称信息,使得外源融资的供给者需要花费很大成本,才能评估企业的投资机会。这样,内源金融相对于外源融资来说,在资金的使用成本上就有了优势。将这种不对称性引入传统的投资模型后,FHP(1988)从理论上得出了所谓的"融资等级"(Financing hierarchy):如果企业的投资需求较弱,投资所需的资金可以由内源融资来提供;如果投资需求很强,那么公司就会通过发行新股等手段,来从外界获得资金,当然成本更高。

这样,FHP(1988)就不再沿用传统的代表性企业的假设,而是按照企业财务特征的不同,将样本企业分组之后再进行比较研究。根据企业股利政策的不同,他们将样本企业分为三组,分别使用 Q、新古典和加速模型在组内做回归。在每种情况下,股利分派少、将所有内源融资用作投资的企业,其投资行为对现金流波动的敏感性,都要大于成熟型的股利分派多的企业。同时,对于股利分派率低的企业来说,随着企业年龄的增加,投资—现金流敏感性不断降低,这更为他们的假说提供了有力佐证,因为企业在发展成长过程中建立信誉,信息不对称的问题逐渐缓解。利用不同的回归方法和设置进行检验,他们发现上述结果非常稳健。

FHP(1988)的工作,启发了随后一系列的研究。此后的一系列工作都采用先验的标准衡量金融约束,以此对样本企业进行分组,并证实了 FHP(1988)的主要结果。[1]例如,Hoshi 等(1991、1995)发现,不属于"keiretsu"的日本制造业企业,其投资—现金流敏感性要大于"keiretsu"中的制造业企业,后者被认为金融约束程度更轻。[2] Oliner 和 Rudebusch(1992)研究了 1977—1983 年的 99 家在 NYSE 上市的公司和 21 家场外交易的公司的投资行为。这一研究表明,年轻的并且进行场外交易的企业,其投资—现金流敏感性是最强的。Schaller(1993)研究了 1973—1986 年的 212 家加拿大企业,发现所有权分散的新兴制造业企业,其投资—现金流敏感性最强。

然而,这些研究都是采用先验的标准来衡量金融约束程度的强弱。这些分类标准从理论上说是模糊的,不能保证金融约束程度的单调性。以 Hoshi 等(1991)为例,他们以 Myers 和 Majluf(1984)的理论为依据,认为日本的主

---

① 参见 Hubbard (1998)对这一研究传统的文献综述。

② Keiretsu 指的是日本式的企业组织。一个 keiretsu 是一组联营公司,将银行、厂商、供应者和发行者与日本政府联结在一起,结成一个紧密的联盟。"主要银行"拥有 keiretsu 稳定的股权,并参与董事会。

银行(main-bank)制度有助于减轻信息不对称问题,降低金融约束的程度。然而,Sharpe(1990)等认为,银行可以利用主银行制度,使得客户企业使用资金的成本更高。Hoshi 等(1991)使用同样的样本,发现财务状况最好的企业随后都脱离了主银行关系,就与这种理论一致。而 Houston 和 James(2001)利用美国的数据,发现拥有单一银行关系的企业投资—现金流敏感性更强。他们就把主银行关系看作金融约束程度更强的标志。

这种矛盾的结果还不止于此。Kashyap 等(1994)将持有大量现金的企业看作金融约束程度更轻,因为它们可以将这些现金用作投资。而在 Calomiris 和 Hubbard(1995)中,这类企业被分在金融约束程度更强的那组,因为它们需要积累大量现金作为预防性储蓄,以避免未来财务紧张时进行外部融资,那样成本太高。

KZ(1997)正是充分注意到了这些事实,从理论上和经验上都对 FHP(1988)的方法与结论的普适性提出了严峻挑战。在理论上,KZ(1997)使用了一个简单的一期模型:

$$\max F(I) - C(E, k) - I, I = W + E$$

其中,I 是投资量,$F(I)$ 为生产函数,严格递增且是严格凹函数;$C(E, k)$ 是使用外源融资的额外成本,E 是外源融资,k 是外源融资与内源融资成本差异的一个度量,即金融约束程度的一个度量;C 是 E 的凸函数,是 E 和 k 的增函数;W 是内源融资。

为了使 FHP(1988)的主要结果在理论上成立,$\mathrm{d}I/\mathrm{d}W$(投资—现金流敏感性)就必须是 W(内部资金)的减函数,或者是 k(金融约束程度)的增函数。也就是说,必须有以下式子

$$\frac{\mathrm{d}^2 I}{\mathrm{d}W^2} = \left(\frac{F_{111}}{F_{11}^2} - \frac{C_{111}}{C_{11}^2}\right)\frac{F_{11}^2 C_{11}^2}{(C_{11} - F_{11})^3} < 0 \text{ 或者 } \mathrm{d}^2 I/\mathrm{d}W\mathrm{d}k > 0$$

成立。然而这些都是很容易被违反的。因此,即使在一期问题中,投资—现金流敏感性也不一定是随着金融约束程度而单调的。在多期问题中,由于预防性储蓄的动机,这一单调性就更难得到保证了。

在经验上,KZ(1997)采用的样本,就是 FHP(1988)中被认为是金融约束最严重的低股利分派率那一组,共有 49 个企业。他们对企业进行分组采用的标准,即企业金融约束的程度强弱,是以企业年度报表中的各项量化指标和非量化的文字信息为基础的。如果一个企业获得外源融资的成本太高,以至于它放弃在内源融资充足时会选择的投资机会,那么它就被认为是受到了金融约束。计量检验的结果对 FHP(1988)提出了质疑。投资对现金流的敏感性,并未随着金融约束程度的增强而增强,相反地,金融约束程度最弱的那组,表

现出了最强的现金流敏感性。

KZ(1997)的工作的一个缺陷是,所采用的样本只是 49 家制造业企业,且都是低股利分派率的企业。然而,Cleary(1999)使用了 1987—1994 年的 1317 家美国企业的数据,发现其结果支持 KZ(1997)的结论。

那么,在中国的政治经济体制之下,这个问题又有怎样的特点? 冯巍 (1999)首先运用我国股票市场上市公司财务数据,按照 FHP(1988)的分类方法和检验模型,考察内部现金流与公司投资的关系。实证研究结果表明,公司经营性现金净流量是公司投资决策的重要影响因素;当公司面临金融约束时,这种影响则尤为显著。但何金耿(2001),何金耿、丁加华(2001)对此提出了质疑,他们基于 Vogt(1994)模型的动因检验表明,上市公司的投资—现金流敏感性主要源于代理成本。类似的研究还包括郑江淮等(2001)、梅丹(2005)。

国内的研究工作,主要存在以下几个问题:一是没有及时跟进国外最新的理论发展。如在上述提到的工作中,主要还是按照 FHP(1988)的思路走,KZ (1997)的工作并没有被涉及,这样重要的文献也被忽视(在最近的一些工作中,如连玉君、程建(2007),得出了类似 KZ 的结果)。二是实证工作不够严谨,对托宾 Q、现金流这些关键指标的衡量,都没有按照规范的方法进行,得出的结果也很离奇。如冯巍(1999)得出的托宾 Q 前面的系数,竟达到 4.889,而国外一般研究得出的,至多在百分位。虽说中国有自己的国情,也不至于差距这样大。三是没有结合中国的具体经济情境,没有在经验研究中体现出自己的特色。

第三节　数据构造与企业基本特征

一、数据构造

本文所采用的样本,是 1998—2004 年的 313 家制造业上市公司。选择样本的原则是:(1)在沪深两市上市,并且只发行 A 股;(2)实证工作中所选用的所有变量,在这 7 年内必须能获取完整的数据。选择 1998—2004 年作为样本区间,主要原因是,我国的上市公司在 1998 年之后才公布现金流量表,而我们所能获取数据的时间下限是 2004 年。本研究的所有财务数据和财务指标,都取自深圳市国泰安信息技术有限公司开发的中国股票市场研究数据库(CSMAR)。

投资量(Investment)I_t,定义为固定资产净额上的变化加上折旧。虽然 FHP(1988),KZ(1997),Lamont 等(2001)等经典文章将它定义为资本支出,但 CSMAR 中的资本支出包括了无形资产上的支出，与一般定义不尽相符。[①]
托宾 Q，按照 FHP(1988)附录中的定义，$Q_{t-1} = (V_{t-1} + B_{t-1} - N_{t-1})/\text{Asset}_{t-1}$，
其中，V_{t-1} 表示年初公司持有股票的市场价值。[②]由于在样本数据时间范围内，
我国股市并没有实现全流通，因此，V_{t-1} 由流通股的市值和非流通股的价值两部
分组成，其中，非流通股的价值为非流通股的数量乘以每股净资产。B_{t-1} 为公司
年初的债务，N_{t-1} 为公司年初的存货，Asset_{t-1} 为公司年初的总资产。

按照 FHP(1988)，现金流 CF_t 定义为付税除息后的利润，加上从利润中
减扣的非现金部分(主要为折旧和摊销)。[③] 由于 COMPUSTAT 的会计项目
与 CSMAR 存在差异，我们将 CF_t 定义为"净利润＋固定资产折旧＋无形资产
摊销＋长期待摊费用摊销＋其他长期资产摊销＋递延税款上的变化"。
Cleary(1999)使用了最后一项，递延税款＝递延税款借项－递延税款贷项。
但在大部分上市公司中，这一项均为 0，在去掉这一项后再作回归，发现并不
影响模型的主要结论。

KZ(1997)将企业按照不同类型的金融约束进行分类，并进行 Logit 回归，
将企业的会计特征与金融约束类型对应起来。由此，Lamont 等(2001)称之为
KZ 指数。本文沿用同样的做法，构造出了度量金融约束的 KZ 指数[④]。

$$\text{KZ} = -1.002 \times \text{CF}_t/K_{t-1} + 0.283 \times Q_t + 3.139 \times \text{DebtRatio}_t$$
$$- 39.368 \times \text{Dividend}_t/K_{t-1} - 1.315 \times \text{Cash}_t/K_{t-1}$$

其中，DebtRatio_t 为公司负债率；Dividend_t 为公司应付股利(应付优先股股利
＋应付普通股股利)；Cash_t 为公司持有的期末现金余额；K_{t-1} 为公司年初的固
定资产净额。KZ 指数越大，表示公司受金融约束程度越严重。

图 8-1 表示了样本企业按从小到大次序排列的 1998—2004 年的 KZ 指
数。由图 8-1 中不难看出，在每一年，金融约束特别严重和特别轻微的企业都

[①] 资本支出的定义是，公司用来增加或扩展财产、工厂与设备资产的金额(Money spent
by a company to add or expand property, plant, and equipment assets)。

[②] 这与 FHP(1988)中使用的上年最后一季度股票的平均市值不同，而跟 KZ(1997)的做
法一致。

[③] 现金流定义为付税除息后的利润，加上从利润中减扣的非现金部分(主要为折旧和摊
销)(income after taxes and interest, plus all non-cash deductions from income(principally de-
preciation allowances and amortization))。在 KZ(1997)中为"COMPUSTAT item18＋item14"，
但表达的经济直觉一致。

[④] KZ(1997)在根据量化指标和非量化信息对公司金融约束作出分类后，又使用 Or-
dered Logit 回归，将他们的分类与量化的会计指标相联系。Lamont 等(2001)利用了 KZ
(1997)的回归结果，通过 5 个变量的线性组合，构造出了衡量公司金融约束程度的 KZ 指数。
以后的研究中，企业的金融约束一般都用 KZ 指数。

在少数，大部分企业的金融约束程度都大致在同一水平上。

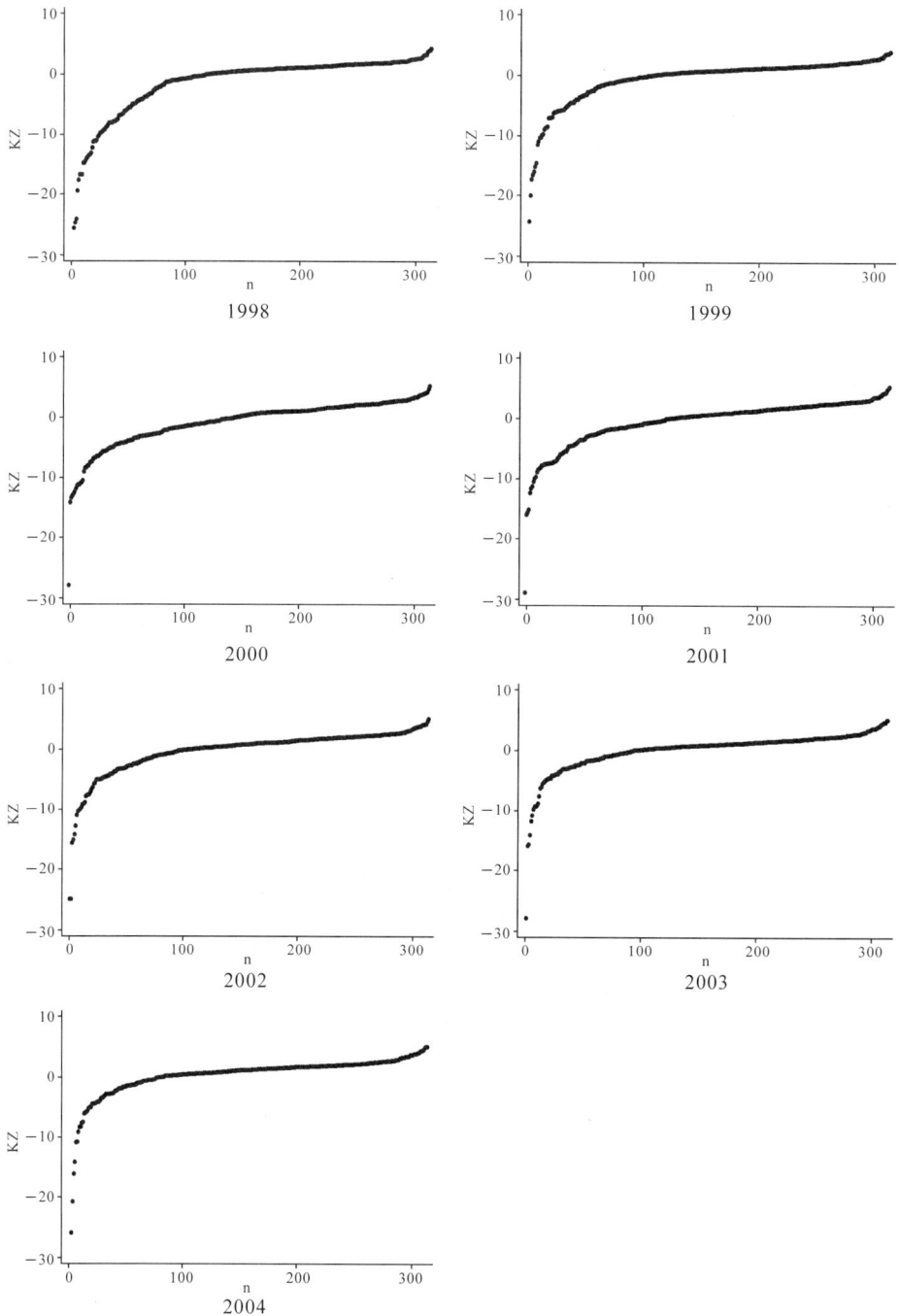

图 8-1　样本企业 1998—2004 年的 KZ 指数按照由小到大的顺序排列

获得 KZ 指数后,在每一年中,我们将所有企业按照 KZ 指数从小到大排列的四分位分为大致相等的四组。第一组,KZ 指数最低的 25％ 的企业,是金融约束程度最轻的,用 NFC 表示;KZ 指数比较低的 25％～50％ 的企业,是金融约束程度较轻的,用 LNFC 表示;KZ 指数比较高的 50％～75％ 的企业,是金融约束程度较重的,用 LFC 表示;KZ 指数最高的 25％ 的企业,是金融约束程度最重的,用 FC 表示。

值得注意的是,我们这样按照 KZ 指数对企业进行分组,KZ 指数最高的 25％ 的企业并不一定是完全地受到金融约束,KZ 指数最低的 25％ 企业并不一定就完全地不受到金融约束。按照 KZ 指数对企业受到金融约束进行分类,只表明不同组间企业受到的金融约束程度不同。

为了控制极端值的影响,按照 Cleary(1999)的做法,研究对模型中的部分变量进行了极值调整(winsorize)(见附录)。

二、企业基本特征

下面,我们考察数据的基本特征。一个简单的做法是,将所有企业按照 KZ 指数从小到大排列的四分位分为大致相等的四组。然后计算 1998—2004 年每个组内企业各种统计指标的中位数、平均值与标准差。表 8-1 列出了这些数据。

表 8-1　数据的初步统计特征

	Overall	NFC	LNFC	LFC	FC
I_t/K_{t-1}	0.138	0.259	0.178	0.129	0.027
	0.204	0.335	0.243	0.178	0.062
	0.318	0.336	0.311	0.274	0.282
CF_t/K_{t-1}	0.179	0.325	0.204	0.148	0.07
	0.177	0.384	0.251	0.154	−0.082
	0.307	0.237	0.205	0.197	0.352
Q_t	1.355	1.431	1.349	1.325	1.297
	1.483	1.54	1.456	1.467	1.469
	0.508	0.503	0.483	0.493	0.547
DebtRatio	0.458	0.373	0.372	0.433	0.657
	0.471	0.383	0.38	0.445	0.673
	0.199	0.158	0.166	0.148	0.164

续表

	Overall	NFC	LNFC	LFC	FC
	0	0.112	0	0	0
$Dividend_t/K_{t-1}$	0.041	0.14	0.02	0.002	0.0001
	0.088	0.129	0.025	0.006	0.001
	0.326	0.692	0.489	0.292	0.101
$Cash_t/K_{t-1}$	0.501	0.902	0.59	0.363	0.147
	0.507	0.642	0.437	0.294	0.155
	0.37	0.821	0.49	0.265	−0.024
$Slack_t/K_{t-1}$	0.693	1.972	0.789	0.323	−0.312
	6.525	11.698	4.517	0.692	3.120
	0.118	0.187	0.143	0.094	0.013
SalesGrowth	0.501	0.397	0.586	0.826	0.198
	6.921	1.433	8.19	10.795	2.571
	1.375	1.686	1.678	1.392	0.891
CurrentRatio	1.696	2.05	2.111	1.622	1.006
	1.418	1.364	1.46	1.189	1.367
样本量	2191	550	544	547	550

注:a. Overall 表示全样本,NFC (not financially constrained) 表示每年 KZ 指数在第一个四分位以下的公司,即金融约束程度最轻的那组样本;LNFC (likely not financially constrained)、LFC (likely financially constrained)、FC (financially constrained)金融约束程度依次增强。

b. $Slack_t$ 的定义按照 Cleary(1999),Slack=Cash+Short term Investment+0.5 * Inventory+0.7 * Accounts Receivable−Short term loan。其中 Cash 为现金余额,Short term Investment 为短期投资,Accounts Receivable 为应收账款,Inventory 为存货,Short term loan 为短期借款。

SalesGrowth 为净销售额(net sales)的增长率,CSMAR 数据库中并无净销售额一项,按照净销售额的通行定义:Gross sales minus returns, discounts , and allowances,我们将其定为主营业务收入减去折扣与折让(在现行会计准则之下,工业企业的主营业务收入即"产品销售收入")。CurrentRatio 即流动比率。

c. 表格每个变量对应的第一行是中位数,第二行是均值,第三行是标准差。

表 8-1 表明,投资占固定资产净值比例(I_t/K_{t-1})的组内中位数从金融约束程度最轻时的 0.259 递减到金融约束程度严重时的 0.027,组内均值则相应地从 0.335 递减到 0.062。这些初步的证据表明,受到严重金融约束的企业,投资与资产的比例很明显地比金融约束最低的企业小。

现金流也表现出了类似的特征:现金流占固定资产净值(CF_t/K_{t-1})比例

的组内中位数从金融约束程度最轻时的 0.325 递减到金融约束程度严重时的 0.070,组内均值则相应地从 0.384 递减到－0.082。现金流占固定资产净值比例小于零,表明企业现金流为负值,或者企业付税除息后的利润小于零。

尽管托宾 Q 的组内中位数和均值都呈下降趋势,这一趋势并不明显。组内中位数从金融约束程度最轻时的 1.349 递减到金融约束程度严重时的 1.297,组内均值则相应地从 1.540 变成 1.469。值得注意的是,托宾 Q 的组内均值变化并不是单调的。

负债率(DebtRatio)的组内中位数和均值都随着金融约束程度的增强而呈上升趋势,Dividend$_t$ 和 Cash$_t$/K$_{t-1}$ 的组内中位数和均值则都呈下降趋势。这并不奇怪,因为金融约束程度本身是以这些变量作为指标来划分的。

这些可以用来表征公司财务状况的指标,如净销售额增长率(Sales-Growth)、流动比率(CurrentRatio)、财务松弛(Slack$_t$/K$_{t-1}$),其组内中位数和均值也随着金融约束程度增强而减少(只有净销售额增长率的均值例外),这就在很大程度上支持了我们所用的 KZ 指标的合理性。

考虑投资与现金流之间的关系。我们试图从以下几方面理解,在不同金融约束下投资与现金流之间的经验关系。首先,是当前文献中考察的一般意义上的金融约束下投资与现金流之间的经验关系。图 8-2 直观地给出了这样的关系,其中,纵轴表示投资,横轴表示现金流(后面的图也一样)。金融约束最强的那组企业反而表现出了最弱的投资—现金流敏感性,拟合得出的直线斜率最小。这印证了 KZ(1997)的结果。

其次,我们将观察不同规模的企业是否具有不同的投资与现金流之间的关系。图 8-3 直观地给出了这样的关系。随着企业规模的增大,投资—现金流敏感性逐渐降低,即拟合得出的直线渐次变得平坦。这与后面的面板数据回归得出的结果刚好相反,可能的原因有二:一是散点图拟合出来的直线只是简单的 OLS 结果,没有考虑公司的个体效应和时间效应;二是回归方程中加入了托宾 Q,不仅仅是投资与现金流之间的关系。

中央企业和地方企业在不同金融约束下投资与现金流之间的经验关系,是否存在显著的差异? 图 8-4 直观地给出了这样的关系。地方上市公司与中央上市公司表现出了相似的投资—现金流敏感性,拟合得出的直线斜率相近,几乎重叠,但中央企业的投资—现金流敏感性略高些。

更重要的是,图 8-5 和图 8-6 表征了发展程度不同的地级城市中,不同金融约束程度下,企业投资与其现金流之间的关系。当金融约束程度最轻微和最严重时,所在地级市上市公司数目较少的上市公司,其投资—现金流敏感性都高于所在地级市上市公司数较多的企业。

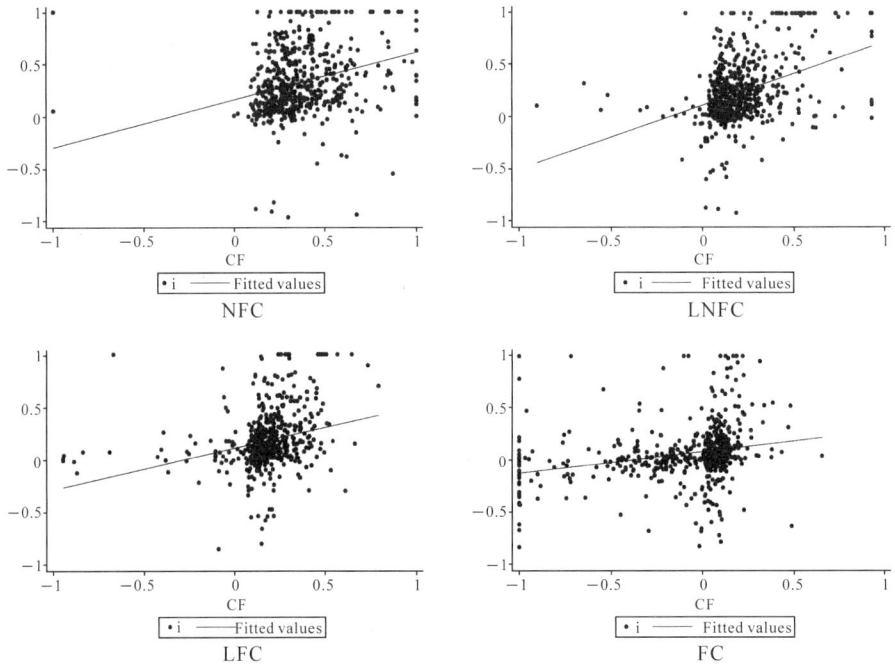

图 8-2　金融约束程度与投资—现金流敏感性

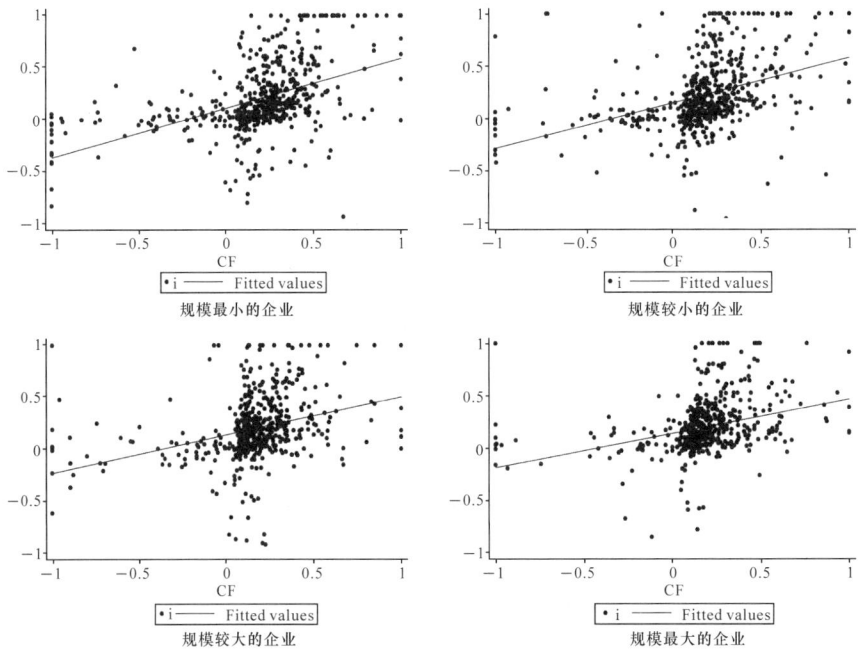

图 8-3　企业规模与投资—现金流敏感性

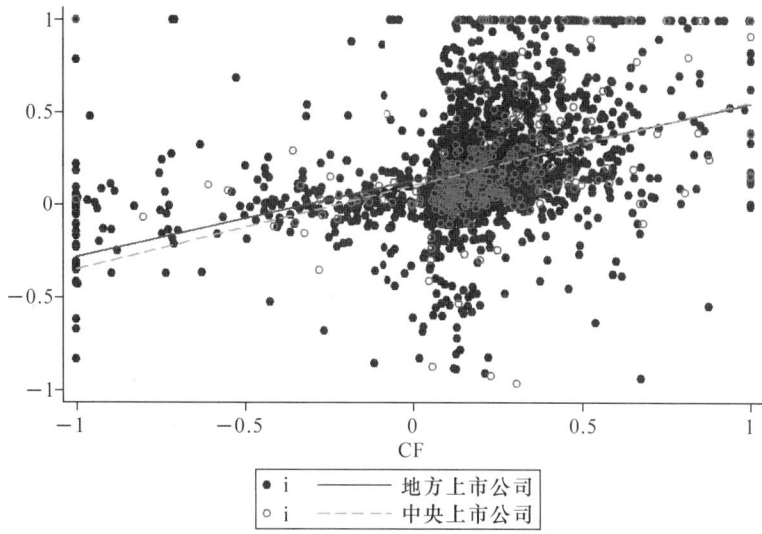

图 8-4　中央企业与地方企业的投资—现金流敏感性的对比

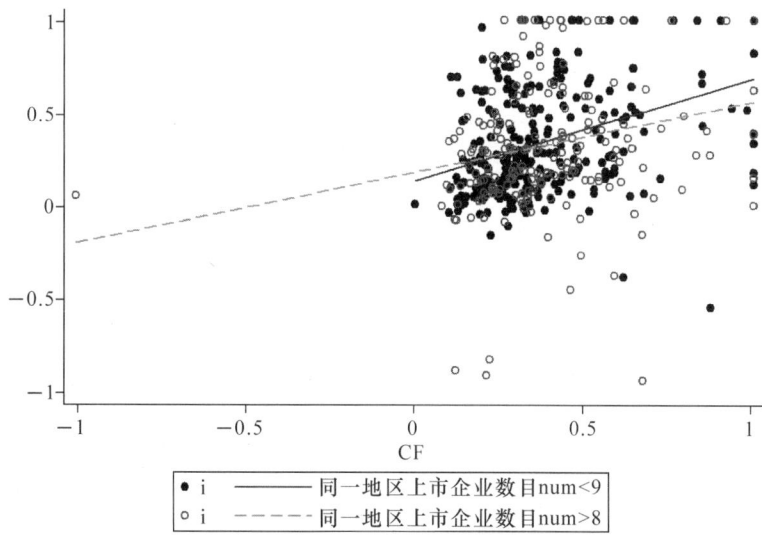

图 8-5　金融约束程度最轻的地方企业

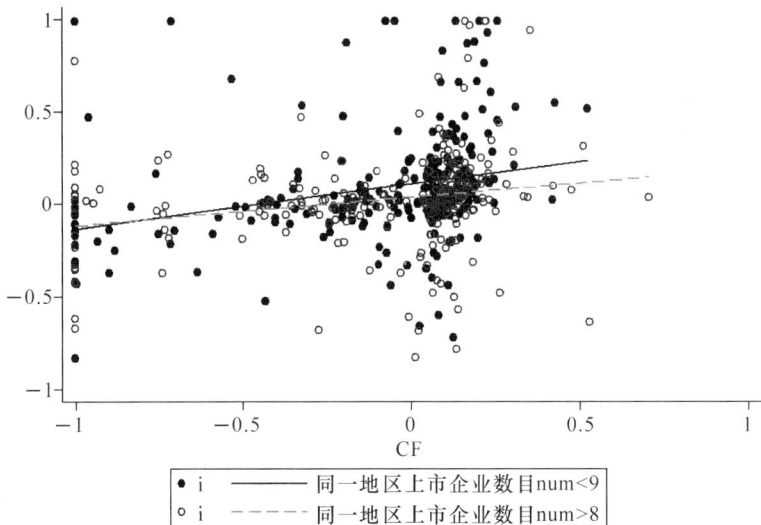

图 8-6　金融约束程度最严重的地方企业

第四节　基本观念与经验研究策略

一、基本观念

上市公司通常是一个地区企业界的明星，是政府财政税收的重要来源，也为该地区创造了大量就业机会，是地方经济发展的顶梁柱。在一定程度上，上市公司的数量，是衡量一个地区投资环境、市场化程度的一个标准。特别是非中央企业直属的地方上市公司，与地区政府之间的关系更为密切。

这种血脉相连的关系，在上市公司面临危机时，表现得尤为突出。由于争取发行上市指标的难度大，上市公司作为稀缺的"壳资源"，面临连续三年亏损就摘牌和取消配股资格的双重压力。作为（非中央直属）上市公司行政领导的地方政府，不愿失去宝贵的壳资源——上市公司一旦摘牌，不但影响本地财政收入，增加失业人口，给地方带来不小的不稳定因素，对于地方政府和区域经济的形象也是一个很大的损害。因此，在公司面临财务困境时，地方政府往往会伸出"看得见的手"进行扶持。这种危中扶持的行为，完全符合 Kornai（1980、1982）对软预算约束（soft budget constraints）的定义：一个企业或组织，如果预期在面临财务困境时能获得紧急救助，它就面临软预算约束。然而，地方政府这些雪中送炭的行为，并不表示他们对资本市场无所求，相反，在股市长期实行畸形的"提款机"功能的过程中,地方政府在后面推波助澜,可能起到的是负面作用。

对于地方上市企业来说,地方政府就扮演了双面角色:在上市公司经营状况较差,面临财务危机时,他们伸出援助之手(the helping hand),为公司注入资金,以保住上市公司的"壳";在上市公司经营和财务状况良好时,伸出的就是掠夺之手(the grabbing hand),通过占用公司资金等,凌驾于股东的投资回报之上,甚至政府通过上市公司的大股东来执行政府项目。这两只有形的手,只是一个硬币的两个面。主要根源在于,股市自诞生之日起,就承担了为国企解困的重任,成为大股东的融资平台。

因此,在政府对企业运作干预较多的地区,企业项目投资依赖于政府对银行运作的干预、对税收和财政支出的分配。一个典型的情形是,其他条件不变时,如果一个企业受到金融约束,政府将通过税收减免、财政支持、提供银行担保或直接通过行政手段影响国有银行给该企业提供贷款支持,从而向受到金融约束的企业伸出扶助之手;如果一个企业的财务状况变好,政府将通过增加税收、减少财政支持、从该企业获取个人好处等方式,以制度性或非制度性的方式对企业进行剥削,从而向融资状况较好的企业伸出掠夺之手。这样,其他条件不变,当企业受到较强金融约束时,企业投资对它可以利用的内部资源,亦即当前的现金流不敏感(一般,企业受到较强金融约束时,它当前的现金流资源也非常少甚至没有);企业的金融约束不强时,企业投资对它当前可以利用的现金流敏感程度,取决于当地政府的掠夺程度。当地政府的掠夺行为越强,企业投资对它当前可以利用的现金流敏感程度越大。

这一政府与企业间相机关系及其隐含的公司投资与现金流的敏感性,在现有文献的基础上扩展了我们对政府在微观企业经济发展中的地位的理解。

二、经验研究策略

在经验研究中,本文沿用 KZ(1997)关于金融约束的处理办法。首先,我们使用 KZ(1997)的方法论,将样本公司按照金融约束程度进行分组,分别在组内作回归。回归方程为:

$$\frac{I_{i,t}}{K_{i,t-1}} = u_i + u_t + aQ_{t-1} + b\frac{CF_{i,t}}{K_{i,t-1}} + \varepsilon_{i,t}$$

其中,u_i 和 u_t 分别考虑公司的固定效应与时间效应。

在度量政府与上市企业关系时,我们可以考虑这样三个方面的指标:该地级市上市公司数量、人均 GDP 和人均财政收入。由于这三个指标之间相关系数非常高,我们只考虑使用上市公司数量这个指标。[1]

上市公司越多,该城市的地方政府与每个上市公司保持某种关系的时间和精力都将下降。同时,该城市的经济比较发达,财政收入比较多。从而,在企业的财务状况比较好时,该公司所在地政府对企业的掠夺将减少。在企业受到较强的金融约束时,该公司所在地政府都将对企业进行救助,无论该地的上市公司是多还是少。这样的明星企业在危难时刻,地方政府往往会伸出"看得见的手"进行扶持。因此,该地区上市公司个数,是表征政府干预微观企业运作的代理变量。

因此,在上述 KZ(1997)意义上的分组回归基础上,可以将政府与企业关系按照上市公司数量这个指标进行分类。例如,上市公司越多的地区,人均GDP 与人均财政收入越高,政府进行有效干预的精力和可能性都将降低。在每个类型的政府下,我们分析受到非常强的金融约束,以及受到的金融约束最弱时,相应的企业投资对现金流的敏感性。

第五节 经验研究结果

一、金融约束与投资行为

我们将样本公司按照金融约束程度进行分组,分别在组内作回归,结果如表 8-2 所示。

表 8-2 金融约束与投资-现金流敏感性(一)

KZ index	Obs	Q_{t-1}			CF_t/K_{t-1}			R^2
		a	se	[t-stat]	b	se	[t-stat]	
NFC	550	0.158***	0.0491	3.21	0.665***	0.0871	7.63	0.1
LNFC	544	0.022	0.0505	0.43	0.418***	0.115	3.63	0.17
LFC	547	0.120***	0.0447	2.69	0.181**	0.0918	1.97	0.06

---

[1] 本地区的人均 GDP 和人均财政收入,也是政府干预微观企业运作的代理变量。人均GDP 越高,人均财政收入也将越高。这时,政府干预某个企业运作的精力和可能性将越低。经验数据表明,地级市人均 GDP、人均财政收入与该城市上市公司数目的相关关系非常高,分别为 0.86 和 0.90。用地级市人均 GDP、人均财政收入作为衡量地方政府与上市公司之间关系的一个指标,得出的结论非常类似。

续表

		Q_{t-1}			CF_t/K_{t-1}			
FC	550	0.102**	0.0409	2.49	0.061	0.0438	1.4	0.01
Overall	2191	0.110***	0.0198	5.57	0.315***	0.0255	12.34	0.16

注:a.回归方程为$\frac{I_{i,t}}{K_{i,t-1}} = u_i + u_t + aQ_{t-1} + b\frac{CF_{i,t}}{K_{i,t-1}} + \varepsilon_{i,t}$,公司固定效应与时间效应,此处未报告。

b.Obs 表示每组样本数,se 表示标准差,[t-stat]表示 t 值。a,b 分别为 Q_{t-1} 和 CF_t/K_{t-1} 的系数。

c. * 表示在 10% 水平显著;** 表示在 5% 水平显著;*** 表示在 1% 水平显著。

从表 8-2 中可以看到,我们的结果不但支持 KZ(1997)、Cleary(1999)的结论,还在他们的基础上有所加强,即投资—现金流敏感性反而随着金融约束的增强而减弱:NFC 组展现出最强的投资—现金流敏感性(0.665),LNFC、LFC 依次减弱,为 0.418 和 0.181,FC 组的投资—现金流敏感性反而最弱,并且不显著(0.061)。这也印证了连玉君、程建(2007)的工作。他们通过构造基准 Q,并使用我国上市公司的数据,得出了与我们相似的结果,即非金融约束组(大规模、高国有股比例、高股利分派率公司)反而体现出更强的投资—现金流敏感性。

将样本公司按照"是否属于中央直属企业控股的上市公司"分为两组,分别作回归,得出的结果也相似(见表 8-3)。中央直属企业控股的上市公司,其投资—现金流敏感性比余下的公司稍微高一些(0.375 对 0.305),但差异不明显。

表 8-3　金融约束与投资—现金流敏感性(二)

	Center	Noncenter	overall
Q_{t-1}	0.028	0.123***	0.110***
	[0.0502]	[0.0215]	[0.0198]
	(0.55)	(5.74)	(5.57)
	<0.582>	<0.000>	<0.000>
CF_t/K_{t-1}	0.375***	0.305***	0.315***
	[0.0719]	[0.0274]	[0.0255]
	(5.22)	(11.14)	(12.34)
	<0.000>	<0.000>	<0.000>
R^2	0.2	0.15	0.16

续表

	Center	Noncenter	overall
N obs.	315	1876	2191

注:a. 回归方程为 $\frac{I_{i,t}}{K_{i,t-1}} = u_i + u_t + aQ_{t-1} + b\frac{CF_{i,t}}{K_{i,t-1}} + \varepsilon_{i,t}$,公司固定效应与时间效应,此处未报告。

b. Center 指中央直属企业控股的上市公司,Noncenter 指样本中除此以外的所有公司。

c. []内为标准差,()内为 t 值,<>内为 p 值。

d. * 表示在 10% 水平显著;** 表示在 5% 水平显著;*** 表示在 1% 水平显著。

二、企业规模与投资行为

我们用上市公司年初的总资产 Asset_{t-1} 作为指标来刻画企业规模,以年初总资产的大小将样本企业分为四组,分别在组内做回归,结果如表 8-4 所示。

表 8-4　企业规模与投资行为

企业规模	Q_{t-1}				CF_t/K_{t-1}			R^2
	Obs	a	se	[t-stat]	b	se	[t-stat]	
1	545	0.120***	0.0399	3.08	0.286***	0.0504	5.67	0.23
2	550	0.115**	0.0557	2.07	0.320***	0.0641	4.98	0.16
3	550	−0.088	0.0624	−1.41	0.300***	0.0709	4.23	0.11
4	546	0.230**	0.0589	3.9	0.370***	0.0605	6.11	0.18
Overall	2191	0.110***	0.0198	5.57	0.315***	0.0255	12.34	0.16

注:a. 回归方程为 $\frac{I_{i,t}}{K_{i,t-1}} = u_i + u_t + aQ_{t-1} + b\frac{CF_{i,t}}{K_{i,t-1}} + \varepsilon_{i,t}$,公司固定效应与时间效应,此处未报告。企业规模按照1、2、3、4 的顺序逐渐增大。

b. Obs 表示每组样本数,se 表示标准差,[t-stat]表示 t 值。a、b 分别为 Q_{t-1} 和 CF_t/K_{t-1} 的系数。

c. * 表示在 10% 水平显著;** 表示在 5% 水平显著;*** 表示在 1% 水平显著。

从表中容易看出,投资—现金流敏感性随着企业规模的增大而呈现出曲折上升的趋势,企业规模最小的那一组企业,反而表现出了最弱的投资—现金流敏感性(0.286),而企业规模最大的那一组企业,表现出了最强的投资—现金流敏感性(0.370)。这个结果,与 FHP(1988)的观念是相悖的,但符合 KZ(1997)的观念,并与连玉君、程建(2007)的结果相一致。

三、政企关系与投资－现金流敏感性

我们将一个地区(地级市)所拥有的上市公司数目(剔除了中央直属企业控股的上市公司),看作是衡量地方政府与上市公司之间关系的一个指标。值得指出的是,某城市的上市公司数量与该城市的经济发展水平正相关。

如果一个地区上市企业数目少,地方政府在上市公司财务状况较好时,其掠夺行为也更加严重。一方面,按照 Byrd 和 Gelb(1990)的观念:在贫穷的地区,地方政府不得不对企业进行剥夺;另一方面,上市公司越少,地方政府剥夺的对象少,可供选择的余地少,对于特定企业来说,相对受到剥夺的程度就严重了。因此我们提出一个假说,在上市公司财务状况较好时,同一地级市内上市公司数目越少的公司,其投资－现金流敏感性越强。

为此,我们特别拿出了金融约束程度最轻的那一组样本,即 NFC 组,按照同一地级市拥有的上市公司数目分为两组,分别作回归,结果很支持我们的假说,如表 8-5 所示。

表 8-5　金融约束程度最轻的地方上市公司

	$N<9$	$N>8$	Overall
Q_{t-1}	0.172**	0.0245	0.100*
	[0.0697]	[0.0950]	[0.0544]
	(2.46)	(0.26)	(1.84)
	<0.015>	<0.793>	<0.067>
CF_t/K_{t-1}	0.861***	0.749***	0.840***
	[0.1445]	[0.1514]	[0.1005]
	(5.96)	(4.95)	(8.36)
	<0.000>	<0.000>	<0.000>
R^2	0.14	0.07	0.09
样本量	256	202	458

注:a. 所取的样本为前面的 NFC 组,并剔除了中央直属企业控股的上市公司。N 指剔除了中央直属国有企业控股的上市公司之后,某一地级市在 t 年之前所有上市企业的数目(以 CSMAR 数据库的"治理结构库"－"公司基本情况"文件－"所在省市/自治区"一栏为准)。

b. 回归方程为 $\dfrac{I_{i,t}}{K_{i,t-1}} = u_i + u_t + aQ_{t-1} + b\dfrac{CF_{i,t}}{K_{i,t-1}} + \varepsilon_{i,t}$,公司固定效应与时间效应,此处未报告。

c. []内为标准差,()内为 t 值,<>内为 p 值。

d. * 表示在 10% 水平显著;** 表示在 5% 水平显著;*** 表示在 1% 水平显著。

从表 8-5 中容易看出,上市公司数目较少的地级市,其辖区内的上市公司,体现出了更强的投资—现金流敏感性($N<9$ 时为 0.861,$N>8$ 时为 0.749)。将样本按照其他数目进行分组时,得出的结果也是稳健的。

然而,当上市公司面临财务困境时,又会有怎样的结果呢? 我们选择 FC 组作为样本,按照同一地级市拥有的上市公司数目分为两组,分别作回归,结果如表 8-6 所示。

表 8-6　金融约束程度最重的地方上市公司

	$N<9$	$N>8$	Overall
Q_{t-1}	0.138*	0.064	0.094**
	[0.0729]	[0.0511]	[0.0424]
	(1.9)	(1.24)	(2.22)
	<0.060>	<0.215>	<0.027>
CF_t/K_{t-1}	0.095	0.022	0.065
	[0.0769]	[0.0548]	[0.0462]
	(1.23)	(0.4)	(1.4)
	<0.220>	<0.689>	<0.161>
R^2	0.01	0.006	0.007
样本量	253	248	501

注:a. 所取的样本为前面的 FC 组,并剔除了中央直属企业控股的上市公司。N 指剔除了中央直属国有企业控股的上市公司之后,某一地级市在 t 年之前所有上市企业的数目(以 CS-MAR 数据库的"治理结构库"—"公司基本情况"文件—"所在省市/自治区"一栏为准)。

b. 回归方程为 $\frac{I_{i,t}}{K_{i,t-1}} = u_i + u_t + aQ_{t-1} + b\frac{CF_{i,t}}{K_{i,t-1}} + \varepsilon_{i,t}$,公司固定效应与时间效应,此处未报告。

c. []内为标准差,()内为 t 值,<>内为 p 值。

d. * 表示在 10% 水平显著;** 表示在 5% 水平显著;*** 表示在 1% 水平显著。

从表 8-6 中不难看出,两组样本中 CF_t/K_{t-1} 的系数均不显著。也就是说,当上市公司的金融约束程度严重时,无论同一地级市拥有的上市公司数目多少,上市公司的投资决策均对现金流不敏感,即政府开始动用扶持之手,公司自己创造的资金作用显现不出来了。同一地级市上市公司数目较少的公司,还是体现出了更强的投资—现金流敏感性,这可能是由于这些公司所在的地级市经济水平较差,地方政府能够提供的紧急援助不如经济发达地区。但这一差异很不明显。

前面我们已经从总体上对中央直属企业控股的上市公司,与地方上市公司进行了比较。下面我们分别考虑，当上市公司财务状况良好或者面临困境时，这两组公司的投资行为会有怎样的不同。

我们先将金融约束程度最轻的那组样本公司，按照中央与地方分组，分别作回归，结果见表8-7。结果差异很明显，中央直属企业控股的上市公司，在金融约束程度最不严重时，投资—现金流敏感性为0.336，远低于地方企业的0.840。

同样，我们将金融约束程度最严重的那组样本公司，按照中央与地方分组，分别作回归，结果见表8-8。从表8-8中不难看出，两组样本中CF_t/K_{t-1}的系数均不显著。也就是说，当上市公司的金融约束程度严重时，无论是中央企业还是地方企业，上市公司的投资决策均对现金流不敏感，即政府开始动用扶持之手，公司自己创造的资金作用显现不出来了。中央直属企业控股的上市公司，还是体现出了更强的投资—现金流敏感性，但这一差异很不明显。

表 8-7　中央企业与地方企业：金融约束程度最轻时

	Center	Noncenter	Overall
Q_{t-1}	0.271**	0.100*	0.158***
	[0.1265]	[0.0544]	[0.0491]
	(2.14)	(1.84)	(3.21)
	<0.037>	<0.067>	<0.001>
CF_t/K_{t-1}	0.336*	0.840***	0.665***
	[0.1861]	[0.1005]	[0.0871]
	(1.81)	(8.36)	(7.63)
	<0.077>	<0.000>	<0.000>
R^2	0.12	0.09	0.1
样本量	92	458	550

注：a. 所取的样本为前面的 NFC 组，Center 指中央直属企业控股的上市公司，Noncenter 指样本中除此以外的所有公司。

b. 回归方程为 $\frac{I_{i,t}}{K_{i,t-1}} = u_i + u_t + aQ_{t-1} + b\frac{CF_{i,t}}{K_{i,t-1}} + \varepsilon_{i,t}$，公司固定效应与时间效应，此处未报告。

c. []内为标准差，()内为 t 值，<>内为 p 值。

d. * 表示在 10% 水平显著；** 表示在 5% 水平显著；*** 表示在 1% 水平显著。

表 8-8   中央企业与地方企业：金融约束程度最严重时

	Center	Noncenter	Overall
Q_{t-1}	0.334	0.094**	0.102**
	[0.2002]	[0.0424]	[0.0409]
	(1.67)	(2.22)	(2.49)
	<0.109>	<0.027>	<0.013>
CF_t/K_{t-1}	0.094	0.065	0.061
	[0.1476]	[0.0462]	[0.0438]
	(0.64)	(1.4)	(1.4)
	<0.529>	<0.161>	<0.161>
R^2	0.13	0.006	0.01
样本量	49	501	550

注：a. 所取的样本为前面的 FC 组，Center 指中央直属企业控股的上市公司，Noncenter 指样本中除此以外的所有公司。

b. 回归方程为 $\dfrac{I_{i,t}}{K_{i,t-1}} = u_i + u_t + aQ_{t-1} + b\dfrac{CF_{i,t}}{K_{i,t-1}} + \varepsilon_{i,t}$，公司固定效应与时间效应，此处未报告。

c. []内为标准差，()内为 t 值，<>内为 p 值。

d. * 表示在 10% 水平显著；** 表示在 5% 水平显著；*** 表示在 1% 水平显著。

第六节   本章小结

本文在 KZ 指标所表征的企业金融约束下，在不同金融约束组内经验分析了公司投资与现金流的经验关系。我们的经验研究支持了 KZ(1997)的论断。

并且，在这样的框架下，我们考察了不同地方政府与企业关系模式下，企业金融约束对公司投资对现金流敏感性的影响。这一经验规则支持了政府与企业的相机关系：在企业受到严重的金融约束时，政府将向企业伸出援助之手；在企业的金融约束比较宽松时，政府向企业伸出掠夺之手。并且，该地区的经济越不发达，政府越倾向于干预微观企业运作，在企业财务状况较好时，这样的掠夺越严重。

附录 极值控制(**winsorize**)

1. 投资 I_t/K_{t-1}:如果 $I_t/K_{t-1}>1$,就令 $I_t/K_{t-1}=1$;

2. CF_t/K_{t-1}:如果 $CF_t/K_{t-1}>1$,令 $CF_t/K_{t-1}=1$,$CF_t/K_{t-1}<-1$,令 $CF_t/K_{t-1}=-1$;

3. 负债率(DebtRatio):如果 $DebtRatio>1$,就令 $DebtRatio=1$;

4. $Dividend_t/K_{t-1}$:如果 $Dividend_t/K_{t-1}>1$,就令 $Dividend_t/K_{t-1}=1$;

5. $Cash_t/K_{t-1}$:如果 $Cash_t/K_{t-1}>2$,就令 $Cash_t/K_{t-1}=2$;

6. Q_{t-1}:Q_{t-1} 控制在 $[0,3]$ 内,如果 $Q_{t-1}>3$,就令 $Q_{t-1}=3$。

参考文献

[1] Byrd,W. and Gelb,A. Why industrialize? The incentives for rural community governments. In China's rural industry: Structure. Development and Reform,1990,5: 358-388.

[2] Calomiris,C. and Hubbard, G. Internal finance and investment: Evidence from the undistributed profits tax of 1936-37[J]. The Journal of Business, 1995, 68(4):443-482.

[3] Cleary, S. The Relationship between firm investment and financial status [J]. Journal of Finance,1999,54:673-692.

[4] Fazzari, S. , Hubbard,G. and Petersen,B. Financing constraints and corporate investment[J]. Brookings Papers on Economics Activity, 1988,16:141-206.

[5] Hubbard, G. Capital-market imperfections and investment[J]. Journal of Economic Literature,1998, 36:193-225.

[6] Hoshi,T. , Kashyap,A. and Scharfstein,D. Corporate structure, liquidity, and investment: Evidence from Japanese industrial groups[J]. The Quarterly Journal of Economics, 1991, 106(1):33-60.

[7] Hoshi, T. , Kashyap, A. and Loveman, G. Lessons from the Japanese main bank system for financial system reform in Poland[J]. The Japanese Main Bank System, 1995,21:592-651.

[8] Houston, J. and James,C. Do relationships have limits? Banking relationships, financial constraints, and investment[J]. The Journal of Business, 2001, 74:347-374.

[9] Kaplan, S. and Zingales, L. Do financing constraints explain why investment is correlated with cash flow? [J]. The Quarterly Journal of Economics,1997, 112:169-215.

[10] Kashyap, A. , Lamont,O. and Stein, J. Credit conditions and the cyclical

behavior of inventories[J]. The Quarterly Journal of Economics，1994，109 (3):565-592.

[11] Kornai, J. Growth, shortage and efficiency[M]. Californai:University of California Press，1982.

[12] Lamont,O.，Polk,C. and Saa-Requejo,J. Financial constraints and stock returns[J]. Review of Financial Studies,2001，14:529-554.

[13] Meyer，J. and Kuh,E. The investment decision:An empirical study[M]. Cambridge，Mass:Harvard University Press,1957.

[14] Oliner S. and Rudebusch，G. Internal finance and investment:Testing the role of asymmetric information and agency cost[J]. Review of Economics and Statistics，1992，12(5):643-654.

[15] Schaller，H. Production-based asset pricing models and finance con-straints. Carleton Economic Papers，Department of Economics，Carleton University,1993.

[16] Sharpe，S. Asymmetric information，bank lending，and implicit contracts: A stylized model of customer relationships[J]. Journal of Finance,1990,45 (4):1069-1087.

[17] Shleifer，A. and Vishny，V. The Grabbing hand:Government pathologies and their cures[M].Cambridge，Mass: Harvard University Press,1999.

[18] Vogt，S. The cash flow/investment relationship:Evidence from U. S. manufacturing firms[J]. Financial Management，1994，23 (2):3-20.

[19] Whited，T. and Wu，G. Financial constraints risk[J]. Review of Finan-cial Studies，2006(19):531-559.

[20] 冯巍.内部现金流量和企业投资——来自我国股票市场上市公司财务报告的证据[J]. 经济科学,1999(1):51—57.

[21] 何金耿.股权控制、现金流量与公司投资[J]. 经济管理,2001(2):59—64.

[22] 何金耿,丁加华.上市公司投资决策行为实证分析[J]. 证券市场导报,2001 (9):44—47.

[23] 连玉君,程建. 投资现金流敏感性:融资约束还是代理成本[J]. 财经研究, 2007(2).

[24] 梅丹.我国上市公司固定资产投资规模财务影响因素研究[J]. 管理科学, 2005(5):80—86.

[25] 郑江淮,何旭强,王华.上市公司投资的融资约束:从股权结构角度的实证分析[J]. 金融研究,2001(11):92—99.

第九章 金融困境与企业投资:ST公司的案例^①

第一节 引 言

根据信息不对称理论,企业将更偏好于成本较低的内部融资。Myers和Majluf(1984)基于Akerlof(1970)的次品模型(lemon model)指出信息不对称会导致企业获得外部融资的困难增大,在资金不足以及需求并不迫切的情况下,不得不拒绝一些NPV为正的投资项目。Greenwald、Stiglitz和Weiss(1984)指出信息不对称会使得股权投资者要求一个更大的风险溢价(premium)。Stiglitz和Weiss(1981)则提出资金提供者的信贷配给(Credit Rationing)现象。因此从理论而言,企业的投资与内部现金流之间应该存在着正相关关系。但近年来国外学者研究发现,财务困境企业的投资与现金流之间非但不存在显著的正相关关系,相反存在着显著的负相关关系。我国学者将这一课题本土化时,考虑到数据可得性以及中国证监会的制度设计,往往将被实行股票交易特别处理(Special Treatment,ST)的上司公司作为财务困境企业的典型例子进行研究。

1998年3月16日,ST制度正式开始实施。投资失误而导致公司价值下降、经营困难甚至濒临破产的上市公司将被冠上ST的头衔。这一制度对保护中小投资者的合法权益,促进上市公司提高经营业绩、改善公司治理结构、提高投资水平有着一定积极意义。该制度实行以来,被冠以ST头衔的公司逐渐增加,从1998年的22家发展到2011年的170家。ST公司也越来越受到投资者以及学者的关注。在我国,上市公司一旦被ST,就可能面临营运成

---

① 本章作者:罗德明、胡灿。

本增加、融资渠道缩小、证监会监管加强等一系列问题。这些因素将严重影响企业的投资行为。而投资又恰恰是 ST 企业摘帽、走出困境的重要手段之一。如果持续亏损,最严重的后果将会是退市。一方面,上市公司的壳资源非常稀缺,另一方面,上市公司又是地区经济发展的重要成就。因此地方政府鲜少袖手旁观,而是积极以各种手段干预调整企业的投资行为。基于这一特殊国情,我国 ST 企业的投资与现金流关系存在着研究价值。

本研究将利用中国所有上市的财务数据,将 ST 公司与正常公司的投资现金流关系进行比较,分析 ST 公司所展现出的特殊性。继而从政府干预的角度出发,将 ST 样本组进行细化,研究各个子样本组投资现金流关系的特殊性,以供政府、公司管理层、股东、债权人以及投资者借鉴之用。

本研究基于中国市场的数据,研究 ST 公司的投资与现金流之间是否存在显著的相关性,并且深入探寻其背后可能存在的极具中国特色的合理解释,为财务困境企业投资现金流关系研究领域的发展作出了重要的补充。同时,本研究也为国内对 ST 企业投资行为、资产重组、盈余管理、财务预警、投资价值等方面的相关研究提供了重要的实证拓展。从实践层面而言,本研究在经验层面上重新解读了地方政府与其管辖范围内的上市公司之间的关系。为了保住上市公司的壳资源,同时也为了继续利用上市公司实现其政策目标,政府往往会及时伸出援助之手,帮助企业摆脱经营困境,成功摘帽。本研究深入探讨了这种相互关系的具体细节,对政府这种违反市场经济规律的行为做出了相关的评述。

从研究选题来看,国内外研究企业投资与现金流关系的文献自 20 世纪 80 年代末期来呈现井喷的态势。但是绝大多数的文献都专注于使用先验指标将数据按照所受融资约束的程度分类,然后检验企业投资与现金流之间的关系。进一步而言,主要是在两者的关系究竟是正关系还是负关系这一问题上反反复复。而且自 FHP(1988)开始,绝大多数文献都将财务困境企业的数据剔除,名义上是研究企业投资现金流关系,但实质上只是研究财务正常企业的投资现金流关系。长期以来财务困境企业的投资—现金流敏感性都被忽视。我国学者对 ST 企业的研究则多集中在 ST 的成因、重组、财务预警,或是针对 ST 个股进行分析研究,为投资者提供入市和出市的具体建议。相较而言,对 ST 公司投资行为的研究较少,而现有的对 ST 企业投资行为的研究并没有形成科学的方法和框架,多是直接利用西方学者建立的模型,加以中国数据进行简单笼统的实证分析,粗糙地判断投资现金流关系的正负。本研究将利用中国股票市场 ST 公司的数据,判断这类企业的投资与现金流之间相关性的正负,然后在现有文献的基础上深化研究,考察政府干预对企业投资行为的影响,结合了中国的具体国情,具有一定的新意。

从研究方法来看,大部分研究都遵循 FHP(1988)的创举,基于托宾 Q 投资理论建立计量模型。但是在中国的市场情况下,这一模型并不合适。我国证券市场的特殊制度设计使得托宾 Q 的计算容易出现偏误,进而对实证结果产生重要影响。因此本研究将基于现有文献研究,适当地选取托宾 Q 的代理变量,以避免托宾 Q 模型的不合理性。同时基于中国金融市场发展的特色,本研究也会按照控股股东的性质将 ST 样本进行分类,具体地比较不同种类企业的投资与现金流关系。

本章结构如下:第一节引言介绍选题的背景和意义,并对本文的研究创新点和基本论文框架作简单说明。第二节国内外研究现状综述,简要回顾国内外学者对于企业的投资与现金流关系这一课题的研究成果,并对相关文献作出粗略评述。第三节我国 ST 企业的概况,主要从 ST 制度的产生背景和发展历程、ST 企业数量的时间变化、ST 企业的地域分布、ST 企业的行业分布等四个角度进行概述。第四节实证研究,采用 2001—2010 年所有上市公司的财务数据,基于 FHP(1988)的改良模型,选取生产性投资、自由现金流、上年总资产以及营业收入增长率等作为解释变量,探讨 ST 企业与正常企业的投资与现金流关系是否存在显著差异,并从政府利益输送的角度对这种差异提出解释。在前述回归分析的基础上,将 ST 样本组按照是否政府控股进行细分,分别考察不同样本组的投资与现金流关系。第五节结论与建议,基于相关理论假说和实证分析,归纳 ST 企业的投资与现金流关系的特点,同时对政府违背市场规律的干预提出相应的政策建议。最后总结了本章研究的局限性,对未来的研究方向提出初步构想。

第二节　国内外研究现状及文献评述

经典的 Modigliani-Miller(1958)理论表明,在没有摩擦的市场环境下,企业的市场价值与它的融资结构无关。然而新古典框架下,经典投资理论的完美市场假设(perfect market hypothesis)过于苛刻,严重脱离了信息不对称问题(asymmetric information)和代理问题(agency problem)存在的现实世界。信息不对称的具体表现有融资优序、信贷配给等,亦即外部投资者不如企业了解项目的真实投资价值,因此要求更高的报酬率。外部融资的高昂成本使得企业无法实现最优投资,引发投资不足(Stiglitz and Weiss,1981;Myers and Majluf,1984)。代理问题则表现为管理者并不总是基于股东财富最大化的目标,常常投资那些不能为股东创造财富但能增加管理者私利的项目,导致过度投资(Jensen,1986)。20世纪80年代末期许多研究文献开始将融资因素与投资决策相结合,大量关于投资现金流敏感性的文献如雨后春笋般不断涌现。

一、国外研究现状

FHP(1988)使用1970—1984年421家制造业上市公司的财务数据检验了投资与现金流之间的关系。受到严重融资融约束的企业,获得外部融资的难度很高,所以倾向于少支付股利或者不支付股利。受到轻微融资约束的企业,可以从债券市场或者股票市场获得外部融资,股利支付率应相对较高。所以股息支付率可被用来识别企业面临的融资约束程度。他们据此将公司分成受到不同融资约束程度的四类。采用基于托宾Q投资理论的模型进行实证检验。结果显示投资与现金流是正相关,且融资约束越严重的企业,投资现金流敏感性越高。此后,大量文献使用先验指标(priori measure)作为测度投资与现金流关系的依据。这些指标包括企业规模或年龄(Devereux and Schiantarelli,1990;Oliner and Rudebusch,1992;Jaramillo et al. ,1996;Audrestsch and Elston,2002),是否场内交易(Oliner and Rudebusch,1992),所有权集中度(Chirinko and Schaller,1995),有无商业票据发行便利(Gilchrist and Himmelberg,1995),包含股息支付率、企业规模或年龄、是否为企业集团成员等指标在内的综合指数(Hu and Schiantarelli,1998),公司信贷等级(Chirinko and Kalckreuth,2002)和托宾Q(Degry and Jone,2005)等。然而,KZ(1997)研究了Fazzari等(1988)模型中被认为是受到融资约束最严重的49家低股利支付率的企业,继续将年度数据细分。发现被定义成从未受到融资约束的企业展现了高投资—现金流敏感性,超出样本的整体水平,得出截然相反的结论。Cleary(1999)以1987—1994年的1317家美国企业为样本,构建了通过多元判别分析法衡量金融约束的指标进行分类并检验,得出与KZ(1997)一致的结论。

Chen和Chen(2012)研究表明1967年至2009年间,美国制造业公司的投资—现金流敏感性持续下降。尤其在2007年至2009年的金融危机中,这种敏感性更是趋向于0,然而按照Fazzari等的理论,金融危机中企业的投资—现金流敏感性应该显著为正。据此他们认为投资—现金流敏感性并不能很好地衡量企业所受的融资约束。他们发现内部现金流仍然是企业投资的重要资金来源。但投资—现金流敏感性的下降趋势无法由企业规模、股利政策、存续年限、R&D投资转化、现金流储备、外部融资活跃度、市场构成、公司治理改善等原因解释。他们发现托宾Q的测量误差能够在一定程度上解释这种持续下降的趋势。

但是现存的这些研究都剔除了处于财务困境的企业,他们认为这些公司的投资无法像正常公司的投资一样对现金流波动做出反应。因此财务困境企业是投资现金流敏感性研究的盲区。以下提到的文献则正式将财务困境企业纳入研究范围,考察了财务困境企业的投资现金流关系。

Pratap 和 Rendon(2003)将流动性约束引入企业决策过程中,建立动态投资模型,利用标准普尔产业 Compustat 数据库 1976—1995 年各领域 89 家企业的数据研究发现,当企业的内部现金流较少的情况下,投资与企业的财务状况是正相关。但当企业达到理想的资本存量时,这种正相关关系就会消失,而且即便财务状况不断好转,投资也依然不会继续增加。Allayannis 和 Mozumdar(2004)认为,当企业处于严重的财务困境时,投资不能很好地对现金流作出反应。因为当后者极度短缺的时候,企业陷入财务困境,因而只能维持必要的投资(absolutely essential investment)。当现金流继续减少时,投资已经无法削减,故而投资—现金流敏感性很低。Bahgat、Moyen 和 Suh(2005)发现,有营业利润的财务困境企业拥有正的投资—现金流敏感性,与财务健康的企业一样;但是有营业亏损的财务困境企业却有负的投资—现金流敏感性。他们将样本细分,发现较上年增加投资的财务困境企业导致负的投资—现金流敏感性。增加的投资主要是由股东提供的。股东怀抱着公司业绩会变好,进而提高股东价值的心态,因而愿意提供融资,在高风险的项目中孤注一掷,这是股东的"复苏赌注"(gamble for resurrection)。Cleary、Povel 和 Raith(2007)认为,公司的最优投资与内部现金流之间应该是 U 型关系,亦即当现金流较多的时候,投资随现金流增加而增加,而当现金流稀缺的时候,投资随现金流减少而增加。Mundaca(2007)利用挪威的数据研究发现,在不考虑规模的情况下,财务状况糟糕的企业的投资对现金流并不敏感。在考虑规模的情况下,对规模小且内部现金流持续为负的企业而言,绝大多数情况下投资与现金流之间是负相关的。Kasahara(2008)利用随机过程建立了动态投资模型,将所有企业分成三类:融资未受约束(NC)的企业、融资受到约束(C)的企业、融资受到严重约束(SC)的企业。研究发现,当内部现金流短缺或可抵押资产减少时,由于融资成本提高,SC 企业很可能会减少眼前的投资,这被称为成本效应(Cost Effect)。但 SC 企业目前糟糕的财务处境极有可能导致其未来也无法获得外部融资,因此企业也可能不顾当前的高成本,而加大投资,这被称为风险先制效应(Risk-preemptive Effect)。因此投资与内部现金流的关系取决于处于支配地位的那种效应。如果成本效应压倒风险先制效应,则内部现金流减少,将会导致投资也减少;如果风险先制效应处于优先地位,则即便内部现金流减少,企业出于跨期选择的考量,仍然会在本期增加投资。

Cunha 和 Paisana(2010)利用葡萄牙的数据研究发现,内部现金流对财务状况糟糕的企业的投资支出影响更大。

二、国内研究现状

国内对投资现金流敏感性的研究在一定程度上结合中国实际,主要从股利政策、股权结构和公司规模三个角度进行分析。

冯巍(1999)首先运用沪深交易所制造业公司的财务数据,按照 FHP(1988)的方法论研究发现,公司经营性现金净流量是公司投资决策的重要影响因素;当公司面临金融约束时,这种影响则尤为显著。王渝(2005)也采用同样的分类标准。

郑江淮等(2001)根据国家股比重分组,检验不同股权结构的上市公司在债务融资约束上的差异。结果显示国家股比重越高的上市公司受到的融资约束越严重。何金耿(2001)发现,国有股股东的投资对现金流存在严重依赖性。李辰、张翼(2005)发现,投资—现金流敏感性随着第一大股东持股比例增加而下降。而在中央部委、境内非国有实体和自然人最终控制的公司中,这一现象不显著。李焰、张宁(2007)从大股东代理角度入手,发现融资约束程度随控股股权比例区间的变化呈现上升、下降、持续上升的波浪形。赵晨(2008)发现,国有绝对控股的企业基本上没有受到任何融资约束,而国有股比重较低的企业则面临严重的融资约束。王治(2008)的研究结果表明,当企业自由现金流较小时,非国有控股企业投资对内部现金流不敏感,而国有控股企业恰恰相反;当企业自有现金流较大时,两类企业投资对内部现金流都是敏感的。

全林、姜秀珍、陈俊芳(2004)以公司规模作为融资约束度量标准,发现大规模公司的投资—现金流敏感性高于小规模公司。郭丽虹(2004)发现类似的情况在日本也存在。魏锋、孔煜(2005),何青、王冲(2008)也使用公司规模作为融资约束的分类标准。

然而这些研究在实证检验中都剔除了 ST 公司的财务数据,无形中将研究重点集中在财务健康企业的融资约束与投资—现金流敏感性关系上,客观上导致财务困境企业投资行为的特殊性被忽视。事实上,一方面,企业被标注 ST 后,为了避免摘牌而有足够的动机进行会计处理制造盈余,因此容易引起投资者的深度怀疑而使融资难度进一步加大。另一方面,股东和经历都有"复苏赌注"的强烈意愿,因而会扩大投资。这两方面特殊性都表明 ST 企业与正常企业的投资现金流关系会有所区别。以下两篇文献则着重研究了这个问题。

张功富、宋献中(2007)以 2003—2005 年连续两年亏损被归为 ST 公司为对象，对财务困境企业的资本投资行为进行理论分析和实证检验。结果发现：一是与财务健康企业相比，财务困境企业的投资对现金流的波动更加敏感；二是与陷入财务困境之前相比，企业陷入困境后的投资对现金流的波动更加敏感；三是缩减投资与脱困的可能性负相关，与扩张投资负相关。上市公司壳资源非常稀缺，因此一旦上市公司被归为 ST，各方利益相关者将全力采取必要措施来避免退市。因此如果困境企业扩大投资，则其新增投资的项目很可能是政府或大股东特别输送的"短、平、快"的获利项目。项目所需资金也可能是银行在得到政治收益的情况下提供的低利率贷款。因此上市公司如果扩大投资意味着其走出困境的可能性增大。

依娜（2011）将 ST 公司的投资行为分成两类：一是生产性投资行为，主要指构建有形资产、无形资产以及其他长期资产进行的活动；二是扩张性投资行为，主要是指并购投资行为。研究发现，现金流量/总资产项并没有进入模型，说明 ST 公司的生产性投资行为对现金流不敏感。而公司规模和大股东控制强度则进入模型，说明 ST 公司的生产性投资行为更容易受到公司规模和大股东控制强度的影响。类似地，ST 公司的扩张性投资行为对现金流也不敏感，而更容易受到营运资本和经营现金流的影响。此外，增加纵向扩张性投资和横向扩张性投资，减少混合性扩张投资有利于 ST 公司摆脱困境。

三、现有文献评述

概括而言，国内外对于财务困境企业的投资—现金流敏感性的研究都相对较少，且并未达成一致意见。本研究主要从以下六个方面对相关文献进行梳理：

1. 研究重点。大部分文献着眼于投资与现金流的正负关系检验，以及增加投资或是减少投资对于走出财务困境的作用。

2. 模型设定。大多数模型都依循 Fazzari 等（1988）的创意，使用了托宾 Q 投资模型。但是这一模型在中国并不适用。首先，能够合理衡量投资机会的是边际 Q，而非平均 Q，两者等价的重要条件是企业所在的资本市场相对有效，然而关于中国股票市场有效性的大量实证研究并没有得出这一结论（张功富、宋献中，2007）。其次，我国上市公司中存在大量非流通股，这部分股份的市场价值难以衡量，导致托宾 Q 计算出现偏误（连玉君、苏治、丁志国，2008）。因此建模中有必要使用托宾 Q 的代理变量。

3. 变量定义。投资模型中的重要解释变量，包括现金流、资本成本、销售收入等指标的计算没有统一标准，各研究的侧重点各有不同。部分研究采取更为严谨的方法，将数据按照当年国民生产总值折算指数去除通货膨胀的影响。以上种种数据的误差都给研究带来了一定的偏差和困难。

4. 估计方法。托宾 Q 和现金流变量可能与干扰项存在随机解释变量问题,因此有必要使用滞后变量作为工具变量,使用广义矩方法进行参数估计(连玉君、苏治、丁志国,2008)。

5. 数据筛选。我国破产的非上市公司数量不少,但是数据难以获得。在法律层面而言,我国上市公司连续两年亏损即被 ST 处理,因此我国财务困境企业的投资行为的研究多选择 ST 公司作为研究对象,故而数据筛选基本相近。但是西方国家并没有 ST 制度,因而各国学者对财务困境变量的选择也有不同的标准,导致无法进行横向比较,较为常见的标准有负现金流判别法、Ohlson 的破产概率法、Altman 的 Z-score 法、利息保障倍数以及负净收入法等。

6. 国情特色。我国金融体系发展具有特殊性,对于 ST 公司或是正常企业而言,企业规模、组织结构、所在地区金融市场发展程度、控股股东性质、是否集团成员等因素都有着不能忽视的重要性,因此有必要在国内研究中引入这些中国特色的重要变量。

第三节　我国 ST 企业的基本情况

一、我国 ST 制度的产生背景与发展历程

上市公司出现财务状况异常或者其他异常情况时,其股票存在被终止上市的风险。此时投资者难以判断公司前景,投资权益可能受到损害。为了维护投资者的合法权益、加强对上市公司的监督管理,1998 年 3 月 16 日,中国证监会颁布了《关于上市公司状况异常期间的股票特别处理方式的通知》,要求上海证券交易所和深圳证券交易所对异常的上司公司股票进行特别处理(Special Treatment,简称 ST),保证股票特别处理期间交易通信系统的安全和有关信息的及时披露。1998 年 4 月 22 日,上海证券交易所和深圳证券交易所正式启动实施股票交易特别处理机制。特别处理具体可以分为警示存在终止上市风险的特别处理(以下简称"退市风险警示")和其他特别处理。按照2008 年 9 月第 6 次修订的《深圳证券交易所股票上市规则》和《上海证券交易所股票上市规则》,表 9-1 整理罗列了上述两种 ST 情况的主要处理措施和处理基本原则。

表 9-1　上海证券交易所、深圳证券交易所股票特别处理制度一览

	退市风险警示		其他特别处理
主要处理措施	（一）在公司股票简称前冠以"＊ST"字样	主要处理措施	（一）在公司股票简称前冠以"ST"字样
	（二）股票价格的日涨跌幅限制为 5%		（二）股票价格的日涨跌幅限制为 5%
处理基本原则（有右述情况之一的）	（一）最近两年连续亏损（以最近两年年度报告披露的当年经审计净利润为依据）	处理基本原则（有右述情况之一的）	（一）最近一个会计年度的审计结果表明股东权益为负值
	（二）因财务会计报告存在重大会计差错或者虚假记载，公司主动改正或者被中国证监会责令改正后，对以前年度财务会计报告进行追溯调整，导致最近两年连续亏损		（二）最近一个会计年度的财务会计报告被会计师事务所出具无法表示意见或者否定意见的审计报告
	（三）因财务会计报告存在重大会计差错或者虚假记载，被中国证监会责令改正但未在规定期限内改正，且股票已停牌两个月		（三）向交易所提出申请并获准撤销对其股票交易实行的退市风险警示后，最近一个会计年度的审计结果表明公司主营业务未正常运营，或者扣除非经常性损益后的净利润为负值
	（四）未在法定期限内披露年度报告或者中期报告，且公司股票已停牌两个月		（四）生产经营活动受到严重影响且预计在三个月内不能恢复正常
	（五）公司可能被解散		（五）主要银行账号被冻结
	（六）法院依法受理公司重整、和解或者破产清算申请		（六）董事会会议无法正常召开并形成决议
	（七）股权分布不具备上市条件，公司在规定期限内向交易所提交解决股权分布问题的方案，并获得交易所同意		（七）公司被控股股东及其关联方非经营性占用资金或违反规定决策程序对外提供担保，情形严重的
	（八）交易所认定的其他情形		（八）中国证监会和交易所认定的其他情形

资料来源：上海证券交易所网站、深圳证券交易所网站。

　　按照亏损情况的不同，ST 股票具体可以分为 ST、＊ST、SST 和 S＊ST 等几种。ST 代表公司经营连续两年都亏损的股票；＊ST 代表公司经营连续三年都亏损有停牌可能的股票；SST 代表公司经营连续两年都亏损且没有完成股改的股票；S＊ST 代表公司经营连续三年都亏损有停牌可能且没有完成股改的股票。

　　相较于非 ST 企业而言，学者们研究发现，ST 企业的财务状况存在着很

多问题,例如主营业务收入偏低、财务费用高、利润低、盈利能力弱,经营活动产生的现金流量净额、投资活动产生的现金流量净出额和筹资活动产生的现金净流入量偏少,未分配利润和盈余公积显著减少,财务状况恶化,诉讼缠身,等等。ST 标识将这些财务处境糟糕的上市企业与正常企业相区分,有助于上市公司改善经营管理,通过资本运作手段走出困境,有助于投资者了解可能存在的投资风险、维护自身的投资利益,有助于缓和股价的异常波动、维护证券市场的稳定。

二、我国 ST 企业数量的时间变化

因连续两年亏损,沈阳物资开发股份有限公司(简称辽物资 A,股票代码:000511)于 1998 年 4 月 28 日起被实行股票交易特别处理,成为沪深两市首家被实行股票交易特别处理的上市公司。1998 年 8 月 1 日,沈阳银基集团利用其拥有的沈阳皇城商务酒店、沈阳银基置业以及沈阳市海外旅游总公司等 3 家子公司的全部资产对 ST 辽物资进行资产置换,同时变更其主营业务。经历此次资产重组的 ST 辽物资重新焕发生机,1998 年底即扭亏为盈,1999 年每股收益更是达到 0.178 元。1999 年 4 月 27 日,深圳证券交易所撤销对其的特别处理,辽物资成为第一只摘去 ST 帽子的上市公司。由此,ST 股票逐渐成为中国证券市场上一个引人注目的特殊板块,这次事件也使广大投资者意识到潜在的重组可能性给 ST 公司带来的巨大投资价值。

本研究的主要研究对象是 A 股市场的 ST 股票。表 9-2 展示了 2001 年至 2011 年我国 ST 企业数量以及其所占比例。2001 年我国共有 1160 家上市公司,其中 ST 公司仅有 45 家,仅占总数的 3.88%。2002 年至 2003 年,ST 公司的数量大量上升,占上市公司总数的比例由 5.88% 提升至 9.63%。2004 年至 2006 年,ST 公司的数量呈现平稳的小幅下降趋势,所占比例从 9.59% 降至 8.58%。2006 年春季开始逐步显现的美国次贷危机,自 2007 年 8 月开始席卷美国、日本以及欧盟等世界主要金融市场。美国次级房屋贷款偿还率下降诱发的全球金融危机对我国的证券市场也产生了巨大影响,2007 年至 2009 年,ST 公司所占比例达到历史巅峰,分别是 12.97%、11.20% 和 10.59%。2010 年起,ST 企业的数量呈现下降趋势。至 2011 年,ST 企业占上市企业总数的比例已经回落至 7.26%。2001 至 2011 的 11 年间,总计有 404 家上市公司曾经被实行过股票交易特殊处理。

表 9-2　我国 ST 企业数量的时间变化

年份	ST 企业数量	上市公司数量	ST 所占比例(%)	年份	ST 企业数量	上市公司数量	ST 所占比例(%)
2001	45	1160	3.88	2007	201	1550	12.97
2002	72	1224	5.88	2008	182	1625	11.20
2003	124	1287	9.63	2009	182	1718	10.59
2004	132	1377	9.59	2010	186	2063	9.02
2005	128	1381	9.27	2011	170	2341	7.26
2006	123	1434	8.58				

资料来源:国泰安 CSMAR 数据库

三、我国 ST 企业的行业分布

根据中国证监会 2001 年 4 月 3 日颁布的《上市公司行业分类指引》,在除木材、家具行业外的其他 21 个大类行业中都能发现 ST 企业的踪影(见表 9-3)。机械、设备、仪表行业中的 ST 企业数量最多,占 ST 企业总量的比例高达 14.36%。房地产业的 ST 企业数量位居第二,占比达到 11.88%。再次是石油、化学、塑胶、塑料行业,占比达到 11.63%。上述三个行业以及金属、非金属和信息技术业等五大行业累计占比达到 52.47%。

表 9-3　我国 ST 企业的行业分布

行业代码	行业分类	数量	所占比例(%)
A	农、林、牧、渔业	12	2.97
B	采掘业	6	1.49
C0	食品、饮料	16	3.96
C1	纺织、服装、皮毛	13	3.22
C2	木材、家具	0	/
C3	造纸、印刷	5	1.24
C4	石油、化学、塑胶、塑料	47	11.63
C5	电子	12	2.97
C6	金属、非金属	32	7.92
C7	机械、设备、仪表	58	14.36
C8	医药、生物制品	24	5.94

续表

行业代码	行业分类	数量	所占比例(%)
C99	其他制造业	2	0.50
D	电力、煤气及水的生产和供应	10	2.48
E	建筑业	4	0.99
F	交通运输、仓储业	7	1.73
G	信息技术业	27	6.68
H	批发和零售贸易	23	5.69
I	金融、保险业	6	1.49
J	房地产业	48	11.88
K	社会服务业	16	3.96
L	传播与文化产业	9	2.23
M	综合类	27	6.61

资料来源:根据国泰安 CSMAR 数据库整理所得。

总体而言,ST 企业的行业分布主要有以下几个特点:

(1)大量分布在传统的重工业领域。这类行业能耗多,污染大,在可持续发展的浪潮中日渐趋向夕阳化。

(2)集中分布在具有鲜明特色的行业。例如,占比 11.88% 的房地产行业前期资金投入大,建造工程期长,因此导致企业资金周转率偏低,在短期内可能会产生亏损。又如,占比高居第五位的信息技术行业内,嵌入式芯片、传感器网络、云计算、物联网等热门领域的技术创新蔚然成风且竞争激烈,企业已经不可能凭借单独的一两项技术长久地掌握市场的先机。今日的高端技术在明天就可能被竞争对手赶超,由此带来利润的滑坡。

(3)综合类行业同样是特殊处理的重灾区。该行业内的许多企业存在着主营业务模糊、经营范围过广、涉及领域过多过杂等问题。这类企业往往随波逐流,其投资往往着眼于市场的热门经济增长点。一旦经济形势发生逆转,往往会蒙受深重的损失。

(4)服务业中,朝阳产业的 ST 企业数量相对较少,例如金融、保险业、传播与文化产业以及电子业等,这与社会经济发展的趋势相吻合。

四、我国 ST 企业的地域分布

从表 9-4 中我们可以发现,404 家 ST 企业的地域分布非常广泛,全国各省、自治区、直辖市都有分布。

表 9-4 我国 ST 企业的地域分布

地区	数量	所占比例（%）	地区	数量	所占比例（%）	地区	数量	所占比例（%）
广东	45	11.14	黑龙江	13	3.22	河北	7	1.73
上海	31	7.67	吉林	13	3.22	新疆	7	1.73
四川	25	6.19	福建	12	2.97	江西	6	1.49
山东	23	5.69	陕西	12	2.97	青海	5	1.24
辽宁	22	5.45	河南	10	2.48	宁夏	5	1.24
北京	21	5.20	天津	10	2.48	西藏	4	0.99
湖北	20	4.95	重庆	10	2.48	云南	4	0.99
浙江	16	3.96	甘肃	9	2.23	内蒙古	3	0.74
江苏	15	3.71	安徽	9	2.23	贵州	3	0.74
湖南	14	3.47	山西	9	2.23			
海南	13	3.22	广西	8	1.98			

资料来源:根据国泰安 CSMAR 数据库整理所得。

具体而言,ST企业主要集中在珠三角城市群、长三角城市群、成渝城市群、辽东半岛城市群、京津冀城市群、武汉城市群、长株潭城市群以及江淮城市群。这些地区的联合占比高达80.446%。这些地区都是我国经济发展水平相对较高的地区,市场化程度高,上市公司数目多。部分企业因经营不善、管理僵化或是其他原因而导致连续亏损也是合情合理的。海南省的情况相对特殊,这是由旧有的股票发行的行政审批制所导致的。在本研究时间段初期,海南缺乏成熟的产业却拥有充盈的新股发行指标额度,因此部分并不优秀的本地或是外地企业将一些乱七八糟的资产进行胡乱组装以达成上市圈钱的企图,目标达成后便树倒猢狲散。因此当时海南的众多ST企业有相当一部分是一些空壳公司,发生"琼民源"这样臭名昭著的欺诈事件也就不足以为奇了。

第四节 我国 ST 企业的投资与现金流关系实证研究

一、研究假设

在我国,上市公司是地方经济发展的顶梁柱,是地方政府财政收入的重要来源,更为所在地区创造了大量的就业机会,为当地的长治久安做出了重要贡献。上市公司的数量在一定程度上是衡量一个地区投资环境发展程度以及市场化程度的重要标准。地方政府与上市公司之间这种紧密相连的关系在后者陷入危机时愈发明显。如前所述,ST 公司如果持续亏损将面临摘牌退市的风险。普通公司的上市之路漫长且艰难,因此地方绝对不愿意失去上市公司的稀缺"壳资源",必然会伸出"援助之手"(The Helping Hand)。一个典型的情形是:上市公司的财务处境越是糟糕,地方政府越会通过减免税收、财政支持、提供银行担保,甚至直接输送"短、平、快"的投资获利项目。Kornai(1980)将这种"雪中送炭"的行为称为软预算约束(Soft Budget Constraints):一个企业或组织,如果预期在面临财务困境时能获得紧急救助,它就面临软预算约束。Friedman、Johnson 和 Mitton(2003)提出了支持(Propping)理论:当上市公司陷入经营困境时,控股股东为了降低融资成本和取信外部投资者,将会采取各种方式支持上市公司。而我国相当多的上市公司都有政府背景的控股股东。因此有理由怀疑由于政府干预的关系,ST 企业的投资对其内部现金流应该不存在显著敏感性,更准确而言,两者之间可能存在着负关系。

部分西方学者从理论和实证两个角度证明了负投资现金流相关性存在的可能性。Cleary、Povel 和 Raith(2007),Kasahara(2008)从理论角度证明投资现金流关系可能为负。若企业持有现金流虽多但不足以满足项目的资金需求,此时如果现金流减少,则企业将需要通过借款来维持原有投资规模,尽管可能会产生更高的利润,但这就导致其未来更大的现金流出。因此减少投资,企业就能避免这些花费,尽管预期收入将会减少。这是成本效应(Cost Effect)。若企业持有的现金流极少甚至为负,伴随着投资减少,企业也面临着更大的融资需求,以及更高的违约风险和流动性风险。当违约风险增强时,债权人不得不关心企业的项目收益,以保障自身的利益。因此增加投资既能提高公司偿债的能力,又能增加当公司违约时债权人的收益。这被称为收入效应(Revenue Effect)或风险先制效应(Risk-preemptive Effect)。当后者超越前者时(内现现金流达到临界值 $\widetilde{W}$ 时),投资—现金流敏感性就会小于0(见图 9-1)。因此企业的投资与现金流之间呈现出 U 形的关系。Allayannis 和 Mozumdar(2004),Bahgat、Moyen 和 Suh(2005),Mundaca(2007),以及 Cunha 和 Paisana(2010)则从实证的角度支持了前者的结论。

故而,本研究提出如下假设:

假设 1:ST 企业的投资与现金流之间应该存在负相关关系,亦即 ST 企业的财务处境非常糟糕,地方政府极有可能进行利益输送,导致企业即便在现金流稀缺的状态下仍增加投资。

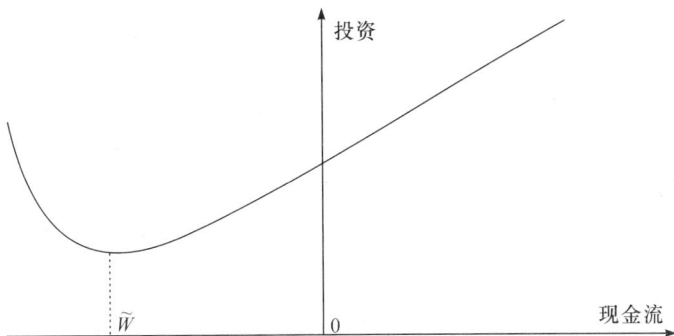

图 9-1　企业的内部现金流与投资的 U 形关系

二、模型构建与变量定义

FHP(1988)结合托宾 Q 理论、乘数加速数模型、信息不对称理论以及代理理论，建立了考察企业的投资与现金流之间关系的经典模型。之后相关学者的研究也都建立在这一重要模型之上。本研究所采用的模型同样立足于FHP(1988)的开创性文献，同时结合国内外学者的研究，利用主营业务收入增长率替代托宾 Q 衡量企业的投资机会。托宾 Q 影响用于衡量企业的投资机会主要存在着两方面的弊端：一是我国股市并没有实现全流通，上市公司中存在着部分的非流通股，这部分股份的市场价值难以有效衡量，因此托宾 Q计算容易出现偏误；二是既有文献多采用平均托宾 Q 衡量企业的投资机会，然而事实上更能合理衡量企业投资机会的指标应该是边际托宾 Q。两者等价，要求企业所处的资本市场相对有效。关于中国股票市场有效性的大量实证检验，并没有得出一致结论。基于此，我们综合张功富等(2007)的研究，采用营业收入增长率改良原始投资计量模型。但仍将汇报以托宾 Q 作为解释变量的回归结果，作为样本的稳健性检验。

投资的多因素模型建立如下：

$$\frac{I_{i,t}}{K_{i,t-1}} = \beta_0 + \beta_1 Growth_{i,t} + \beta_2 \frac{CF_{i,t}}{K_{i,t-1}} + \varepsilon_{i,t} \tag{9.1}$$

其中，$I_{i,t}$ 代表企业的投资，按照依娜(2011)的分类，本文所研究的投资主要是生产性投资，并不包括企业兼并收购等的投资。具体定义为固定资产净额变化加上固定资产折旧、油气资产折耗以及生产型物资折旧。

$K_{i,t-1}$ 代表上年年末公司的总资产。

$Growth_{i,t}$ 度量公司的投资机会，使用营业收入增长率进行度量，$Growth_{i,t}$
$= \dfrac{当年营业收入 - 去年营业收入}{去年营业收入}$。

托宾 Q 定义为年初公司持有股票的市场价值与债务的总和与年初公司总资产的比值,其中非流通股的价值为非流通股的数量乘以每股净资产。

$CF_{i,t}$ 代表企业的现金流。Fazzari、Hubbard 和 Peterson(1988)将现金流(Cash Flow)定义为付税除息后的利润加上从利润中扣除的非现金部分,主要为折旧与摊销。但 COMPUSTAT 数据库的会计科目与国内的设定存在差异,本文结合现有文献,将现金流具体定义为净利润+固定资产折旧+无形资产摊销+长期待摊费用摊销。

三、样本选择与数据处理

本研究的数据搜集于国泰安 CSMAR 数据库、上海证券交易所网站、深圳证券交易所网站。

我们从 2001 年度至 2010 年度所有上市公司中筛选出所有曾被实行股票交易特别处理的公司(包括已经退市的公司在退市前的数据)。并对搜集所得数据进行如下处理:

(1)删除数据不全的上市公司年度数据;

(2)仅选择 A 股上市公司,剔除在 B 股、H 股中出现的上市公司;

(3)着重考察主板上市公司,创业板上市公司未纳入研究。

我们共搜集到 404 家曾被实行股票交易特别处理的公司,总计获得 13489 个全样本公司年度数据。

我们搜集的样本数据不仅跨越不同年份,而且还跨越不同行业。由于不同公司每年的财务指标不具备直接可比性,因此不适宜直接进行计量处理。我们利用 Platt(1990)提出的行业相对比率(Industry-Relative Ratio)来缓和时间以及行业带来的差异,以便不同年度不同行业的公司可以更有效地进行相互比较。

企业破产概率预测研究领域中往往存在这样一个问题:模型对样本组内的分组水平(Classification Level)预测往往要优于对样本组外观测值的分组水平预测。其中一个可能的解释就是随着时间变化,不同行业的财务指标并不具备统计稳定性。Pinches、Mingo 和 Caruthers(1973)从实证的角度记录了一些财务指标的时移不稳定性。Mensah(1984),Wood 和 Piesse(1987)则认为财务指标的不稳定性是由通货膨胀、利率以及商业周期等的变化所导致的。

企业破产概率预测研究领域存在的另一个问题是,学者们往往从几个制造业中随机选择破产样本和健康样本。但是这一方法也存在严重问题,因为不同行业的生产要素、产品生命周期、竞争结构以及分销渠道之间存在显著差异,这将导致财务状况衡量方法的行业差异。Lev(1969)发现,许多公司按照行业平均水平调整自己的财务指标。Etebari 和 Horrigan(1987)认为,对于行业中的具体企业而言,财务指标的行业平均值才是其应该维持的最优水平。这就暗示了公司的财务指标反映了所处行业在资本结构以及收入/支出模式方面的特殊性。因此,当分析不同行业的企业时,样本的财务指标的平均值和变化程度不仅依赖于样本的随机选择,还依赖于行业内企业的分布(Distribution of Companies Across Industries),以及各行业的周期性。

Platt(1990)建议使用行业相对比率(Industry-Relative Ratio)克服上述两个问题。该指标被定义为某时间点,公司某项财务指标与同行业内所有公司该项指标的比值。

$$行业相对比率_{k,j,t} = \frac{公司\,k\,的指标}{行业\,j\,在\,t\,时该指标的均值\times100}$$

其中,公司 k 属于行业 j,100 用于调整可能超过 1 的指标值。不难发现,对于一个给定的行业,在任意时间段内,行业相对比率的平均值都是 0.01。

行业相对比率不仅包括个体企业对经济事件的反应,也包括整个行业的反应,而且它允许使用同样的标准对所有公司进行处理,这就缓和了行业差异的影响。如前所述,由于很多原因,财务指标会随着时间推移而变化。任一行业的行业相对比率的数学期望值都固定在 0.01,该指标也更为稳定,能够缓和时间的影响。综上所述,行业相对比率能够改善上述两个问题,得到更为可信的预测结论。

本研究的行业分类依循证监会 2001 年 4 月 3 日颁布的《上市公司行业分类指引》,将所有行业分为 21 个大类:农、林、牧、渔业;采掘业;食品、饮料;纺织、服装、皮毛;造纸、印刷;石油、化学、塑胶、塑料;电子;金属、非金属;机械、设备、仪表;医药、生物制品;其他制造业;电力、煤气及水的生产和供应;建筑业;交通运输、仓储业;信息技术业;批发和零售贸易;金融、保险业;房地产业;社会服务业;传播与文化产业;综合类。

四、实证结果与分析

(一)描述性统计分析

表 9-5 展示了投资模型中各主要变量的描述性统计量。正常公司样本组共计上市公司 1566 家,11948 个公司年度数据。该样本组的生产投资水平的均值为 0.08,标准差为 0.35,说明大部分正常公司之间的生产投资水平差距并不大。营业收入增长率的最低值仅为 -1.80,但最高值竟然高达 3782.71,这说明正常公司之间的投资机会也存在着天壤之别。这一方面可能是异常的

财务数据引起的，另一方面也可能反映出夕阳产业与新兴产业之间的云泥之别。

表 9-5　我国上市公司投资与现金流关系研究各变量描述性统计分析

	正常公司样本组			ST 公司样本组			全样本组		
	I/K	Growth	CF/K	I/K	Growth	CF/K	I/K	Growth	CF/K
均值	0.08	1.12	0.16	0.02	0.43	−0.02	0.07	1.04	0.14
标准差	0.35	42.25	6.26	0.14	6.70	0.58	0.34	39.83	5.90
最大值	30.84	3782.71	607.73	1.88	190.22	17.26	30.84	3782.71	607.73
最小值	−0.77	−1.80	−1.73	−0.70	−1.05	−9.34	−0.77	−1.80	−9.34

注：I/K：生产性投资/总资产，Growth：营业收入增长率，CF/K：现金流量/总资产。

ST 样本组共计上市公司 404 家，1541 个公司年度数据。该样本组的生产投资水平的均值仅为 0.02，明显低于全样本组的 0.07 和正常公司样本组的 0.08，这暗示着 ST 公司整体的生产投资水平偏低。此外标准差为 0.14，表明 ST 公司的投资都维持在相类似的低水平。样本组的现金流水平均值为 −0.02，说明 ST 公司整体较为缺乏可以自由使用的现金流，财务状况不佳。

总体而言，ST 公司样本组在生产投资水平、投资机会以及现金流水平三方面都不及正常公司样本组。但 ST 公司样本组各指标的标准差都小于正常公司样本组，一方面说明 ST 样本组普遍表现出较糟糕的财务状况，另一方面也表明正常公司由于所处行业的发展前景相异而展现出多样性。

（二）ST 企业 vs 正常企业的投资—现金流敏感性

ST 样本组采用营业收入增长率衡量企业投资机会，所得出的实证结果见表 9-6 第 1 列。ST 样本组仍然采用托宾 Q 衡量企业投资机会，所得出的实证结果见表 9-6 第 2 列。表 9-6 第 1~2 列的经验证据表明，$Growth_{i,t}$ 项系数均为正，$CF_{i,t}/K_{i,t-1}$ 项系数均为负，ST 企业的投资与所持有的自由现金流之间存在着负关系，从而支持了我们给出的假设 1。这是因为 ST 样本组由于其特殊性，即便是在现金流极度短缺的情况下，也可能获得地方政府的利益输送，从而大幅度增加投资。这一结论既符合经典文献对负投资现金流关系存在性的理论解释，也体现出中国证券市场的特殊情况。$Growth_{i,t}$ 项用营业收入增长率，或者托宾 Q 来衡量企业投资机会，各项系数的数值、数量级以及显著性没有出现巨大差异，表明实证结果具有稳健性，并不随着解释变量的改变而改变。值得注意的是,$Growth_{i,t}$项不显著,但在既有文献中,这一问题也曾出现。Bahgat、Moyen 和 Suh(2005)的研究中,Distress 1 组(去年有负净收入的财务困境样本组)的实证结果中,投资机会项的 t 值仅为 0.684。1985—1996 年间财务困境全样本组的实证结果中,投资机会项 t 值的最低值仅为 0.598。出现类似不显著结论,主要是因为财务困境企业的投资行为具有一定特殊性,投资机会对这类企业投资行为的影响作用已经被其他因素凌驾。西方学者提出了股东的"复苏赌注"等假说,而在我国,政府的干预则可能是重要诱因。

此外,模型的 R^2 也不高,仅有 2.24%。但在既有文献中这一数值一直都不高。在 FHP(1988)的经典文献中,最高的 R^2 出现在 Class 1(该组样本在十年跨度内都满足 $Dividend/Income < 0.1$)中 1970—1977 年时间段,但也仅为 56%,最低的 R^2 出现在 Class 4(该组样本在十年跨度内都满足 $Dividend/Income > 0.4$)中 1970—1977 年时间段,仅为 14%。Kaplan 和 Zingales(1995)的回归结果中,最低的调整 R^2 为 24%。Cleary(1999)的结论中,最高的调整 R^2 为 18.24%,最低值则低至 1.80%。由此可见,影响投资的因素复杂多变,经典模型中的变量与其显著相关,但不能起到决定性作用。

表 9-6　投资与现金流关系的实证结果

Variable	ST 企业(1)	ST 企业(2)	正常公司(1)	正常公司(2)
C	0.0211*** (6.016)	0.0218*** (6.040)	0.0741*** (23.220)	0.0756*** (23.502)
$Growth$	0.0005 (0.970)	0.0003 (0.993)	0.0002*** (3.221)	0.0007*** (3.170)
CF/K	−0.0354*** (−5.834)	−0.0358*** (−5.890)	0.0079*** (15.356)	0.0083*** (16.330)
F-统计	17.601	17.635	135.114	134.821
R^2	0.0224	0.0224	0.0221	0.0221
样本数量	1541	1539	11948	11920

注:I/K:生产性投资/总资产,$Growth$:营业收入增长率,CF/K:现金流量/总资产。
*** 表示在置信度 1% 下显著,** 表示在 5% 下显著,* 表示在 10% 下显著。

正常公司样本组采用营业收入增长率衡量企业的投资机会,所得出的实证结果见表 9-6 第 3 列。经验证据表明,$Growth_{i,t}$ 项系数均为正,$CF_{i,t}/K_{i,t-1}$ 项系数均为正,企业的投资机会越好,握有自由现金流越多,就越是会增加投资,符合投资学的一般理论以及 FHP(1988)、KZ(1997)等诸多学者的实证结论。

采用托宾 Q 衡量企业的投资机会,所得出的实证结果见表 9-6 第 4 列。不难发现,用托宾 Q 表示的投资机会下,各项系数的数值、数量级以及显著性没有出现巨大差异,表明实证结果具有稳健性,并不随着解释变量的改变而改变。

综上所述,正常公司样本组和 ST 样本组在投资现金流关系上确实存在显著的差异。正常公司样本组的投资与现金流关系为正,说明其投资依赖于内部现金流的持有。而 ST 样本组则展现出负的投资现金流关系,说明投资并不依赖于内部现金流,这暗示着有一种更为强大的因素在干扰着这类困境企业的投资行为。西方学者从理论和实践两个层面提出了相应的解释,结合我国实践,政府干预是可能的解释。但其影响作用是否存在,还需要进一步深化研究。

(三)政府干预

为进一步分析政府的利益输送对 ST 企业的投资现金流关系的影响,我们将上述 ST 企业样本进行细化处理。按照实际控制人的性质,将 ST 企业样本组分为政府控股和非政府控股两类。如果政府的利益输送确实对 ST 企业的投资有着举足轻重的影响,那么政府控股的 ST 样本组应该表现出显著的负投资现金流相关性,而非政府控股的 ST 样本组则并不一定。故而,本文做出如下假设:

假设 2:政府控股的 ST 样本组将表现出显著的负投资现金流相关性。

表 9-7　ST 样本组的各变量描述性统计分析

	政府控股的 ST 样本组			非政府控股的 ST 样本组		
	I/K	Growth	CF/K	I/K	Growth	CF/K
均值	0.04	0.62	−0.01	0.01	0.27	−0.04
标准差	0.10	8.90	0.14	0.16	3.74	0.78
最大值	0.59	190.22	0.77	1.88	83.18	17.26
最小值	−0.36	−1.05	−1.27	−0.7	−1	−9.34

注:I/K:生产性投资/总资产,Growth:营业收入增长率,CF/K:现金流量/总资产。

表 9-7 展示了 ST 子样本组各变量的描述性统计量。政府控股的 ST 样本组共计 731 个公司一年数据。该样本组的生产投资水平的均值为 0.04,标准差为 0.10,内部现金流水平的均值为 −0.01,标准差为 0.14。说明大部分公司之间的生产投资水平、内部现金流水平差距并不大。

　　非政府控股的 ST 样本组共计 810 个公司一年数据。该样本组的生产投资水平的均值仅为 0.01，明显低于全样本组的 0.07 和政府控股样本组的 0.04，这暗示着这部分公司整体的生产投资水平偏低，此外标准差为 0.16，表明 ST 公司的投资都维持在相类似的低水平。现金流水平亦是类似状况。

　　由表 9-7 我们可以发现，政府控股样本组的 ST 公司在投资水平、投资机会以及现金流水平三方面都优于非政府控股样本组。除投资机会外，政府控股的 ST 公司间各重要变量的标准差较小，波动性不明显。这一直观结论从侧面反映出政府控股的 ST 公司的财务状况相对较好，这极有可能是因为政府在背后通过优惠贷款、行政审批便利等方式进行利益输送。

　　政府控股样本组采用营业收入增长率衡量投资机会，所得实证检验结果见表 9-8 第 1 列。经验证据表明，CF/K 的系数显著小于 0。政府控股样本组仍然采用托宾 Q 值衡量投资机会，所得实证检验结果见表 9-8 第 2 列。第 2 列的经验证据与第 1 列相似，表明投资机会用营业收入增长率，或者托宾 Q 度量，不改变 CF/K 的系数显著小于 0 的结论。这些证据表明，政府控股的 ST 企业样本组展现出显著的负投资—现金流敏感性，印证了前述假设 2。

表 9-8　政府控股 ST 样本组的回归结果

Variable	政府控制 ST (1)	政府控制 ST (2)	非政府控制 ST (1)	非政府控制 ST (2)
C	0.0075 (1.337)	0.0071 (1.227)	0.0383 (8.821)	0.0410 (10.050)
$Growth$	−6.46E−05 (−0.043)	−3.12E−06 (−0.008)	0.0021*** (2.698)	0.0023*** (3.018)
CF/K	−0.0418*** (−5.852)	−0.0415*** (−5.800)	0.0774** (2.0317)	0.1433*** (5.207)
F-统计	17.145	16.844	6.912	18.555
R^2	0.0408	0.0401	0.0187	0.0486
样本数量	731	729	810	810

注：I/K：生产性投资/总资产，Growth：营业收入增长率，CF/K：现金流量/总资产。
***表示在置信度 1% 下显著，**表示在 5% 下显著，*表示在 10% 下显著。

　　非政府控股样本组采用营业收入增长率衡量企业投资机会，所得的经验结果见表 9-8 第 3 列。采用托宾 Q 衡量企业投资机会，所得的经验结果见表 9-8 第 4 列。这些证据表明，投资机会用营业收入增长率，或者托宾 Q 度量，$Growth$ 和 CF/K 的回归系数，都显著大于 0。

上述回归结论表明,政府控股的 ST 样本组展现出显著的负投资现金流相关性,印证了前述假说 2。非政府控股样本组则表现出一定程度的正投资现金流关系。由于这部分上市公司缺乏一定的政府背景,因此当其陷入困境时,政府并不会积极伸出援助之手(The Helping Hand),这部分企业的投资仍然在一定程度上依赖于内部的自由现金流。值得注意的是,在政府控股的 ST企业样本组中,营业收入增长率非常不显著,这表明该组 ST 公司的生产投资行为不是以投资机会作为其是否决定投资的标准,政府的相关干预已经凌驾其上。

李自然、成思危(2006)指出,我国证券市场的部分制度设置,譬如对公司实行审批上市、融资管制;对国有企业采用剥离不良资产然后进行股份制改造上市;固定国家股和法人股暂不流通等,都使得证券市场"壳资源"稀缺。地方政府出于政绩和刺激经济发展的需要,当所在地上市公司陷入经营困境,被实行股票交易特殊处理后,往往有充分动机采取各种方法保护壳资源,却在公司治理方面缺乏深入工作。具体而言,地方政府扮演着双重角色。首先作为地方行政机关,政府需要采取各种措施促进地方经济持续增长,源源不断地为社会创造各种就业机会,维护地区的和平和稳定。而且在全国以经济建设为核心的大浪潮下,各地之间争夺资源,以经济成就为比拼政绩的最大筹码。其次作为控股股东,此处特指那些作为上市公司实际控制人的地方政府,政府自然而然地想要追求投资回报最大化,而首次公开发行的高溢价现状恰恰使得上市公司成为政府获取税收充实财政的重要手段。复杂的双重身份使得政府往往将其所担负的责任与其控股权相结合,将上市公司作为其实现政府目标的工具(李秉成、徐鑫波,2010)。上市公司一旦摘牌,不但影响本地财政收入,增加失业人群,给地方的稳定造成负面影响,对于区域经济和地方政府的形象工程都是巨大的损害。因此当上市公司被实行股票交易特殊处理后,地方政府为了继续利用上市公司促进区域经济发展以及夸耀其经济建设的辉煌政绩,比非政府控股股东更有动机对 ST 公司提供支持,在背后推波助澜。例如向ST 企业输送"短、平、快"的投资项目,以政治利益作为筹码指使地方银行以优惠的低利率提供贷款,提供信用担保,在行政审批的程序上大开方便之门,采取税收减免、财政支持等政策。

综上所述,政府的这些干预在很大程度上扰乱了正常的市场经济秩序,导致经济资源分配的不均衡。在对陷入财务困境的上市公司进行救助的同时,对其他中小企业的发展带来了负面影响。此外,政府的援助并非都能获得成功,退市的、长期停牌的 ST 企业并不在少数。这些违背市场经济规律的干预最终都是损害了普通纳税人的利益。因此政府应该尊重经济发展、企业建设的客观规律,逐步减少对企业的干预。而企业则应该在被执行股票交易特殊处理后,主动增加信息披露的次数,提高信息披露的质量,降低企业与投资者之间存在的信息不对称程度。同时提高自身的经营管理和内部控制水平,完善公司治理结构,增强对经济形势的判断能力和对政策调整的适应能力。最后应立足自身,凭借自己的力量筹集资金,剥离亏损的业务,在深入拓展原有主营业务的投资规模的同时,审慎地控制涉足领域,避免多而不精,做到既精又博。

第五节　本章小结

本章研究财务困境企业的投资与现金流敏感性,得出了以下主要结论:

第一,我国ST公司的生产性投资行为与正常上市公司的生产性投资行为存在着显著差异。具体而言,ST样本组在生产投资水平、现金流水平以及投资机会三方面都落后于正常公司样本组。ST样本组内各重要变量的标准差均小于正常公司样本组,一方面说明陷入财务困境的ST企业普遍都维持着程度相近的低水平投资,另一方面说明行业的差异性在企业被特别处理期间变得较为次要。

第二,我国ST公司的生产性投资与现金流之间存在着负关系。这就意味着,当现金流下降时,ST企业反而会增加投资。地方政府与上司公司之间密不可分的关系可能是其重要解释。在企业陷入严重的经营危机时,政府将向企业伸出援助之手。政府控股的ST样本组展现出显著的负投资现金流相关性,而非政府控股样本组则表现出一定的正相关性支持了这一解释。这一结论从侧面展示了政府在微观企业经济发展中的地位。

本文研究的不足之处主要在于:第一,本文将困境企业的投资与现金流关系研究这一国外课题本土化时,直接按照国内学者的做法,将ST企业当作财务困境企业。但从财务困境的概念来说,并不是所有ST企业都是真正意义上的困境企业。而且不排除部分企业通过理性决策变成ST,这就涉及博弈论的研究范畴,需要考虑样本的内生性问题。第二,本文对ST企业的负投资现金流关系的解释中只考虑了政府的干预因素。事实上国内众多学者研究发现除政府以外的其他控股股东同样存在着掏空(Tunneling)和支持(Proping)行为。虽然相关研究表明政府控制人对困境公司的支持程度显著大于非政府控制人(李秉成、徐鑫波,2010),但是非政府大股东的决策行为仍然值得列入模型进行考虑。第三,本文的研究仅仅局限于探索ST企业的投资与现金流之间关系的正负。国内部分学者的研究还涉及 ST 企业的投资对走出困境的影响。张功富等(2007)研究发现企业陷入困境后,扩大投资规模能增加企业走出困境的概率,而缩减投资规模则不利于企业走出困境。此课题的后续研究值得向这方面拓展。第四,在将 ST 企业与正常上市公司进行比较时,配对法(Matching)值得尝试。例如按照总资产的规模,选择一个与 ST 企业同行业的类似正常上市公司,然后比较两者在投资行为、资本结构等方面表现出的异同。

参考文献

[1] Allayannis, G. and Mozumdar, A. The impact of negative cash flow and influential observations on investment-cash flow sensitivity estimates[J]. Journal of Banking and Finance, 2004, 28: 901-930.

[2] Bhagat, S., Moyen, N. and Suh, I. Investment and internal funds of distressed firms[J]. Journal of Corporate Finance, 2005, 11: 449-472.

[3] Calomiris,C. and Hubbard, G. International finance and investment: Evidence from the undistributed profits tax of 1936—1937[J]. The Journal of Business, 1995, 68(4):443-482.

[4] Chen, H. and Chen, S. Investment-cash flow sensitivity cannot be a good measure of financial constraints: Evidence from the time series[J]. Journal of Financial Econimics, 2012, 103: 393-410.

[5] Cleary, S. The relationship between firm investment and financial status [J]. Journal of Finance, 1999, 54:673-692.

[6] Cleary, S., Povel, P. and Raith, M. The U-Shaped investment curve: Theory and evidence[J]. Journal of Financial and Quantitative Analysis, 2007, 42:1-39.

[7] Cunha, J. and Paisana,F. The financing constraints hypothesis controversy: Some evidence for the Portuguese manufacturing sector[J]. International Business and Economic Research Journal, 2010, 9(6):11-26.

[8] Eisdorfer, A. Empirical evidence of risk-shifting in financially distressed firms[J]. Journal of Finance, 2008, 63(2):609-637.

[9] Fazzari, S., Hubbard,G. and Peterson,B. Financing constraints and corporate investment[J]. Brookings Papers on Economics Activity, 1988,1: 141-206.

[10] Flor,C. and Hirth,S. Financing investment: The cost trade-off. Working Paper Presented at Swiss Society for Financial Market Research, Zurich,

Switzerland，2010.

[11] Friedman,E. , Johnson, S. and Mitton, T. Propping and tunneling[J]. Journal of Comparative Economics, 2003, 31: 432-750.

[12] Guariglia,A. Internal financial constraints, external financial constraints, and investment choice: Evidence from a panel of UK firms[J]. Journal of Banking and Finance, 2008, 32:1795-1809.

[13] Harlan, D. and Marjorie, B. Development of a class of stable predictive variables: The case of bankruptcy prediction [J]. Journal of Business Finance and Accounting, 1990, 17(1): 31-51.

[14] Hoshi, T. , Kashyap,A. and Scharfstein,D. Corporate structure, liquidity, and investment: Evidence from Japanese industrial groups[J]. The Quarterly Journal of Economics, 1991, 106(1):33-60.

[15] Hoshi, T. , Kashyap,A. and Loveman, G. Lessons from the Japanese main bank system for financial system reform in Poland. The Japanese Main Bank System. 1995:592-651.

[16] Houston, J. and James,C. Do relationships have limits? Banking relationships,financial constraints, and Investment[J]. The Journal of Business, 2001, 74:347-374.

[17] Hovakimian,G. Determinants of investment cash flow sensitivities[J]. Financial Management, 2009, 38(1):161-183.

[18] Hubbard, G. Capital-market imperfections and investment[J]. Journal of Economic Literature, 1998, 36:193-225.

[19] Jensen,M. and Meckling, W. The theory of the firm: Managerial behavior, agency costs and ownership structure [J]. Journal of Financial Economics, 1976, 3:305-360.

[20] Kaplan, S. and Zingales,L. Do financing constraints explain why investment is correlated with cash flow? [J]. The Quarterly Journal of Economics, 1997, 112:169-215.

[21] Kasahara, T. Severity of financing constraints and firms investments [J]. Review of Financial Economics, 2008,17:112-129.

[22] Kashyap, A. , Lamont,O. and Stein, J. Credit conditions and the cyclical behavior of inventories[J]. The Quarterly Journal of Economics, 1994, 109:565-592.

[23] Kornai, J. Economics of Shortage [M]. Amsterdam: North-Holland,1980.

[24] Kornai，J. Growth，Shortage and Efficiency[M]. University of California Press，1982.

[25] Lamont，O. ，Polk ，C. and Saa-Requejo，J. Financial constraints and stock returns[J]. Review of Financial Studies，2001，14:529-554.

[26] Modigliani，F. and Miller，M. The cost of capital，corporation finance，and the theory of investment[J]. American Economic Review，1958，48 (6):261-297.

[27] Mundaca，G. Corporate investment，cash flow level and market imperfections. Unpublished，2007.

[28] Myers，S. and Majluf，N. Corporate financing and investment decisions when firms have information that investors do not have[J]. Journal of Financial Economics，1984，13:187-221.

[29] Oliner，S. and Rudebusch，G. Internal finance and investment：Testing the role of asymmetric information and agency cost[J]. Review of Economics and Statistics，1992，12(5)：643-654.

[30] Pratap，S. and Silvio，R. Firm investment under imperfect capital markets：A structural estimation[J]. Review of Economic Dynamics，2003，6 (3):513-545.

[31] Schaller，H. Production-based asset pricing models and finance constraints. Carleton Economic Papers，1993.

[32] Stiglitz，J. and Weiss，A. Credit rationing in markets with imperfect information[J]. American Economic Review，1981，71:393-410.

[33] Vogt，S. The cash flow/investment relationship：Evidence from U. S. manufacturing firms[J]. Financial Management，1994，23:3-20.

[34] Whited，T. and Wu，G. Financial constraints risk[J]. Review of Financial Economics，2006，19：531-559.

[35] Yildiz，E. The U-shaped investment curve：Empirical evidence from a panel of US manufacturing and mining firms[D]. University of Aarhus，2010.

[36] 方军雄. 发行上市与企业融资约束的缓解[J]. 上海管理科学，2009(4)：15—21.

[37] 冯巍. 内部现金流量和企业投资——来自我国股票市场上市公司财务报告的证据[J]. 经济科学，1999(1):51—57.

[38] 郭建强，张建波. 不确定性、融资约束与企业投资新特点——基于上市公司的实证研究[J]. 当代财经，2009(2):55—60.

[39] 何金耿，丁加华. 上市公司投资决策行为实证分析[J]. 证券市场导报，2001

(9):44—47.

[40] 何青,王冲.现金流、融资约束与企业投资行为——基于制造行业细分竞争市场的研究[J].南开经济研究,2008(6):16—26.

[41] 李秉成,徐鑫波.控制人性质与支持程度关系研究——基于 ST 公司摘帽的经验证据[J].宏观经济研究,2010(11):46—51.

[42] 李延喜,杜瑞,高锐,李宁.上市公司投资支出与融资约束敏感性研究[J].管理科学,2007(2):82—88.

[43] 李焰,张宁.集团控股比例与上市公司融资约束——基于代理理论的实证分析[J].经济与管理研究,2007(3):5—10.

[44] 李自然,成思危.完善我国上市公司的退市制度.金融研究,2006(11):21—37.

[45] 李哲,何佳.支持、重组与 ST 公司的"摘帽"之路.南开管理评论,2006(6):39—44.

[46] 连玉君,程建.投资现金流敏感性:融资约束还是代理成本?[J].财经研究,2007(2):37—46.

[47] 连玉君,苏治,丁志国.现金—现金流敏感性能检验融资约束假说吗?[J].统计研究,2008(10):92—99.

[48] 童盼,陆正飞.负债融资、负债来源与企业投资行为——来自中国上市公司的经验证据[J].经济研究,2005(5):75—84.

[49] 魏锋,孔煜.融资约束、不确定性与公司投资行为——基于我国制造业上市公司的实证分析[J].中国软科学,2005(3):43—49.

[50] 王彦超.融资约束、现金持有与过度投资[J].金融研究,2009(7):121—133.

[51] 王治.内部现金流、股权结构对上市公司投资行为影响研究[J].财会月刊(理论),2008(11):9—12.

[52] 依娜.我国 ST 公司投资行为研究[D].兰州理工大学学位论文,2011.

[53] 杨兴全,张照南.融资约束、持有现金与公司投资——来自我国上市公司的经验证据[J].当代经济管理,2009(3):77—82.

[54] 岳续华.成长性高低对企业负债与投资行为的影响研究[J].财经论丛,2008(2):59—64.

[55] 余良元.投资—现金流敏感性研究评析[J].外国经济与管理,2007,29(4):55—60.

[56] 朱红军,何贤杰,陈信元.金融发展、预算软约束与企业投资[J].会计研究,2006(10):64—71.

[57] 赵晨.产权结构与企业投资—现金流敏感性的实证分析[J].河南工业大学

学报，2008(2):9—11.

[58] 张功富,宋献中.财务困境企业资本投资行为的实证研究——来自中国上市公司的经验证据[J].财经理论与实践,2007(147):33—40.

[59] 郑江淮,何旭强,王华.上市公司投资的融资约束:从股权结构角度的实证分析[J]. 金融研究,2001(11):92—99.

索　引

后 记

本研究获得教育部人文社会科学重点研究基地重大项目"民间商业治理制度与民营经济发展"(04JJD790003)资助。非常感谢浙江大学民营经济研究中心主任史晋川教授、执行主任金祥荣教授,以及中心各位研究员。非常感谢叶楠、张一帆在本项目申请、实施和结题过程中提供的多种帮助。

正如我在本书前言中强调的,本书作者虽然是由我单独署名,但每一章都是与各位合作者的联合研究成果。在此再次对这些合作者,按照合作的时间次序,分别是潘士远、奚锡灿、杨奔、朱敏、胡灿、蒋雯夏、崔文倩,允许我采用这些合作的学术成果辑成此书,致以诚挚的感谢。与他们一起讨论问题,合作研究,是我无以言语的幸运。也非常感谢朱希伟教授、吴意云研究员。在本书的出版过程中,他们给了我非常多的精神上的支持和鼓舞。与他们讨论一些有趣的问题并写成论文,是件非常愉悦的事情。

本书在出版过程中,得到浙江大学出版社的田华、陈丽霞的大量热情帮助,特致以真诚的感谢。没有她们杰出的工作,这本书稿恐怕仍默默躲藏在我的电脑中。田华老师高超的文字能力,使本书大大增色;她的风趣幽默,让枯燥的校对修改工作变得轻松愉悦;她的认真负责,令我深深感动,成为我读书写作的榜样。

非常感谢我的妻子王清风和女儿罗紫霄,是她们容忍了我对家庭的不关心和乱七八糟摆放在家里的图书论文,是她们让我能专注于读书和研究,是她们给我单调枯燥的工作带来阳光和快乐,是他们增进我对生命和家庭的理解,对事业的追求,对人生的体悟。这本书的写成,离不开她们的支持、鼓励和宽容。我想在这里对她们说,永远爱你们。

非常感谢我的父母,罗先根和陈佑华,虽然他们不认识几个字,他们仍然默默地,不仅给了我无私而悠久的爱,也告诉我生活的智慧,做人的朴素责任、宽容和规范,以守护作为人的最基本社会道德准则,并促使我将这些令人骄傲的东西,传给成长中的女儿和学生。虽然母亲在我回国时已经去世,父亲在爱和被爱中逐渐变老,但这些从他们传承下来的东西,包括爱、宽容和责任,已经永远移植在我的骨髓中,伴我一生,受益一生。

　　非常感谢我的岳母,张三英,她陪伴我们10多年了,为我们操持家务,任劳任怨,开心地守护我们;她给我们爱,在无私的奉献和被爱中,渐渐变老。

作　者

2015 年 8 月

图书在版编目(CIP)数据

金融约束与微观金融制度创新 / 罗德明著. —杭州：
浙江大学出版社，2015.9
ISBN 978-7-308-14967-9

Ⅰ.①金… Ⅱ.①罗… Ⅲ.①金融制度—研究—中国
Ⅳ.①F832.1

中国版本图书馆 CIP 数据核字(2015)第 177060 号

金融约束与微观金融制度创新

罗德明　著

责任编辑	田　华
文字校对	田程雨　於国娟
封面设计	刘依群
出版发行	浙江大学出版社
	（杭州市天目山路 148 号　邮政编码 310007）
	（网址：http://www.zjupress.com）
排　　版	浙江时代出版服务有限公司
印　　刷	杭州日报报业集团盛元印务有限公司
开　　本	710mm×1000mm　1/16
印　　张	15.25
字　　数	280 千
版 印 次	2015 年 9 月第 1 版　2015 年 9 月第 1 次印刷
书　　号	ISBN 978-7-308-14967-9
定　　价	48.00 元